编委会

主　编：沈开举　邢　昕

编委会成员：
（按撰写内容的先后顺序排序）
王哲先　邢　昕　吴　姗　魏海深
孙东升　沈思达　王娅琳　李瑞林
王　萍　马鹏园　查　麟　沈开举
李岩峰　吕亚满　王盛楠

中华人民共和国
学前教育法
理解与适用

沈开举 邢 昕◎主 编

ZHONGHUA RENMIN GONGHEGUO
XUEQIAN JIAOYUFA
LIJIE YU SHIYONG

中国法治出版社
CHINA LEGAL PUBLISHING HOUSE

序 言

2024年11月8日，第十四届全国人民代表大会常务委员会第十二次会议表决通过《中华人民共和国学前教育法》，自2025年6月1日起施行。学前教育作为国民教育体系的基础，是终身教育的开端，不仅关系亿万学前儿童健康成长，也关系社会和谐稳定。学前教育法的出台填补了学前教育法律的空白，标志着学前教育步入"有专门法可依"的新阶段，对于夯实教育强国建设基点、完善教育法律制度体系意义重大。

近年来，我国学前教育事业取得跨越式发展，但制约学前教育发展的普惠性资源不足、保教质量参差不齐、教师队伍建设滞后、投入保障体系不完善、监管制度不健全等问题依然存在。为了着力解决学前教育发展过程中的痛点难点问题，满足人民日益增长的美好生活需要，更好地满足人民群众"幼有所育、幼有优育"的美好期盼，推动学前教育高质量发展，需要通过立法，把党对学前教育的主张转化为国家意志，把实践成果上升为法律制度，用法治方式破解突出问题，为学前教育高质量发展提供法治保障。《中共中央 国务院关于学前教育深化改革规范发展的若干意见》明确提出，要制定学前教育法。全国人大常委会将制定学前教育法列入立法规划。2021年4月，教育部研究形成学前教育法草案并报请国务院审议。2023年6月，国务院第七次常务会议讨论并原则通过草案，将草案提请全国人大常委会审议。2023年8月以来，学前教育法先后经十四届全国人大常委会第五次会议、第十次会议、第十二次会议审议，并于2024年11月8日表决通过。

学前教育法作为实现学前教育法律从"0"到"1"突破的"里程碑"，设置了专章保护学前儿童合法权益，提升了学前儿童在教育体系中的地位，指明了家庭、学校和社会在保障儿童权利方面的具体职责。此外，学前教育法对学前教育的法律属性、发展原则、管理体制、规划和举办、托幼衔接等问题进行了具体规定，为学前教育的高质量发展提供了法治保障。

为了帮助大家准确理解和适用学前教育法，我们组织法学、教育学、管理学等理论与实务研究者共同编写了这本《中华人民共和国学前教育法理解与适用》，从条文主旨、条文解读、适用指南、相关规定和案例评析五个部分对学前教育法进行深入解读。在条文主旨部分，简要说明法条的核心要义；在条文解读部分，精准阐释法条原意，系统解析规范目的、重要概念和法律制度；在适用指南部分，着重解决实务问题，对新规定的适用难点进行深入探讨；相关规定和案例评析部分帮助读者全面理解相关法律规定。

全书由沈开举、邢昕主编，沈开举选定编写组成员并进行编写分工，邢昕负责统稿、校对，具体分工如下：

第 1—5 条　王哲先

第 6—12 条　邢昕、吴姗

第 13—21 条　魏海深、吴姗、王哲先、孙东升

第 22—35 条　沈思达、王娅琳、李瑞林、王萍、马鹏园

第 36—49 条　邢昕、查麟

第 50—59 条　沈开举、孙东升

第 60—66 条　李岩峰

第 67—74 条　沈开举、吕亚满

第 75—82 条　王盛楠

第 83—85 条　李岩峰

由于学前教育法系新制度且涉及面广，尽管本书编者竭尽所能，但受编写时间和能力所限，错漏之处，恐不可免。诚望广大读者不吝赐教！

本书编者

2025 年 5 月 12 日

目 录
Contents

第一章 总　　则

本章导读 …………………………………………………………………… 1
第 一 条　【立法目的】 …………………………………………………… 1
第 二 条　【适用范围】 …………………………………………………… 5
第 三 条　【性质制度】 …………………………………………………… 7
第 四 条　【方针目标】 …………………………………………………… 10
第 五 条　【保障机制与办园体制】 ……………………………………… 12
第 六 条　【政府职责】 …………………………………………………… 16
第 七 条　【营造环境】 …………………………………………………… 19
第 八 条　【政府职责分工】 ……………………………………………… 20
第 九 条　【部门职责分工】 ……………………………………………… 23
第 十 条　【鼓励科研】 …………………………………………………… 25
第十一条　【文化产品】 …………………………………………………… 27
第十二条　【表彰奖励】 …………………………………………………… 29

案例评析
　　幼儿园食堂使用过期调味料是否属于违法经营食品 …………… 30
　　——Z省C市W幼儿园与C市市场监督管理局等食品药品安
　　　全行政复议案

第二章　学前儿童

本章导读 …………………………………………………………………… 33
第十三条　【权利保障】 …………………………………………………… 33
第十四条　【教育方式与目标】 …………………………………………… 36
第十五条　【入学要求】 …………………………………………………… 38

第十六条　【监护人责任】…… 41
第十七条　【残疾儿童入园】…… 43
第十八条　【社会参与】…… 45
第十九条　【禁止活动】…… 47
第二十条　【辅助产品】…… 48
第二十一条　【人格权保护】…… 50

第三章　幼儿园

本章导读 …… 54
第二十二条　【资源配置】…… 54
第二十三条　【教育供给】…… 56
第二十四条　【办园体制】…… 59
第二十五条　【布局规划】…… 62
第二十六条　【配套建设】…… 65
第二十七条　【村镇体系】…… 68
第二十八条　【特殊教育】…… 71
第二十九条　【设立条件】…… 74
第三十条　【设立程序】…… 76
第三十一条　【变更终止】…… 79
第三十二条　【管理体制】…… 81
第三十三条　【管理监督】…… 85
第三十四条　【举办限制】…… 89
第三十五条　【逐利限制】…… 92

案例评析

行政机关超过法定期限作出的具体行政行为，法院是否应予撤销 …… 94
——Z市某康复院诉Z市某区教育体育局行政不作为案

第四章　教职工

本章导读 …… 96
第三十六条　【教师权责】…… 96
第三十七条　【教师资质】…… 99
第三十八条　【园长资质】…… 101
第三十九条　【其他工作人员任职资格】…… 105

第 四 十 条	【职称评审】	108
第四十一条	【教职工配备】	111
第四十二条	【职业规范】	114

案例评析

幼儿园教师虐童行为是否构成虐待被监护、看护人罪 …… 117
——吕某虐待儿童案

第四十三条	【合同签订】	118
第四十四条	【从业禁止】	120
第四十五条	【健康检查】	123
第四十六条	【工资福利】	124

案例评析

如何认定教职工与幼儿园间的劳动关系 …… 128
——刘某与 L 市 Y 教育科技有限公司劳动合同纠纷案

第四十七条	【其他待遇】	129
第四十八条	【专业设置与师资培养】	132
第四十九条	【在职培训】	134

第五章　保育教育

本章导读 …… 137

第 五 十 条	【身心发展】	137
第五十一条	【人身安全】	139
第五十二条	【危害防范】	143
第五十三条	【生活制度】	146
第五十四条	【康复设备】	148
第五十五条	【学业指导】	150
第五十六条	【素质教育】	153
第五十七条	【教学资源】	155
第五十八条	【科学育儿】	156
第五十九条	【学业衔接】	159

案例评析

幼儿在园期间损害结果责任判定是否适用推定过错责任 …… 161
——T 市 Y 区 F 幼儿园、芦某 1 生命权、健康权、身体权纠纷

案例评析

幼儿园提供服务时限未达协议要求是否应当如数返还未服务时限所收费用 ·· 163

——S 市 N 区 Z 幼儿园与林某某等教育培训合同纠纷

第六章　投入保障

本章导读 ·· 165
第 六 十 条　【投入机制】 ·· 165
第六十一条　【财政分担机制】 ·· 168
第六十二条　【重点扶持】 ·· 169
第六十三条　【补助标准】 ·· 171
第六十四条　【支持方式】 ·· 173
第六十五条　【学前教育资助】 ·· 175
第六十六条　【社会投入】 ·· 176

案例评析

伪造证件骗取学前教育奖励补助的法律责任 ······························· 178

——Z 省 X 县人民检察院督促追缴学前教育专项经费行政公益诉讼案

第七章　管理监督

本章导读 ·· 180
第六十七条　【安全监管】 ·· 180
第六十八条　【收费监管】 ·· 182
第六十九条　【收费公示制度】 ·· 184
第 七 十 条　【财务会计制度】 ·· 187
第七十一条　【经费管理】 ·· 188
第七十二条　【信息管理】 ·· 190
第七十三条　【教育督导】 ·· 191
第七十四条　【质量评估】 ·· 192

案例评析

某幼儿园未按规定公布伙食费实际收支账目 ······························· 194

——Y 县市场监督管理局行政处罚决定

第八章　法律责任

本章导读 ………………………………………………………… 195
第七十五条　【政府责任】 ………………………………………… 195
第七十六条　【行政责任】 ………………………………………… 199
第七十七条　【建设责任】 ………………………………………… 200
第七十八条　【非法举办】 ………………………………………… 202
案例评析
　　非法举办幼儿园，依法进行行政处罚 ……………………… 205
　　——王某诉 K 市教育局、S 市教育局行政处罚、行政复议案
第七十九条　【机构责任】 ………………………………………… 206
第 八 十 条　【人员责任】 ………………………………………… 210
第八十一条　【违法责任】 ………………………………………… 213
第八十二条　【侵权责任】 ………………………………………… 214
案例评析
　　幼儿园教师虐待被看护幼儿，情节恶劣的，构成虐待罪 …… 216
　　——王某、孙某虐待案

第九章　附　　则

本章导读 ………………………………………………………… 217
第八十三条　【其他适用范围】 …………………………………… 217
第八十四条　【托幼衔接】 ………………………………………… 218
第八十五条　【施行时间】 ………………………………………… 220

附　录

中华人民共和国学前教育法 ……………………………………… 221

第一章 总 则

※ **本章导读** ※

本章是学前教育法的总则。本章既包含学前教育法的立法目的、适用范围、制度体系、方针目标等宏观内容,也包含各级人民政府职责分工、部门职责分工、表彰奖励等具体内容。本章奠定了学前教育法的基本方向。

> **第一条 【立法目的】**[①] 为了保障适龄儿童接受学前教育,规范学前教育实施,促进学前教育普及普惠安全优质发展,提高全民族素质,根据宪法,制定本法。

【条文主旨】

本条是关于学前教育法立法目的和立法依据的规定。

【条文解读】

本条强调了学前教育对全民族素质提升的奠基性意义,明确了学前教育法保障儿童受教育权的立法目的,是对本法立法依据的规定。

学前教育是个人发展的起点、终身学习的开端,对个人的全面持久发展有着不可替代的作用。学前教育也是国民教育体系的重要组成部分,良好的学前教育也为后续义务教育及高等教育提供良好助力。近年来,我国学前教育得到了快速发展,但从总体上看,目前学前教育依然是教育体系

[①] 简要条文主旨为编者所加,下同。

中的薄弱环节，资源结构性短缺，投入保障、师资队伍建设、规范监管等方面的体制机制仍然不完善，严重制约学前教育高质量发展。要破除制约学前教育领域发展的壁垒，立法保障是促进其健康有序发展的前提和根本途径，学前教育立法能够对公权力形成约束，同时为学前教育领域良性发展提供指引，在社会生活中发挥重要的指导和规范作用，促进儿童健康成长和学前教育事业向前发展。

从我国教育法体系横向层次来看，义务教育法、职业教育法、高等教育法作为规范初等教育、中等教育、高等教育的专门法律而存在，但作为教育学制中一环的学前教育却缺乏专门的法律规范。现行的《幼儿园管理条例》等行政法规仅涉及幼儿园管理工作，亟须对学前教育整体予以立法保障。学前教育法坚持问题导向，坚持改革创新，聚焦解决学前教育瓶颈问题，作出系统制度设计和规范，全面构建了普惠性学前教育发展保障机制，为进一步深化学前教育改革、推进学前教育规范发展提供了根本遵循。

随着世界各国对学前教育重要性认识的觉醒，许多国家都已经形成了较为完备的学前教育法律体系，通过学前教育立法规范学前教育机构办学行为，改革学前教育体制机制，推动学前教育良性发展。我国作为联合国《儿童权利公约》签约国之一，也要形成完备的学前教育法律体系，加快推进学前教育立法。

我国学前教育的发展长期缺乏统一的立法保障。为填补立法空白，我国中央层面出台了一系列学前教育政策，如《幼儿园管理条例》、《幼儿园教育指导纲要（试行）》、《国务院关于当前发展学前教育的若干意见》（以下简称《若干意见》）、《中小学幼儿园安全管理办法》、《关于加大财政投入支持学前教育发展的通知》（已失效）以及《3—6岁儿童学习与发展指南》、《幼儿园教职工配备标准（暂行）》、《幼儿园工作规程》、《中共中央 国务院关于学前教育深化改革规范发展的若干意见》。有代表性的文件，如2003年教育部等部门（单位）的《关于幼儿教育改革与发展的指导意见》（已失效）、2010年中共中央与国务院共同发布的《国家中长期教育改革和发展规划纲要（2010—2020年）》（以下简称《规划纲要》），以及为配合《规划纲要》贯彻实施的《国务院关于当前发展学前教育的若干意见》。尤其是《若干意见》在内容上涵盖了学前教育的地位与性质、办学方针、政府责任、财政投入、教师队伍建设与权益保障，以及幼儿园的准入、安全、收费管理等诸多事项。政策具有灵活性，在立法机关对某一社会问题形成较为成熟的解决方案之前，其往往发挥着"试行法"作用，替代法律承担更多社会治理的功能。随着政策经过实践检验并被认为是成熟的、有效的，立法机关再依照法定程序将其上升为法律，此过程即政策的法律化。

学前教育法在内容上并非"平地起高楼"，而是与已出台的学前教育政策保持高度一致，在很大程度上是现行学前教育政策的法律化结果。例如，就宏观层面学前教育的定位问题，《若干意见》规定"学前教育是终身学习的开端，是国民教育体系的重要组成部分，是重要的社会公益事业"，这一政策要求直接被本法第三条吸纳；针对微观层面学前教育办学过程中存在的诸多难题，《若干意见》提出了"遵循幼儿身心发展规律……面向全体幼儿，关注个体差异，坚持以游戏为基本活动，保教结合，寓教于乐，促进幼儿健康成长。加强对幼儿园玩教具、幼儿图书的配备与指导，为儿童创设丰富多彩的教育环境，防止和纠正幼儿园教育'小学化'倾向"之政策要求，这一政策要求转化为立法规定，即是本法第五十六条、第五十九条。

在本法发布前，为确保各地方学前教育的规范化发展，我国诸多地区纷纷结合当地的实际情况，出台学前教育地方性法规与规章。学前教育地方性法规和规章在内容上基本涵盖了学前教育的地位与性质、学前教育的财政保障、学前教育的管理体制、幼儿园及其工作人员、学前教育的内容及其开展、学前教育中的监督与问责等内容。在中央层面学前教育立法尚未出台的情况下，地方学前教育立法对于我国学前教育的发展发挥了重要的保障与规范作用。地方学前教育立法在很大程度上是学前教育政策法律化的产物，但地方立法并非完全照搬学前教育政策的规定，而是在地方立法权限范围内多有创新。这种制度上的创新在本法中得到了充分展现。例如，《若干意见》规定，"建立学前教育资助制度，资助家庭经济困难儿童、孤儿和残疾儿童接受普惠性学前教育"。但是，包括《浙江省学前教育条例》在内的地方学前教育立法在规定县级以上人民政府应当建立学前教育资助制度的基础上，还创设了针对特定人群的免费学前教育制度。此一针对特定人群的免费学前教育制度亦被本法吸纳。本法第六条第三款明确强调"保障适龄的家庭经济困难儿童、孤儿、残疾儿童和农村留守儿童等接受普惠性学前教育"。

长期以来，学前教育立法受到社会广泛关注，全国人大代表提出了许多议案和建议。2003年3月，学前教育立法被纳入第十届全国人大教科文卫委员会的立法规划。2010年《国家中长期教育改革和发展规划纲要（2010—2020年）》明确提出要进行学前教育立法。2017年，教育部再次将"启动学前教育法立法"列入年度工作要点。2018年,《中共中央 国务院关于学前教育深化改革规范发展的若干意见》印发,对新时代学前教育改革发展作出部署,明确要求研究制定学前教育法。2018年,制定学前教育法被列入第十三届全国人大常委会立法规划的一类项目。2013年以来,全国人大教科文卫委、教育部等部门先后赴各地进行学前教育立法调研。全国人大教科文卫委与有关部门密切协同,积极推动立法工作进程。2019年,教科文卫委在协助第十三届全国人大常委会听取和审议国务院关于学前教育事业改革与发展情况报告工作时,同步开展立法调研,重点研究立法中的关键问题,提出加快立法的建议。[1]

2021年4月,教育部研究形成学前教育法草案,报请国务院审议。2023年6月,国务院第七次常务会议讨论并原则通过草案,将草案提请全国人大常委会审议。自2023年8月以来,学前教育法先后经第十四届全国人大常委会第五次会议、第十次会议、第十二次会议审议,于2024年11月8日表决通过。

学前教育法的出台,填补了学前教育法律的空白,实现了学前教育法律从"0"到"1"的突破,系统构建了中国特色学前教育法律制度体系,推动形成了覆盖整个教育链条、完整的教育法律体系,是教育法治建设的重大成果。学前教育法的颁布,是我国依法治教的又一重大举措,也是中国学前教育发展的重要里程碑。依法保护儿童的受教育权,促进儿童健康成长,是关系国家和民族未来的大事,需要全社会共同努力。

【适用指南】

学前教育是重要的民生事业,适龄儿童是否有园上、能否上得起、是否让家长安心放心,是多年来人民群众非常关心的急难愁盼问题。学前教育法坚持以人民为中心,以解决好人民群众最关心最直接最现实的利益问题为出发点,以保障学前儿童基本受教育权益为落脚点,围绕保障入园机会、减轻家庭负担、守护幼儿安全、提供有质量服务等方面作出全面规范,切实保障学前教育改革成果更多、更公平地惠及全体人民。

办好学前教育、实现幼有所育,关系亿万儿童健康成长,关系千家万户切身利益,关系国家和民族未来。在以中国式现代化全面推进强国建设的新征程上,颁布学前教育法,标志着学前教育进入"有专门法可依"的

---

[1] 王萍:《充分发挥委员会职能作用 推动学前教育立法工作高质量发展》,载《中国人大》2023年第17期。

新阶段，为广大适龄幼儿享有公平的受教育权益，提供了强有力的法律保障，对推进学前教育普及普惠安全优质发展，夯实教育强国建设基点具有重要而深远的意义。

学前教育立法的首要目的是保障适龄儿童接受学前教育的权利，促进学前教育事业普及普惠安全优质发展，规范学前教育实施。儿童受教育权不只是教育机会的获得，还应包括教育过程的优化和教育质量的提升。因此，保护儿童受教育权涉及普惠性学前教育资源的供给、有质量的师资队伍建设、幼儿园课程改革和质量提升等，是一个系统工程，需要政府、家庭、幼儿园等共同努力。保护儿童受教育权、促进儿童发展是学前教育立法的出发点，也是根本目的所在。①

【相关规定】

《中华人民共和国教育法》第十七条、第十八条；《中华人民共和国未成年人保护法》第八十六条；《残疾人教育条例》第三十一条；《幼儿园工作规程》第一条至第四条。

> **第二条 【适用范围】** 在中华人民共和国境内实施学前教育，适用本法。
>
> 本法所称学前教育，是指由幼儿园等学前教育机构对三周岁到入小学前的儿童（以下称学前儿童）实施的保育和教育。

【条文主旨】

本条是关于学前教育法适用范围的规定。

【条文解读】

学前教育法的适用范围由学前教育服务的对象决定，是学前教育立法必须解决的前提性问题。本条关于"适用范围"之规定沿袭了《幼儿园管

---

① 虞永平：《保障儿童受教育权是学前教育立法的核心追求》，载《幼儿教育》2021年第1期。

理条例》第二条"本条例适用于招收三周岁以上学龄前幼儿,对其进行保育和教育的幼儿园"之规定,即"在中华人民共和国境内实施学前教育,适用本法。本法所称学前教育,是指由幼儿园等学前教育机构对三周岁到入小学前的儿童(以下称学前儿童)实施的保育和教育"。"学前教育"服务的对象是"三周岁以上学龄前幼儿"或者具体而言是"三周岁至六周岁"的适龄幼儿,学前教育法的适用范围亦限于此。

从教育对象看,学前教育主要针对3周岁以上到入小学前的适龄儿童,即3—6岁幼儿。3—6岁幼儿已具备了一定的独立生活能力,可以进入集体生活,这个阶段的学前教育可以有比较明确的目标和标准,与照护有本质的区别。0—3岁婴幼儿不具备自理能力,以家庭养育和教育为主。从教育方式看,学前教育坚持保育和教育相结合。保育重在通过提供良好的膳食营养、体格锻炼、卫生保健、安全防护等,保护和增进幼儿身心健康。教育重在落实以游戏为基本活动,创设丰富的教育环境,将教育渗透在一日生活和游戏中,促进幼儿身心全面发展。有学者提出,对于"学前教育"服务的对象应采取一种宽泛的理解。[①] 原因在于:一方面,在儿童的成长过程中,0—3岁婴幼儿阶段至关重要,儿童的语言、情感感知能力,以及大脑发育、思维启蒙均是起步于此阶段;另一方面,从现行学前教育政策的规定看,《规划纲要》强调"重视0至3岁婴幼儿教育",该政策要求在本法中应得到体现。对此,本法第八十四条第一款提出:"鼓励有条件的幼儿园开设托班,提供托育服务。"

【适用指南】

学前教育是对儿童实施的一种保育和教育方案,实践中,以幼儿园为主实施学前教育。根据不同的年龄阶段,人的一生可以划分为婴儿期(0—3岁)、幼儿期(3—6岁)、童年期(6—12岁)、少年期(12—18岁)、成年期(18岁以后)。学前教育阶段儿童的界定,目前理论上有广义和狭义之分,广义的学前教育阶段的儿童包括婴儿期和幼儿期的儿童,而狭义的学前教育阶段的儿童指的是幼儿期的儿童。本法所称的学前儿童是指狭义的学前教育阶段的儿童,即幼儿期的儿童。无论是广义的学前教育还是狭义的学前教育,它们的共同特征是旨在对学龄前儿童实施保育与教育相结合的一种教育方式,是接受学校教育前的一种预备性教育。我国

[①] 湛中乐:《〈学前教育法(草案)〉的立法特点与完善建议》,载《湖南师范大学教育科学学报》2020年第6期。

虽然把幼儿园作为学前教育的教育机构，但幼儿园又区别于传统意义上的学校，尽管幼儿园和学校有很多共同之处，但这两者又不能完全等同。两者的区别如下：其一是教育对象的不同，学前教育的对象是幼儿，这些幼儿都处于心智极为不成熟的阶段，属于生活不能自理的人；其二是学前教育的任务除了教育本身之外还承担着保育的责任，家长把孩子送往幼儿园，不仅期望孩子能学到知识，受到教育，还希望幼儿园能妥善照顾幼儿，这是其保育作用的体现。

【相关规定】

《幼儿园工作规程》第一条至第四条。

> **第三条　【性质制度】国家实行学前教育制度。**
> **学前教育是国民教育体系的组成部分，是重要的社会公益事业。**

【条文主旨】

本条是关于学前教育制度和学前教育性质的规定。

【条文解读】

教育法第十七条第一款规定："国家实行学前教育、初等教育、中等教育、高等教育的学校教育制度。"从教育性质看，学前教育是学校教育的组成部分。学前教育是国民教育体系的组成部分，是重要的社会公益事业，关系到亿万儿童健康成长。制定学前教育法，对学前教育改革发展具有固根本、稳预期、利长远的重要作用。

学前教育的根本属性是由其基本功能、在国家教育系统中的地位、法律认定等因素共同构成和决定的，公益性是学前教育的根本属性，涉及不特定社会多数人的重大利益和根本福祉。公共利益是与社会公众生存与发展密切相关的、能为不特定多数人认可和享有的价值体，是一种整体性、长远性、根本性的利益形态。从经济学角度看，公共物品和公共服务是公共利益的物质表现形式，具有受益的非竞争性、消费的非排他性和效用的不可分割性等特征。学前教育的公共物品属性决定了公益性是其基本属性。一方面，学前教育是国民教育的起点，亦是终身教育的开端，在整个教育体系中处于基础地位，事关不特定多数人的根本利益。另一方面，从生理心理角度讲，学龄前儿童的认知能力较弱，属于社会弱势群体，学前教育直接关系到儿童的身心健康发展，关系到国民素质的整体提升。因此，如果说教育具有公益性，那么学前教育应当是公益性最强的社会公共事业。

一个国家对学前教育定位不同，代表着该国对学前教育功能的期许不同；反过来，一国对学前教育如何定位，反映出该国对学前教育的重视程度乃至整个教育的发展水平。西方发达国家学前教育的发展经历了一个由忽视到重视的不断深化过程。从整体来看，最初把学前教育纳入社会慈善事业范畴，后来把学前教育视为社会福利事业的一部分，最后才把学前教育纳入教育事业体系。如今，世界各国已普遍认识到学前教育的极端重要性，把学前教育视为具有公益性的社会公共事业。由于各国经济发展水平、政治制度、文化传统、教育发达程度等不同，采取的学前教育发展道路也不完全相同。例如，在法国，1881年的费里法案、1958年的宪法、2000年的教育法典都确立了学前教育的公共事业地位，形成了学前教育完全免费的公益模式。再如在韩国，通过1949年的教育法、1982年的幼儿园教育振兴法、2004年的幼儿教育法，逐步确立了学前教育政策倾斜和财政扶持机制，形成了学前教育部分免费的公益模式。因此，可以说，把公益性作为学前教育的根本属性已成为世界上学前教育发展的重要趋势。公益性之所以成为学前教育发展的国际共识，究其原因就在于，学前教育具有极强的正外部性，外溢性效应明显。学前教育具有独特的社会功能和巨大的经济效益。调研表明，学前教育财政投入的社会回报率最高。这里的社会回报，不仅包括学业成就、就业率、经济收入等经济回报，而且包括人力资源、降低犯罪率等社会长远利益回报。

从学前教育本身来讲，公益性的基本要义有二：一是质量；二是公平。《中国教育现代化2035》把"实现基本公共教育服务均等化"作为推进教育现代化十大战略任务之一，把"普及有质量的学前教育"作为2035年中国教育发展的八个目标之一。《中国教育现代化2035》和《加快推进教育现代化实施方案（2018—2022年）》作为中国教育现代化的顶层设计和行动方案，彰显了学前教育公益性的基本要义。学前教育的公平是整个教育公平和社会公平的起点。教育公平是社会公平的重要内容和体现，关系到人的全面发展和代际公平。学前教育的奠基性作用决定了学前教育公平是教育公平的开端。从国际趋势来看，公平已成为学前教育改革发展的基本理念和首要目标。由于学前教育关系到幼儿的健康成长和国民的终身发展,所以各国普遍都把实现学前教育公平作为教育发展的重要追求目标,通过国家财政支出、弱势群体补偿、处境不利幼儿群体援助等政策,确保学前教育机会均等。党的十九大明确提出了"努力让每个孩子都能享有公平而有质量的教育"。在脱贫攻坚、全面建成小康社会的关键时期,在国家实施乡村振兴、全面依法治国的战略背景下,实现优质公平的学前教育是我国公共教育服务体系的重要使命。

学前教育立法需坚持"两性"与"五立足"。[①] "两性",即坚持公益性与普惠性,明确公益性与普惠性应成为我国学前教育立法的根本性理念和指引,在这一基本指引下,坚持贯彻公平与均衡的立法原则。"五立足",即立足更好贯彻落实党的十九大"幼有所育""不断取得新进展"的重大决策部署,立足有效促进亿万儿童身心全面健康成长、未来国民素质整体提升,立足有效满足广大人民群众对普及普惠且有质量教育日益迫切的美好期待,立足有力保障国家经济社会和谐稳定发展需求,立足保障与促进学前教育事业健康、可持续发展,真正构建起"广覆盖、保基本、有质量"的学前教育基本公共服务体系,实现普及、普惠和有质量的发展。为此,要实现上述立法价值追求与宗旨,在学前教育立法中,必须既坚持政府主导的原则,充分发挥中央和地方各级政府在发展学前教育事业中的主导职责;同时,必须坚持改革与创新,充分发挥企事业单位、机构、社会和家长等多元主体的力量与积极性。为此,也需要着力改革与完善我国学前教育事业发展的管理、投入、办园等体制机制与教师政策制度等,以有利于调动与统筹激发各方活力,有效协调与规范调整好各相关主体间的利益关系,破除制约多方资源与主体积极性的体制机制和政策制度障碍,以快速有效地拓展资源,保障普及普惠且有质量地发展。

【适用指南】

学前教育立法价值追求和宗旨是对立法的基本出发点、根本任务和所要实现的目标的高度概括和凝练,是调整各相关主体间利益关系的基本准则。学前教育立法价值追求和宗旨的确定,应从学前教育的属性定位出发,不仅立足当前,着眼未来,充分考虑事业的长远、可持续发展,还应充分考虑满足人民群众对普及普惠且有质量学前教育的需求,更要积极适

[①] 庞丽娟、王红蕾、贺红芳、袁秋红:《加快立法为学前教育发展提供法律保障》,载《中国教育学刊》2019 年第 1 期。

应国家当前与未来经济社会健康与和谐发展的需要。

明确学前教育的根本属性是教育性与公益性，其是我国国民教育体系和社会公益事业的重要组成部分。学前教育不仅是基础教育的重要组成部分、国家学制的第一阶段，直接影响着儿童的身心全面健康发展，关乎未来国民素质的整体提升，而且直接关涉满足广大百姓对"幼有所育"的美好向往，直接关涉家长安心从事生产科研、放心参加技能培训，因而直接关涉国家经济与社会健康和谐发展，是重要的社会公益事业。

【相关规定】

《中华人民共和国教育法》第十七条、第十八条；《中华人民共和国未成年人保护法》第八十六条；《幼儿园工作规程》第一条至第四条。

> **第四条 【方针目标】** 学前教育应当坚持中国共产党的领导，坚持社会主义办学方向，贯彻国家的教育方针。
>
> 学前教育应当落实立德树人根本任务，培育社会主义核心价值观，继承和弘扬中华优秀传统文化、革命文化、社会主义先进文化，培育中华民族共同体意识，为培养德智体美劳全面发展的社会主义建设者和接班人奠定基础。

【条文主旨】

本条是关于学前教育方针目标的规定。

【条文解读】

教育方针是党和国家在一定历史阶段提出的有关教育事业的总方向和总指针，确定教育事业发展方向，是教育改革发展的指导思想、价值取向和根本要求，是教育基本政策的总概括，是指导整个教育事业发展的战略原则和行动纲领。教育方针内容包括教育的社会性质、培养目标和基本途径，核心是围绕"培养什么人、怎样培养人、为谁培养人"这一最具战略决定性意义的根本问题，规定了教育的性质、目标、任务和实现路径，具有鲜明的政治性、时代性和方向性。

教育法第五条规定，我国的教育方针是：教育必须为社会主义现代化建设服务、为人民服务，必须与生产劳动和社会实践相结合，培养德智体美劳全面发展的社会主义建设者和接班人。本条对于学前教育方针的规定，是我国教育方针在学前教育领域的具体体现。

立德树人，即以培养具有良好道德品质的人为核心任务，是教育的根本宗旨。立德树人的理论基础源于我国传统的"仁爱""忠诚""礼义"等道德观念以及马克思主义关于人的全面发展的理论。在实践探索中，我国教育部门先后出台了一系列政策和措施，如推行素质教育、深化课程改革、强化德育工作等，都以立德树人为核心。此外，各级学校也在积极探索符合自身特点的立德树人路径，如开展德育主题活动、创建文明校园、实施心理健康教育等。这些实践探索为立德树人新生态新格局的构建奠定了基础，同时也为五育并举提供了有力保障。

党的十八大提出，倡导富强、民主、文明、和谐，倡导自由、平等、公正、法治，倡导爱国、敬业、诚信、友善，积极培育和践行社会主义核心价值观。富强、民主、文明、和谐是国家层面的价值目标，自由、平等、公正、法治是社会层面的价值取向，爱国、敬业、诚信、友善是公民个人层面的价值准则，这 24 个字是社会主义核心价值观的基本内容。"富强、民主、文明、和谐"，是我国社会主义现代化国家的建设目标，也是从价值目标层面对社会主义核心价值观基本理念的凝练，在社会主义核心价值观中居于最高层次，对其他层次的价值理念具有统领作用。"自由、平等、公正、法治"，是对美好社会的生动表述，也是从社会层面对社会主义核心价值观基本理念的凝练。它反映了中国特色社会主义的基本属性，是我们党矢志不渝、长期实践的核心价值理念。"爱国、敬业、诚信、友善"，是公民的基本道德规范，是从个人行为层面对社会主义核心价值观基本理念的凝练。它覆盖社会道德生活的各个领域，是公民必须恪守的基本道德准则，也是评价公民道德行为选择的基本价值标准。

德智体美劳全面发展，这是教育培养目标的重要标准。五育并举，即德育、智育、体育、美育、劳动教育五育并重，这一理念源于我国古代的教育思想，具有深厚的文化底蕴。五育并举强调全面发展，提倡个体在德、智、体、美、劳五个方面均衡发展，旨在培养具有全面素质的新时代人才。五育并举的意义在于，它既继承了我国传统教育重视道德、智慧、身体、审美和劳动教育的优秀传统，又顺应了新时代对人才培养的要求。

【适用指南】

五育并举体现在以下几个方面：德育强调培养学生的道德品质，智育关注学生的知识学习和能力培养，体育关注学生的身体素质和运动能力，美育注重培养学生的审美情趣和创新能力，劳动教育着重提高学生的实践能力和劳动技能。五育作为全面发展教育的组成部分，它们之间既不能相互替代，又不能彼此分割。德育是实施各育的方向保证。德育是使学生具有坚定正确的政治方向和良好思想道德素质的教育，德育是实施各育的方向保证。智育为各育提供认识基础。智育主要是传授系统的文化科学知识与技能，提升学生才干与智慧的教育。各育的实施都不能离开知识技能的教育。体育是各育的基础保证。体育是增强学生体质，发展他们的体力和运动能力，养成他们锻炼身体和卫生习惯的教育，也就是提升学生身心素质的教育。体育为各育提供物质保证。美育、劳动教育是将德、智、体充分展现和运用的主要途径。学校美育不仅具有育德的功能，能净化心灵、陶冶情操、完善品德，还具有健体的功能，能促进学生身体健美发展。劳动教育是将德、智、体、美充分展现和运用的主要途径。

【相关规定】

《中华人民共和国教育法》第五条；《幼儿园工作规程》第一条、第三条。

第五条　【保障机制与办园体制】 国家建立健全学前教育保障机制。

发展学前教育坚持政府主导，以政府举办为主，大力发展普惠性学前教育，鼓励、引导和规范社会力量参与。

【条文主旨】

本条是关于学前教育保障机制与办园体制的规定。

【条文解读】

本条指出，发展学前教育应坚持政府主导，以政府举办为主，大力发展普惠性学前教育，鼓励、引导和规范社会力量参与。这充分体现了政府在发展学前教育中的关键责任，进而实现保护儿童权利和促进儿童发展的目的。

就保护儿童受教育权而言，在众多义务主体中，政府是最重要的义务主体，也是最重要的责任主体。政府履行保护儿童权利、促进儿童发展责任的关键途径是发展普及普惠安全优质的学前教育，真正建立起公益普惠的学前教育公共服务体系。宪法第一章第十九条规定了国家教育事业方面的内容，其中第二款规定了"国家举办各种学校……并且发展学前教育"，该条为实现受教育权包括学前教育阶段受教育权提供了宪法保障；第四十六条规定了公民的受教育权；第八十九条第七项规定了国务院领导和管理教育工作，说明学前教育事业的整体建设由中央政府负责统筹推进；第九十九条规定了地方各级人民代表大会"依照法律规定的权限，通过和发布决议，审查和决定地方的经济建设、文化建设和公共事业建设的计划"；第一百零七条第一款规定了"县级以上地方各级人民政府依照法律规定的权限，管理本行政区域内的……教育……等行政工作"，地方人大负责审查监督，地方政府采取具体措施。从以上内容可以看出，我国明确规定了政府在规制学前教育方面的义务：以保障公民的受教育权为目的，国家和政府对幼儿在学前教育阶段的受教育权负有保障义务。作为公民基础教育的开端和奠基，学前教育阶段的受教育权是宪法明确规定的受教育权的组成部分，是公民的基本权利，必须受到国家和政府的应有保障。

儿童的受教育权无法得到保障与政府职责的缺失、监管不到位有关。世界上学前教育事业发展较好的国家，其立法都明确规定了政府的有关职责。因此，在我国学前教育立法中需要明确政府对促进学前教育发展和保护学前教育阶段儿童的受教育权的职责。首先要确立政府责任制。儿童的受教育权保障关乎我们整个国家未来的发展，尤其是学前教育阶段的儿童，他们是最脆弱的群体，他们的权益最容易被侵犯，因此要发挥政府的重要作用。学前教育阶段的儿童受教育权问题是整个学前教育事业应当重点关注的问题。学前教育事业本身具有一定的公益性，如果政府在这个环节上缺位，势必破坏学前教育事业的公益属性，那么后果将相当严重，幼儿的权益更加容易遭到侵害，儿童的平等受教育权将无从保障。这会给社会个体的发展、国家整个教育事业的稳定都带来不利影响。通过确立政府责任制这种模式，以强有力的国家干预模式来保障学前教育事业的稳定发展，从而达到保护学前教育阶段儿童权利的目的。政府责任制应当建立起一个从地方到中央的网状分布图，要做到全面不留死角，尤其是农村地区。其次是中央政府的职责规定，立法应当明确规定中央政府负有监督地方政府促进学前教育发展，维护学前教育阶段儿童受教育权的基本职责。在中央还应当建立跨部门合作协调机制，各部门各机构之间应当互相合作，协调统一，齐心协力来保障学前教育阶段儿童的受教育权。

确立并坚持"公立为主，公立、私立共同发展"的办学体制。既要坚持政府的主导作用，又要有利于最广泛地整合社会资源进入学前教育事业。要明确公立与私立并举、充分发展、共同繁荣的思路。一方面，我们反对将学前教育过分市场化、商业化，因为学前教育乃国家基础教育的基础，其具有显著的公益性质。根据我国现实情况及学前教育的阶段需求，必须坚持在政府主导的前提下，大力整合社会各方面力量和资源，共同助力学前教育事业。另一方面，我们也反对将"政府主导"等同于"政府主办"，因为这将妨碍社会力量和资源的进入，也不利于政府职责的充分发挥。积极利用社会力量，促进我国学前教育质量的有效改善，使幼儿获得更加优质的学前教育资源，进而提升我国教育事业的整体发展水平。应当鼓励私人企业自办幼儿园，由政府给予有力的引导和支持，对自办幼儿园的企业给予税收减免以及国家财政补贴。基于城乡差距显著的国情，城乡的办园体制应当有所区别。在农村等不发达地区，一般情况下由于社会资本较少进入，政府办学应为主导，同时也要鼓励社会力量到农村举办幼儿园；在城市等发达地区，则应广泛发动和引导社会各方面力量加入，创造公立与私立共荣互促、有序发展的良好格局。

鼓励社会各界积极参与，开通组织监督及个人监督渠道。充分利用社会力量，与政府主导的学前教育督导工作形成互补。切实提高我国学前教育机构的教育质量，督促政府部门对学前教育机构的科学管理。规范市场秩序，引导各类学前教育机构健康发展，为我国学前教育的普及贡献力量。可以引入专业的第三方评估机构，通过其对各类幼儿园办园资质、安全卫生条件、教育质量等进行中立、公正的监督、检查，获得客观中肯的评估结果，为政府部门对各学前教育机构的考核评价提供参照，也能够提供有价值的信息帮助家长为幼儿选择合适的学前教育机构，发挥第三方评估机构在学前教育事业发展中的重要作用。总之，在我国的学前教育立法中，有必要明确社会组织的监督评估作用。积极利用社会力量，促进我国学前教育质量的有效改善，使幼儿获得更加优质的学前教育资源，进而提升我国教育事业的整体发展水平。学前教育在整个教育体系中起着奠基性作用，是人类个体发展的开端阶段，对社会与个人的重要性不言而喻，与我国社会经济的发展和民族未来的振兴息息相关。调动各方力量为学前教育的发展保驾护航，是学前教育立法的应有之义。

积极发挥社会组织对政府和教育机构的双向监督作用。社会监督是最有力的"防腐剂"，我国的学前教育立法有必要明确社会组织的监督评估作用。例如，探索引入专业的第三方独立评估机构，由第三方独立评估机构对各类学前教育机构的办学资质、安全卫生条件、教学质量等方面，进行中立、公正的监督、检查和评价，为政府部门提供参照，也能够帮助家长在选择学前教育机构时作出正确决定。需要注意的是，社会监督的指向是双重的，一方面它可以督促政府部门行使职责，另一方面它又对办学的私人形成强大监督压力，与政府学前教育督导机制形成互补。

【适用指南】

家长基于家长教育权，在不违反国家法律法规的前提下，在学前教育阶段有权为其孩子选择接受何种形式、何种内容和在哪里接受学前教育，这是其选择权的应有之义。家长教育权包括选择权、知情权和参与管理权，其中的选择权是该项权利内容的核心，是指选择合适教育方式的权利，即父母凭借已有能力有权选择有利于孩子成长和学习的手段或途径，主要包括语言选择权、基本生活方式确定权等。社会教育权主体除了图书馆、博物馆这些具有较强公益性的主体，更多的都是趋于谋利的市场组织。当家长选择让其孩子进入这些社会教育权主体接受学前教育时，特别是以市场为主导的非公立学前教育机构时，即将家长教育权委托给了这些主体。作为学前儿童受教育权的委托方，家长有获知被委托方的基本情况和服务内容的知情权。较强公益性的社会教育权主体教授内容天然地具备权威性和正规性，这里要特别强调的是非公立学前教育机构，家长依据儿童最大利益原则，完全有理由参与到这些社会教育权主体的教授内容、教授方式等课程设计过程中来，从而肩负委托者、参与者和监管者三重角色。同时，家长在儿童的学前教育中也负有主要责任。家长的教育责任是家长监护责任的一部分，一般来说家长是儿童利益的最佳判断者。在学前教育阶段，父母独享家长教育权在理论和实践中是完全可行的，但并非没有限度。在家开展学前教育时，父母对儿童教育内容的选定应接受国家和社会的监督和审查，即有义务向社会公开自己的教育内容，接受国家和社会的正常管理和监督。

幼儿园是学前儿童接受教育的最主要场所，公办幼儿园代表国家教育权的行使，民办幼儿园则是社会教育权的主要代表，二者均享有一定范围的办学自主权。当部分民办幼儿园将个性发展作为其办学宗旨时，将会享有合法范围内的更大办学自主权。从儿童最大利益原则出发，幼儿园必须毫无保留地承担起保护和尊重幼儿的基本义务，在其办园管理过程中，不得虐待学前儿童。

【相关规定】

《中华人民共和国教育法》第十八条；《中华人民共和国民办教育促进法》第一条、第二条；《国务院关于当前发展学前教育的若干意见》。

> 第六条 【政府职责】国家推进普及学前教育，构建覆盖城乡、布局合理、公益普惠、安全优质的学前教育公共服务体系。
>
> 各级人民政府应当依法履行职责，合理配置资源，缩小城乡之间、区域之间学前教育发展差距，为适龄儿童接受学前教育提供条件和支持。
>
> 国家采取措施，倾斜支持农村地区、革命老区、民族地区、边疆地区和欠发达地区发展学前教育事业；保障适龄的家庭经济困难儿童、孤儿、残疾儿童和农村留守儿童等接受普惠性学前教育。

【条文主旨】

本条是关于政府学前教育发展职责的规定。

【条文解读】

本条第一款是对推进普及学前教育的国家责任和学前教育公共服务体系建设目标的规定，即推进普及学前教育是国家义不容辞的责任，国家应当着力构建"覆盖城乡、布局合理、公益普惠、安全优质"的学前教育公共服务体系。第二款是对各级政府依法履职的要求，即各级人民政府在学前教育领域依法履行职责，"合理配置资源，缩小城乡之间、区域之间学前教育发展差距，为适龄儿童接受学前教育提供条件和支持"。第三款是对国家发展学前教育的地域性以及特殊群体倾斜政策的规定，即在地域上倾斜支持农村地区、革命老区、民族地区、边疆地区和欠发达地区发展学前教育事业，在人员群体上保障适龄的家庭经济困难儿童、孤儿、残疾儿童和农村留守儿童等接受普惠性学前教育。

本条第一款是对推进普及学前教育的国家责任和学前教育公共服务体

系建设目标的规定。

首先，宪法第四十六条规定了公民有受教育的权利，我国教育体系包括学前教育、初等教育、中等教育、高等教育以及其他教育。学前教育作为国民教育体系的重要组成部分，是国民教育的基础和开端，是公民受教育权的重要组成部分。为保障公民受教育权的实现，宪法第十九条第二款明确提出国家发展学前教育，从国家根本法层面确立了发展学前教育的国家义务。学前教育法本条正是贯彻宪法的具体规定的体现。

其次，学前教育公共服务体系建设目标为"覆盖城乡、布局合理、公益普惠、安全优质"。"覆盖城乡、布局合理、公益普惠、安全优质"是新时代学前教育改革和高质量发展的重要内涵与基本要求。教育法第十八条第一款规定，国家制定学前教育标准，加快普及学前教育，构建覆盖城乡，特别是农村的学前教育公共服务体系。学前教育法在遵循教育法的基础上，进一步细化、增加两个学前教育公共服务体系建设条件。第一，"布局合理"，是针对当前学前教育发展不平衡、不充分问题而提出的建设条件。从当前学前教育发展总体布局来看，我国学前教育发展的区域差异和城乡差异较为显著，学前教育结构性布局不均衡。因此以布局合理为发展目标，构建东西南北中以及城乡一体化学前教育协调发展的格局是学前教育公共服务体系建设的必然要求。第二，"公益普惠"，是针对当前部分地区和领域学前教育行业追逐市场化倾向而提出的改善性条件。2018年我国印发《中共中央 国务院关于学前教育深化改革规范发展的若干意见》，进一步明确了学前教育公益普惠基本方向，提出了推进学前教育普及普惠安全优质发展的重大政策举措。学前教育法则贯彻中央政策文件精神，明确和保障学前教育的公益普惠属性，助推学前教育优质化发展。

本条第二款是对各级政府依法履职的要求。

首先，教育管理工作是宪法第八十九条、第一百零七条规定的中央和地方各级人民政府的法定职权之一。教育法第十八条第二款则进一步规定各级人民政府应当采取措施，为适龄儿童接受学前教育提供条件和支持。学前教育法在落实宪法、教育法的基本精神下，对各级人民政府在学前教育领域依法履职标准提出了更加严格的要求，即合理配置资源，缩小城乡之间、区域之间学前教育发展差距，为适龄儿童接受学前教育提供条件和支持。

其次，为适龄儿童接受学前教育提供条件和支持是中央和地方各级人民政府的共同责任。地方各级人民政府不仅应当按照本地学前教育发展实际情况，合理配置土地、师资、财政等各种资源，还应努力缩小城乡之间、区域之间学前教育发展差距。

本条第三款是对国家发展学前教育的地域性以及群体性倾斜政策的规定。

共同富裕是社会主义的本质要求。在学前教育发展中，地区性和群体性差异也较为明显，因而强调国家要对特殊地区进行政策倾斜，对特殊人群着重予以保障。

第一，在学前教育领域，农村地区、革命老区、民族地区、边疆地区和欠发达地区教育资源紧缺、发展环节薄弱，严重制约学前教育优质普惠发展。因此，学前教育法倾斜支持农村地区、革命老区、民族地区、边疆地区和欠发达地区发展学前教育，为巩固脱贫攻坚成果、实现共同富裕续航发力。

第二，学前教育应覆盖全国所有适龄儿童，但家庭经济困难儿童、孤儿、残疾儿童和农村留守儿童所处的家庭经济实力较弱，其接受学前教育会受到部分阻力。党的十九届五中全会强调要"完善普惠性学前教育保障机制"，教育部等九部门印发的《"十四五"学前教育发展提升行动计划》中强调要"坚持学前教育公益普惠基本方向"，并着重指出要"切实保障家庭经济困难儿童接受普惠性学前教育"。政府在学前教育发展中应当发挥保底作用，重点保障适龄的家庭经济困难儿童、孤儿、残疾儿童和农村留守儿童的受教育权，使最缺乏入园条件的幼儿能够享受学前幼儿教育，这不仅是教育公平和儿童全面发展的表现，还体现了社会责任意识以及对弱势群体的关注。

【适用指南】

本条是对宪法第十九条确立的发展学前教育的国家责任、政府职责，以及教育法第十条和第十八条确立的特殊地区、人群倾斜支持政策和学前教育公共服务体系建设目标的进一步细化。

学前教育是终身学习的开端，是国民教育体系的重要组成部分。办好学前教育、实现幼有所育，是各级人民政府为老百姓办实事的重大民生工程，关系亿万儿童健康成长，关系社会和谐稳定，关系党和国家事业未来。目前学前教育仍是整个教育体系的短板，地区性和群体性发展不平衡不充分问题较为显著。这就要求中央和地方各级人民政府切实依法履行职责，加大对学前教育的投入，确保学前教育资源的均衡配置和公平共享；对特殊人群和特定区域也应当采取倾斜支持措施，保障学前教育的普惠性和可及性。

【相关规定】

《中华人民共和国宪法》第四条、第十九条、第四十五条;《中华人民共和国教育法》第十条、第十八条;《中华人民共和国未成年人保护法》第八十六条;《残疾人教育条例》第三十一条;《幼儿园工作规程》第二十三条;《国务院关于当前发展学前教育的若干意见》。

> **第七条 【营造环境】** 全社会应当为适龄儿童接受学前教育、健康快乐成长创造良好环境。

【条文主旨】

本条规定全社会有为适龄儿童创造良好环境的责任。

【条文解读】

本条强调,为适龄儿童接受学前教育、健康快乐成长创造良好环境是全社会共同的责任。儿童是国家的未来,儿童的成长和进步直接关系到国家、社会的未来发展。全社会需同心协力,营造适宜儿童成长的友好型社会环境。为适龄儿童接受学前教育、健康快乐成长创造良好社会环境,这不仅是促进广大适龄儿童身心健康成长的有益途径,也是推动学前教育事业高质量发展的关键举措,对于增强人民群众的获得感、幸福感、安全感和实现人民对美好生活的向往,意义重大。

首先,宪法第四十九条明确提出"儿童受国家的保护",从国家根本法层面确立了国家的儿童保护义务,即宪法条款为国家设置了保护儿童基本权利的宪法义务。换言之,社会中任何公民、法人和其他组织都要依循宪法规定保护儿童,而为适龄儿童营造适宜其成长的良好社会环境,是儿童发展的基础条件。新时代,儿童健康快乐成长是全社会的共同责任,社会各界需要为适龄儿童接受学前教育、健康快乐成长创造良好环境。

其次,教育法第四十六条和未成年人保护法第四十二条都规定国家机关、军队、企业事业组织、社会团体及其他社会组织和个人等不同主体,有为儿童、少年、青年学生的身心健康成长创造良好社会环境的义务。学前教育法作为关注学前儿童成长、规范学前教育事业发展的法律,是教育法在学前教育领域的特别法，侧重强调全社会需为学前儿童营造适宜其身心健康成长的良好社会环境。因而，本条从儿童视角出发，细化教育法规定的全社会共同责任，指明社会各界需为适龄儿童接受学前教育、健康快乐成长创造良好环境。

【适用指南】

本条规定了社会各界要营造适宜儿童健康成长的良好环境。对儿童成长环境的营造，在宪法第四十九条中已有规定，教育法第四十六条和本法都是对之细化的规定。

教育法第四十六条作为规范教育事业发展的一般法，对全社会参与教育事业，为儿童、少年、青年学生的身心健康成长创造良好社会环境进行了一般性规定。学前教育法则是针对学前教育阶段适龄儿童的特别规定，要求全社会从关爱儿童、保护儿童权利的视角出发，积极参与学前教育事业，为学前儿童健康快乐成长创造良好环境。学前教育法中对全社会营造良好环境的规定，与教育法第四十六条之间构成特别规范和一般规范的关系，本法是教育法在学前教育层面的具体规定。

实践中，社会各界要同心协力，为适龄学前儿童接受学前教育提供必要的条件，为学前儿童健康快乐成长创造良好环境。

【相关规定】

《中华人民共和国宪法》第四十九条；《中华人民共和国教育法》第四十六条；《中华人民共和国未成年人保护法》第四十二条。

第八条　【政府职责分工】国务院领导全国学前教育工作。

省级人民政府和设区的市级人民政府统筹本行政区域内学前教育工作，健全投入机制，明确分担责任，制定政策并组织实施。

县级人民政府对本行政区域内学前教育发展负主体责任，负责制定本地学前教育发展规划，统筹幼儿园建设、运行，加强公办幼儿园教师配备补充和工资待遇保障，对幼儿园进行监督管理。

> 乡镇人民政府、街道办事处应当支持本辖区内学前教育发展。

【条文主旨】

本条是各级人民政府在学前教育领域职责分工的规定。

【条文解读】

本条第一款是对国务院领导全国学前教育工作的宏观管理职责规定。第二款至第四款则是对省、市、县、乡不同层级政府功能定位和具体职责的规定。

教育法第十四条对中央和地方教育领域职责分工进行了细化,第一款明确"国务院和地方各级人民政府根据分级管理、分工负责的原则,领导和管理教育工作",第二款则进一步指出"中等及中等以下教育在国务院领导下,由地方人民政府管理"。而《教育领域中央与地方财政事权和支出责任划分改革方案》中进一步明确,在学前教育领域,实行以政府投入为主、受教育者合理分担、其他多种渠道筹措经费的投入机制,总体为中央与地方共同财政事权。本条实际上是对教育法第十四条第二款规定内容在学前教育领域的细化,在肯定国务院宏观统筹领导职责的基础上,进一步细化省、市、县、乡各级人民政府在学前教育领域的具体职责。

本条第一款规定了国务院具有领导全国学前教育工作的职责。宪法第八十九条第七项规定,国务院领导和管理教育工作,从根本法层面规定了国务院对全国教育工作的宏观领导管理职责。本条第一款是对宪法所规定的国务院教育领域领导管理职责在学前教育领域的细化。国务院领导全国学前教育工作,是整合地方教育资源、制定合理学前教育政策,推动学前教育改革和发展、提高学前教育质量和水平的应有之义。

本条第二款规定了省、市级政府在学前教育发展中的功能定位与具体管理职责。省级人民政府和设区的市级人民政府在学前教育领域的功能定位为统筹本行政区域内学前教育工作,具体通过健全投入机制、明确分担责任、制定政策并组织实施等方式实现。首先,宪法第一百零七条、地方各级人民代表大会和地方各级人民政府组织法第七十三条,分别规定了县级以上地方各级人民政府管理本行政区域内教育的职权。学前教育作为国民教育体系的重要组成部分，省级人民政府和设区的市级人民政府应当依照法律规定的权限，管理本行政区域内的学前教育工作。其次，本条延续2018年《中共中央 国务院关于学前教育深化改革规范发展的若干意见》中有关学前教育行政管理体制的规定，肯定了省、市级人民政府统筹本行政区域内学前教育工作的功能定位，要求省、市人民政府充分发挥统筹指挥职能，并通过健全投入机制、明确分担责任、制定政策并组织实施等具体方式实现对该区域学前教育工作的管理。

本条第三款规定了县级政府在学前教育发展中的功能定位与具体管理职责。县级政府在本行政区域内学前教育事业发展中承担主体责任，具体通过制定本地学前教育发展规划，统筹幼儿园建设、运行，加强公办幼儿园教师配备补充和工资待遇保障，对幼儿园进行监督管理等方式落实。《中共中央 国务院关于学前教育深化改革规范发展的若干意见》中明确地方政府是发展学前教育的责任主体，而县级政府对本县域学前教育发展负主体责任。本条实际上是将已经过实践检验成熟的政策，通过法律固化上升为制度，即在地方学前教育工作落实中，省、市级政府统筹学前教育工作，县级政府则在省、市级人民政府的规划统领下，负责区域内学前教育的具体工作，具体可以通过规划制定、政策保障以及监督管理等方式实现。

本条第四款规定了乡镇人民政府、城市街道办事处在学前教育发展中的功能定位为支持本辖区内学前教育发展。乡镇人民政府、城市街道办事处作为最末梢的行政机关，相较于上级政府，其距离本辖区内学前教育机构物理距离更近，对本辖区内幼儿园等学前教育机构的布局、建设及运转等实际情况更为了解，更能发挥支持学前教育事业发展的职责。因此，乡镇人民政府、城市街道办事处应当积极配合上级政府履行职责，积极支持本辖区内学前教育事业健康发展。

【适用指南】

本条是对各级政府学前教育事业管理职责的规定。教育法作为规制整体教育事业发展的一般法，对各级政府在教育领域的管理职责进行了一般性规定；学前教育法本条则对其进行了细化，明确了国务院宏观领导职责及省级和市级政府、县级政府、乡镇政府和街道办事处的具体管理职责。换言之，教育法第十四条是各级政府教育领域工作管理责任的一般规范，而本条是针对学前教育领域各级政府管理职责的特别规范。

本条为地方各级政府厘定了学前教育的责任。我国学前教育实行属地管理。国家推进普及学前教育，地方政府是发展学前教育的责任主体，省级和市级政府负责统筹加强学前教育工作，县级政府对本县域学前教育发展负主体责任，乡镇政府、城市街道办事处支持本辖区内学前教育发展。地方各级政府在实践中应当按照本条规定，积极履行学前教育管理职责，提升本辖区内的学前教育发展质量。如有未履行学前教育管理和保障职责的情形，应当按照本法第八章第七十五条、第七十六条等规定追究地方各级人民政府或部门，以及负有责任的领导人员和直接责任人员等的法律责任。

【相关规定】

《中华人民共和国宪法》第八十九条、第一百零七条；《中华人民共和国地方各级人民代表大会和地方各级人民政府组织法》第七十三条、第七十六条、第八十六条、第八十七条；《中华人民共和国教育法》第十四条。

> 第九条 【部门职责分工】县级以上人民政府教育行政部门负责学前教育管理和业务指导工作，配备相应的管理和教研人员。县级以上人民政府卫生健康行政部门、疾病预防控制部门按照职责分工负责监督指导幼儿园卫生保健工作。
>
> 县级以上人民政府其他有关部门在各自职责范围内负责学前教育管理工作，履行规划制定、资源配置、经费投入、人员配备、待遇保障、幼儿园登记等方面的责任，依法加强对幼儿园举办、教职工配备、收费行为、经费使用、财务管理、安全保卫、食品安全等方面的监管。

【条文主旨】

本条是关于县级以上政府各部门学前教育管理职责分工的规定。

【条文解读】

本条第一款是对县级以上政府教育行政部门、卫生健康行政部门、疾病预防控制部门学前教育管理职责的规定。其中，县级以上政府教育行政部门承担学前教育工作的管理和业务指导工作；卫生健康行政部门、疾病预防控制部门承担幼儿园卫生保健指导工作。本条第二款是对除第一款列举的部门外，县级以上人民政府其他有关部门在学前教育工作中职责的概括规定，强调各部门在各自职责范围内负责学前教育管理工作。

本法第八条规定了中央和地方一级政府的整体责任，规定了学前教育领域纵向权力配置；本条是对地方政府行政部门具体职责的规定，即对学前教育领域不同政府部门的横向权力配置进行了细化。地方各级人民代表大会和地方各级人民政府组织法第七十九条第一款规定，"地方各级人民政府根据工作需要和优化协同高效以及精干的原则，设立必要的工作部门"，其从组织法层面确立了政府部门内部分工负责的原则。在我国行政管理体制中，由一级政府承担整体领导、统筹责任，由各级各类行政部门承担具体的行政职责。具体到学前教育管理领域，由于学前教育工作涉及教育、卫生、民政等多个部门，因此，学前教育管理职责的履行需要各个政府部门分工配合。早前，教育法以及《中共中央 国务院关于学前教育深化改革规范发展的若干意见》《幼儿园管理条例》等已经从不同侧面强调了政府有关部门需分工负责，具体承担学前教育管理工作。

本条第一款是对县级以上政府教育行政部门、卫生健康行政部门、疾病预防控制部门学前教育管理职责的规定。第一，县级以上政府教育行政部门主管本行政区域内的学前教育工作是由教育法第十五条所确立的工作原则。县级以上人民政府教育行政部门负责学前教育管理和业务指导工作。学前教育管理是宏观管理和组织领导，包括完善政策，制定标准，充实管理、教研力量，加强学前教育的科学指导和监督管理等。业务指导是上级单位对下级单位在某一项业务工作进行的具体的业务辅导与指挥。教育行政部门作为幼儿教育的主管部门，负责学前教育课程设置、对教育内容等进行业务指导工作。为了保障学前教育管理和业务指导工作的顺利进行，教育行政部门也需配备相应的管理和教研人员，以确保其宏观管理和业务指导职责的履行。第二，县级以上政府卫生健康行政部门、疾病预防控制部门则需按照职责分工，负责监督指导幼儿园卫生保健工作。幼儿园人员密集、群体抵抗力弱，易引发各类疾病的传播。做好幼儿园卫生保健和疾病防控工作，事关幼儿健康成长，是保障和改善民生的重要内容，也是卫生健康行政部门、疾病预防控制部门义不容辞的责任。

本条第二款是对除教育行政部门、卫生健康行政部门、疾病预防控制部门外，县级以上其他有关部门学前教育管理职责的规定。学前教育管理工作所涉及的政府部门众多，基于法律条文简练明了的目标，本条难以一一列举其具体职责。因此，学前教育法在本条第一款选择了三个在学前教育领域较为重要的部门，对它们的学前教育管理职责进行具体性规定。本条第二款对其他有关部门的管理职责进行了概括性规定，即其他有关部门在各自职责范围内负责学前教育管理工作，履行规划制定、资源配置、经费投入、人员配备、待遇保障、幼儿园登记等方面的责任，依法加强对幼儿园举办、教职工配备、收费行为、经费使用、财务管理、安全保卫、食品安全等方面的监管等职责。而其他有关部门的具体管理职责可详见相关规定，如《幼儿园工作规程》《中小学幼儿园安全管理办法》等。

【适用指南】

本条是学前教育法对政府部门学前教育管理职责的特别规定。学前教育法中对政府部门学前教育管理职责的规定，与教育法第十五条之间是特别规范和一般规范的关系。教育法作为规制整体教育事业发展的一般法，对政府部门在教育领域的管理职责进行了一般性规定。学前教育法是在学前教育领域，对政府部门职责进行了细化，更为详细地规定了教育行政部门、卫生健康行政部门、疾病预防控制部门以及其他有关部门的学前教育管理职责。

学前教育发展是一项复杂且艰巨的工程，这就要求构建政府领导统筹、教育部门主管、有关部门协调配合的管理体制。地方各级政府宏观指导与布局本辖区内的学前教育管理工作，教育部门主管学前教育管理工作，卫生健康行政部门等其他部门则在各自职责范围内负责学前教育管理工作，通过政府分级管理与部门分工负责，推动学前教育事业的高质量发展。

【相关规定】

《中华人民共和国教育法》第十五条；《中华人民共和国地方各级人民代表大会和地方各级人民政府组织法》第七十九条；《幼儿园管理条例》第六条；《中小学幼儿园安全管理办法》第六条至第十三条。

第十条　【鼓励科研】国家鼓励和支持学前教育、儿童发展、特殊教育方面的科学研究，推广研究成果，宣传、普及科学的教育理念和方法。

【条文主旨】

本条是关于国家鼓励学前教育领域科学研究，并宣传普及科学学前教育理念的规定。

【条文解读】

科学研究是支撑学前教育理论发展的重要基石。宪法第二十条规定国家发展自然科学和社会科学事业，普及科学和技术知识，奖励科学研究成果和技术发明创造，强调国家高度重视科学研究的发展。具体到学前教育领域，如今全球踏入信息化时代，发展迅速变化迅速，传统的教育理念与教育方法也需要与时俱进，不断适应社会的发展变化，因此要将学前教育领域理论研究与实践相结合，共同推动学前教育的高质量发展。

本条前半句明确规定国家鼓励和支持学前教育、儿童发展、特殊教育方面的科学研究。科教兴国是国家的基本战略，党和国家高度重视并大力推进学前教育领域科学研究。学前教育作为终身学习的开端，优质的学前教育对儿童的终身发展具有重要的奠基作用。因此，国家鼓励和支持学前教育、儿童发展、特殊教育等方面的科学研究，能够为学前教育高质量发展提供坚实的理论支撑，积极探寻面向现代化、面向未来的学前教育发展路径，推动学前教育纵深发展。

本条后半句强调要推广研究成果，宣传普及科学的教育理念和方法。研究成果是学者通过长时间的研究和实践得出的新理论和发现，为学前教育的发展完善提供了重要学理指导和支持。将学前教育科学研究推广、宣传和普及，能够将理论研究转化为实践应用，推动学前教育事业高质量发展。学前教育阶段是国民教育的开端，事关人的全面发展，承担着为国育才的重要使命，也是开创教育事业科学发展新局面，实现教育强国、人力资源强国战略目标的重要组成部分。在学前教育阶段宣传和普及科学的教育理念和方法，有助于将集现代化、科学化等为一体的教育理念、方法应用于学前教育的具体实践中，提升学前教育教学质量，引领学前教育改革与发展。

【适用指南】

本条鼓励学前教育、儿童发展、特殊教育方面科研的规定，与教育法第十一条之间是特别规范和一般规范的关系。教育法作为规范教育事业发展的一般法，在第十一条对国家支持、鼓励和组织教育科学研究，推广教育科学研究成果进行了一般性规定。而学前教育法对鼓励科研的规定，是针对学前教育、儿童发展、特殊教育方面的特别规定，既是对鼓励科研一般性规定的贯彻落实，也是聚焦于学前教育领域，以鼓励支持学前教育、儿童发展、特殊教育方面的科学研究，助推整体教育事业的发展。

科学研究是助推实现发展的重要手段，先进的学前教育理论研究成果，能够指导学前教育实践高质量发展。因此，各级政府要鼓励、支持学前教育领域理论研究，广大理论研究工作者要注重学前教育方面理论研究产出，为学前教育实践发展提供坚实的理论支撑；广大学前教育实践工作者要紧跟现代化学前教育科学研究和成果，革新学前教育理念，推动学前教育高质量发展。

【相关规定】

《中华人民共和国宪法》第二十条；《中华人民共和国教育法》第十一条；《中华人民共和国未成年人保护法》第十二条；《国务院关于印发中国妇女发展纲要和中国儿童发展纲要的通知》。

> **第十一条 【文化产品】** 国家鼓励创作、出版、制作和传播有利于学前儿童健康成长的图书、玩具、音乐作品、音像制品等。

【条文主旨】

本条规定国家鼓励有利于学前儿童健康成长的文化作品产出和传播。

【条文解读】

本条明确规定了国家鼓励有利于学前儿童健康成长的文化作品产出和流通，其主要途径包括文化作品的创作、出版、制作和传播；文化作品的主要形式包含图书、玩具、音乐作品、音像制品等。

宪法第四十九条规定"儿童受国家的保护"，从国家根本法层面确立了国家的儿童保护义务，为国家设置了保护儿童基本权利的义务。国家保护义务强调国家要通过各种手段和方式保障学前儿童权益。相较于高等教育、职业教育等其他类型的教育，学前儿童保育教育有着极强的特点，《中华人民共和国国民经济和社会发展第十四个五年规划和2035年远景目标纲要》曾提到，要加强少儿题材创作，对学前儿童文化作品产出提出了要求和希望。为支持学前教育高质量发展，国家鼓励、支持有利于学前儿童健康成长的文化作品产出和传播，这也是落实本法第十三条规定的学前儿童受教育权的重要途径和方式。

创作、出版、制作和传播是文化作品产出和流通的主要形式。根据著作权法第三条的规定，创作是一种智力活动，是指作者以其智力劳动所进行的独特创造，并由此创造产生文学、艺术和科学作品。出版，是指为了方便传播，对已创作的文字、图像等智力成果，采用图书、报刊等载体进行复制。制作，是指制造便于传播的载体，如音乐短片（Music Video，简称 MV）、动画片等。传播是人与人、人与团体及团体之间信息交流与沟通的过程。

学前儿童保育教育的特点鲜明，图书、玩具、音乐作品、音像制品等文化产品是学前儿童接触和学习新事物的主要途径，要通过上述文化产品，以寓教于乐的形式，增加学前教育的趣味性和吸引力，满足学前儿童多样化需求。同时，图书、玩具、音乐作品、音像制品等文化产品也是营造良好文化氛围、构筑文化强国的重要组成部分。国家鼓励创作、出版、制作和传播学前教育领域优秀的文化产品，有利于贯彻落实本法第四条规定的学前教育目标，也有利于本法第七条所规定的"全社会应当为适龄儿童接受学前教育、健康快乐成长创造良好环境"目标的实现。

【适用指南】

本条体现了国家对学前教育领域文化产品创作的重视和支持，旨在通过政策引导和激励，促进有利于学前儿童健康成长的图书、玩具、音乐作品、音像制品等文化产品的创作和传播。

本条一方面规定，国家鼓励有利于儿童成长的图书、玩具、音乐作品、音像制品等文化产品的产出；另一方面要求，涉及儿童的文化作品，要以有利于学前儿童身心健康成长为核心，以保障学前儿童权益为目标，提供高质量的学前教育文化产品，确保学前儿童文化产品创作和传播活动的规范性。

【相关规定】

《中华人民共和国宪法》第四十九条；《中华人民共和国未成年人保护法》第四十八条；《中华人民共和国著作权法》第十一条；《中华人民共和国国民经济和社会发展第十四个五年规划和 2035 年远景目标纲要》。

> **第十二条 【表彰奖励】** 对在学前教育工作中做出突出贡献的单位和个人，按照国家有关规定给予表彰、奖励。

【条文主旨】

本条是关于学前教育工作表彰奖励的规定。

【条文解读】

本条明确指出要对学前教育工作进行表彰和奖励。对于做出突出贡献的单位和个人，要按照国家有关规定给予表彰、奖励。

首先，宪法第四十七条明确提出"国家对于从事教育、科学、技术、文学、艺术和其他文化事业的公民的有益于人民的创造性工作，给以鼓励和帮助"。在学前教育领域，要对在学前教育工作中做出突出贡献的单位和个人给予表彰、奖励，以此激发社会参与学前教育发展的热忱，助推学前教育优质发展。

其次，给予在学前教育工作中做出突出贡献的单位和个人的表彰、奖励分为由行政机关进行的行政表彰、奖励和由民间自发组织的非官方表彰、奖励，两者都应当在法律规定的范围内开展活动。教育行政部门等其他行政机关应当按照《幼儿园管理条例》第二十六条、《幼儿园工作规程》第四十一条、《中小学幼儿园安全管理办法》第六十条的规定，对在学前教育工作中做出突出贡献的单位和个人给予表彰、奖励。幼儿园作为学前教育实施机构，在实施表彰、奖励教职工时，应当遵循教师法第三十三条的规定，着重表彰、奖励在教育教学、培养人才、科学研究、教学改革、学校建设、社会服务、勤工俭学等方面成绩优异的教师。近年来，随着经济水平的提升和公民社会责任感的增强，不少爱心企业和社会人士等非政府组织纷纷设立教育基金，表彰优秀教育工作者，为弘扬尊师重教、崇德向善的精神贡献了巨大力量。而民间组织在进行表彰、奖励时也应当遵循《评比达标表彰活动管理办法》《基金会管理条例》等相关法律规定，在法治轨道内进行合理的表彰、奖励。

【适用指南】

本条是关于学前教育工作表彰、奖励的规定，其实际上是对宪法第四十七条关于教育领域鼓励和帮助规定的贯彻与细化。学前教育工作涉及领域广泛，从教育教学到卫生保健、安全管理，不同领域都存在在学前教育工作中做出突出贡献的单位和个人。本条是对学前教育工作表彰、奖励的一般性规定，《幼儿园管理条例》第二十六条、《幼儿园工作规程》第四十一条、《中小学幼儿园安全管理办法》第六十条则是对学前教育工作表彰、奖励的特别性规定。

　　本条强调对在学前教育工作中做出突出贡献的单位和个人给予表彰、奖励。幼儿园作为学前教育工作的主要阵地，上至幼儿园管理层，下至普通幼师、安保后勤人员，凡是对园内招生管理、教育教学、安全保障等工作做出突出贡献的，幼儿园就应当给予其精神或物质上的表彰、奖励。通过构建表彰奖励机制，能够激发园内工作人员的积极性和创造力，从而促进学前教育高质量发展。其他各类主体也要善于运用表彰奖励的方式，推动学前教育高质量发展。

【相关规定】

　　《中华人民共和国宪法》第四十七条；《中华人民共和国教育法》第十三条；《中华人民共和国未成年人保护法》第十四条；《中华人民共和国教师法》第三十三条；《幼儿园管理条例》第二十六条；《幼儿园工作规程》第四十一条；《中小学幼儿园安全管理办法》第六十条。

案例评析

幼儿园食堂使用过期调味料是否属于违法经营食品[①]
——Z省C市W幼儿园与C市市场监督管理局等食品药品安全行政复议案

【案情简介】

　　2016年9月7日，被告C市市场监督管理局对原告Z省C市W幼儿园食堂进行现场检查，在食堂烹调间燃气灶旁的不锈钢操作台上，发现若

---

① 浙江省宁波市中级人民法院（2017）浙02行终332号，载中国裁判文书网，https://wenshu.court.gov.cn/website/wenshu/181107ANFZ0BXSK4/index.html? docId = rxLVW1QZMc1o7KlX4Ad2quRUIU0VxY6vq4MZE5gVV1VAzlIs3zZCM/UKq3u + IEo4zLcqugBN9LsYt9 gMD-kC25JJaBzJX1e7t0hbe57aR9vJGLWFsc58znoUZqomu9wk6，最后访问时间：2024年11月21日。

干调味料,其中一瓶已拆封使用的酱油鲜味生抽,生产日期为 2014 年 1 月 3 日,保质期为 24 个月,已过期,标示净含量 500 毫升,剩余含量 100 毫升;另一瓶纯芝麻香油,生产日期为 2015 年 2 月 1 日,保质期 18 个月,已过期,标示净含量 430 毫升,剩余含量 100 毫升。经询问原告幼儿园校长章某某,其陈述上述调味料系其在家里使用。2016 年 8 月 19 日,其把家中剩余半瓶的酱油鲜味生抽和纯芝麻香油拿到幼儿园食堂使用,烧制的菜肴供应给幼儿园作开学准备的老师食用。被告 C 市市场监督管理局认为原告的上述行为违反了食品安全法第三十四条第三项的规定,作出 C 市监处〔2016〕830 号行政处罚决定书,对原告处以罚款 5 万元。原告不服该处罚决定,于 2016 年 11 月 24 日向被告 C 市政府申请行政复议。被告 C 市政府于 2017 年 1 月 20 日作出 C 政复决字〔2016〕75 号行政复议决定书,维持被告 C 市市场监督管理局作出的 C 市监处〔2016〕830 号行政处罚决定。原告仍不服,向法院提起行政诉讼。

本案的争议焦点是上诉人是否存在违法经营食品的行为。根据食品安全法①第一百二十四条第二项规定,用超过保质期的食品原料、食品添加剂生产食品、食品添加剂,或者经营上述食品、食品添加剂,尚不构成犯罪的,由食品药品监督管理部门没收违法所得和违法生产经营的食品、食品添加剂,并处罚款。

本案幼儿园负责人承认自己拿家中过期的酱油、麻油到幼儿园食堂,上述家中过期酱油、麻油,如本人不食用通常应自行丢弃,其负责人特意带到幼儿园食堂,且不能解释其他合理动机,只能视为有意使用。从其本人陈述的量到检查的剩余量,存在着明显的量差,结合生活经验,可以确认已经使用过。超过保质期和标示不符合规定的预包装食品进入餐饮服务单位食品处理区,应视为违法经营行为,故上诉人关于未使用的辩解,法院不予支持。关于告知程序,被上诉人告知了拟处罚所认定的事实、理由和处罚的根据,告知内容符合行政处罚相关法律规定;同时,被上诉人根据行政诉讼法的规定,告知到 C 市法院起诉,符合法律规定。至于 N 中院系统实行的交叉管辖,是法院系统为便民而实行的工作规定,不在法定告知范围之列,可由 C 市法院代为告知。本案行政机关不存在告知程序错误。N 中院判决驳回上诉,维持原判。

---

① 本书"案例评析"的案情简介部分引用的法律法规等文件均为案件裁判时有效,以下不另外提示。

【案例解读】

食品安全是影响幼儿健康的最大因素之一，食材好坏直接决定着幼儿以后的成长健康情况。幼儿的食品安全问题一直都是全社会广泛关注的热点，食品卫生安全更是幼儿园安全工作以及政府部门卫生执法工作的重中之重。学前教育法第九条第二款规定："县级以上人民政府其他有关部门在各自职责范围内负责学前教育管理工作，履行规划制定、资源配置、经费投入、人员配备、待遇保障、幼儿园登记等方面的责任，依法加强对幼儿园举办、教职工配备、收费行为、经费使用、财务管理、安全保卫、食品安全等方面的监管。"本案中，C市市场监督管理局出于维护幼儿生命健康权益等目的，依法履行职责，对涉案幼儿园依法进行行政处罚，对幼儿园食品安全等领域进行了有效监管。

第二章　学前儿童

※ 本章导读 ※

本章是对学前儿童的相关规定，包括针对学前儿童权利保障、学前教育目标原则、学前儿童入学要求、监护人责任、残疾儿童特殊保护、社会力量参与学前教育、禁止性活动等方面的规定。

学前教育法的核心宗旨是保障适龄儿童接受学前教育的权利，规范学前教育的实施过程，本法专门设置"学前儿童"一章，一方面是为了提升学前儿童在教育体系中的地位，另一方面指明了家庭、学校和社会在保障儿童权利方面的具体职责，更加突出对学前儿童权益的保障。

> **第十三条　【权利保障】** 学前儿童享有生命安全和身心健康、得到尊重和保护照料、依法平等接受学前教育等权利。
>
> 学前教育应当坚持最有利于学前儿童的原则，给予学前儿童特殊、优先保护。

【条文主旨】

本条是关于学前儿童权利保障的规定。

【条文解读】

本条是关于学前儿童权利保障的规定。本条第一款列举了学前儿童所享有的权利，包括但不限于生命安全和身心健康、得到尊重和保护照料、依法平等接受学前教育等。本条第二款则规定了学前教育应当遵循的基本原则，即最有利于学前儿童的原则，并强调应在此原则的指导下给予学前儿童特殊、优先保护。

本条第一款列举了学前儿童所享有的权利。首先，生命安全和身心健康是学前儿童成长和发展的前提和基础。民法典作为新时代公民权利的"宣言书"，对公民所享有的基本权利进行了规定，在人格权编进一步明确了自然人享有生命权、身体权和健康权。学前教育法作为保障学前儿童权益的基本法，坚持宪法与民法典的基本精神，将国家尊重和保障人权理念细化延伸至学前儿童这一群体，肯定了学前儿童享有生命安全和身心健康的权利。其次，学前儿童作为未成年人，其身心发展程度有限，行为能力尚不健全，需要得到尊重并进行保护照料。学前儿童作为国家未来的新一代，需要得到全社会的尊重和保护照料。最后，本款规定学前儿童有依法平等接受学前教育的权利，即坚持学前儿童接受学前教育的无差别、无歧视原则。在学前教育领域，需要赋予学前儿童依法平等接受学前教育的权利，即凡具有中华人民共和国国籍的适龄学前儿童，不分本人及其父母或者其他监护人的民族、种族、性别、户籍、职业、家庭财产状况、身体状况、受教育程度、宗教信仰等，都依法享有平等接受学前教育的权利。

本条第二款规定了学前教育所应当遵循的原则，学前教育领域各类各项事业发展最核心、最关键的是要以学前儿童为中心，贯彻落实最有利于学前儿童的原则。此外，由于学前儿童年龄尚小，是社会弱势群体，且学前儿童发展关系到国家未来发展，因而强调要给予学前儿童特殊、优先保护。

最有利于学前儿童的原则，也即儿童利益最大化原则。该原则指的是，所有国家机关、社会组织、家庭成员、教育者和保育工作人员等所有个人，在涉及学前儿童的一切事务中根据所涉儿童个体或儿童群体的具体情况，兼顾个人的状况、处境和需求，来界定什么是最有利于学前儿童的，并以此为根据作为或不作为，以最大限度地维护儿童个体或儿童群体的利益、福祉。一是本款规定最有利于学前儿童原则，是贯彻落实国际人权条约有关内容的体现。20世纪中期以后，随着儿童的法律地位在世界各国得到实质性提升，"儿童权利本位"被世界各国确认为有关儿童事务立法的价值取向，儿童利益最大化原则逐渐成为世界各国有关儿童事务立法的指导性原则，并被联合国1959年《儿童权利宣言》与1989年《儿童权利公约》等多个国际法律文件确立为国际人权法中有关儿童权利保护的首要原则。自1991年12月29日全国人大常委会批准我国加入《儿童权利公约》以来，我国坚持在保障儿童权益的相关立法中转化、落实儿童利益最大化原则。二是该原则与我国未成年人保护的基本理念相契合。未成年人保护法第四条规定，保护未成年人，应当坚持最有利于未成年人的原则。学前儿童作为最重要的未成年人群体，亦须坚持"最有利于原则"，加强对学前儿童权益的保障。

学前儿童权益保障中，要在贯彻落实最有利于学前儿童原则的基础上，强调对学前儿童进行特殊、优先保护。人权保障原则不仅体现为形式上的平等保护，还体现为实质上的平等保护。学前儿童作为心智尚未成熟的未成年人，其身心发展并不健全，需要坚持学前儿童本位的立法理念，强调全社会需对学前儿童进行特殊、优先保护，切实保障学前儿童合法权益。

【适用指南】

本条对学前儿童权利及其保护原则的规定，是对宪法第三十三条、第四十九条的贯彻细化。本条作为第二章"学前儿童"章节的第一个条款，奠定了本章条文规范的主基调，即在任何学前教育活动中，都要贯彻落实"最有利于学前儿童的原则"，以保障学前儿童合法权益。

一是幼儿园等学前教育机构要贯彻落实最有利于学前儿童原则。一方面，要求幼儿园在教育教学中，尊重儿童身心发展规律和学习特点，排除对儿童发展不利的各种因素，按照科学规律，规范开展学前教育。在学前儿童进入幼儿园接受学前教育时，除必要的身体健康检查外，不得组织任何形式的考试或测试。禁止违规开展小学学科内容及其他不符合学前儿童身心发展水平的培训。另一方面，要求幼儿园注重其周边设施及在园期间学前儿童人身安全，禁止在幼儿园内设置危险建筑物和设施设备，禁止在幼儿园周边区域设置有危险、有污染、影响采光的建筑和设施。要求幼儿园对学前儿童在园期间的人身安全负保护责任，落实安全责任制相关规定，建立健全安全管理制度和安全责任制度，完善安全措施和应急反应机制。发生突发事件或紧急情况，应优先保护学前儿童人身安全，立即采取紧急救助和避险措施，并及时向有关部门报告。

二是幼儿园教职工要以最有利于学前儿童原则为出发点，禁止体罚或变相体罚儿童，禁止歧视、侮辱、虐待、性侵害儿童，禁止违反职业道德、职业规范或者以其他手段损害儿童身心健康。

三是要求任何组织或者个人不得组织学前儿童参与商业性活动、竞赛类活动和其他违背学前儿童年龄特点、身心发展规律的活动。

【相关规定】

《中华人民共和国宪法》第三十三条、第四十九条；《中华人民共和国民法典》第一千零二条、第一千零四条；《中华人民共和国未成年人保护法》第四条；《儿童权利公约》第三条。

> **第十四条 【教育方式与目标】** 实施学前教育应当从学前儿童身心发展特点和利益出发，尊重学前儿童人格尊严，倾听、了解学前儿童的意见，平等对待每一个学前儿童，鼓励、引导学前儿童参与家庭、社会和文化生活，促进学前儿童获得全面发展。

【条文主旨】

本条规定了学前教育的实施方式，并希冀最终达到促进学前儿童全面发展的目标。

【条文解读】

本条规定了学前教育的实施方式，并致力于通过该教育方式，最终达到学前儿童全面发展的教育目标。本条主要分为如下三个层次：一是强调学前教育的实施，要从学前儿童身心发展特点和利益出发。二是要尊重学前儿童人格尊严，倾听、了解学前儿童的意见，平等对待每一个学前儿童。三是要鼓励、引导学前儿童参与家庭、社会和文化生活，促进学前儿童获得全面发展。

第一，实施学前教育应当从学前儿童身心发展特点和利益出发。学前教育作为一个独立的教育阶段，应当从学前儿童身心特点出发，设定符合学前教育儿童发展的教育理念与目标。实施学前教育的出发点有两个：一是学前儿童身心发展特点；二是学前儿童利益。一方面，学前教育实施要尊重儿童身心发展规律，推进科学保教。例如，《中共中央 国务院关于学前教育深化改革规范发展的若干意见》中指出，幼儿园要遵循幼儿身心发展规律，树立科学保教理念。幼儿园在具体实践中，可以坚持保育和教育相结合，落实以游戏为基本活动，创设丰富的教育环境，支持学前儿童主动探究学习，促进学前儿童在游戏和生活中健康快乐成长。另一方面，学前教育的出发点和落脚点都是要保障学前儿童的利益，因而实施学前教育应当以学前儿童利益为基点，全方位保障学前儿童权益。

第二，要尊重学前儿童人格尊严，平等对待学前儿童。宪法第三十八条规定，中华人民共和国公民的人格尊严不受侵犯；第三十三条第二款同时规定，中华人民共和国公民在法律面前一律平等。人格尊严和人格平等是宪法规定的公民的基本权利。具体到学前教育领域，学前儿童的人格尊严同样不受侵犯，要尊重学前儿童的人格尊严，及时倾听和了解学前儿童的意见，并保证学前儿童不因其民族、种族、性别、户籍、职业、家庭财产状况、身体状况、受教育程度、宗教信仰等受到不平等对待。

第三，学前儿童尽管年龄小、身心发展不甚成熟，但也是家庭和社会的一员，是家庭和社会的重要组成部分。要鼓励、引导学前儿童参与家庭、社会和文化生活，为之提供多样化的学习机会和成长体验，引导学前儿童融入家庭、走向社会，全方位培养学前儿童的综合素养和适应能力，为学前儿童未来生活发展奠定坚实基础，并最终达到促进学前儿童德、智、体、美、劳全面发展，促进幼儿身心健康发展的教育目标。

【适用指南】

本条对学前教育的实施方式和最终目标提出了要求。针对实践中幼儿园"小学化"、幼儿园课程"抢跑"等不符合学前儿童身心健康发展规律等情况，本法明确规定，实施学前教育应当从学前儿童身心发展特点和利益出发，以实现学前儿童德、智、体、美、劳全面发展为目标。

本条为幼儿园等学前教育机构开展日常教育教学活动提供了规范指引，即幼儿园在实施学前教育时，不得开展与学前儿童身心发展特点和利益不符的活动，特别是不得教授小学阶段的课程内容、采用小学化的教育方式。

关于避免学前教育的"小学化"倾向，可从以下三个方面加强引导和监督：第一，加强专业指导，发挥专家和专业机构的作用，切实提高幼儿园入学准备和小学入学适应教育的有效性。第二，加大社会宣传，要利用各种平台，面向家长、幼儿园和小学持续宣传科学的衔接理念和方法。第三，强化规范监管，确保学前教育法的规定能落到实处。

【相关规定】

《中华人民共和国宪法》第三十三条、第三十八条；《幼儿园管理条例》第三条；《幼儿园工作规程》第三条；《中共中央 国务院关于学前教育深化改革规范发展的若干意见》。

> **第十五条 【入学要求】**地方各级人民政府应当采取措施，推动适龄儿童在其父母或者其他监护人的工作或者居住的地区方便就近接受学前教育。
> 　　学前儿童入幼儿园接受学前教育，除必要的身体健康检查外，幼儿园不得对其组织任何形式的考试或者测试。
> 　　学前儿童因特异体质、特定疾病等有特殊需求的，父母或者其他监护人应当及时告知幼儿园，幼儿园应当予以特殊照顾。

【条文主旨】

本条是关于学前儿童入学时地方各级政府、幼儿园、父母或者其他监护人义务的规定。

【条文解读】

本条明确规定了学前儿童入学时地方各级政府、幼儿园、父母或者其他监护人的义务。第一款规定了地方各级人民政府应当采取措施，推动适龄儿童就近、就便入园受教。第二款规定了学前儿童在入学时，幼儿园可以进行必要的身体健康检查，但不得组织任何形式的考试或者测试。第三款明确有特殊需求的学前儿童入园时，父母或者其他监护人的告知义务及幼儿园的特殊照顾义务。

第一款规定了地方各级人民政府在学前儿童入学方面的义务，即作为公共服务的主要提供者和保障者，明确了政府有便捷提供公共服务的义务，在学前教育领域应当采取措施方便学前儿童就近入学，并接受学前教育。宪法第十九条第二款规定"国家举办各种学校，普及初等义务教育，发展中等教育、职业教育和高等教育，并且发展学前教育"，该规定明确了政府具有发展学前教育的义务。未成年人保护法第八十六条第一款规定，各级人民政府应当保障具有接受普通教育能力、能适应校园生活的残疾未成年人就近在普通学校、幼儿园接受教育。《校车安全管理条例》第六十条、《国务院关于当前发展学前教育的若干意见》中也明确指出，地方人民政府应当合理规划幼儿园布局，推动幼儿就近、就便入园。就近入园指的是在学前儿童居住地附近入园，而就便入园指的是学前儿童在父母工作地附近入园。就近和就便入园，不仅能够减少父母或其他监护人通行成本，更好地进行家校合作，以保障学前儿童权益，还能方便其在学前儿童遭遇紧急情况之时，短时间内迅速赶往幼儿园，及时提供帮助和支持，保障学前儿童身心健康发展。

第二款是关于学前儿童入学时幼儿园义务的规定。本款强调，除基于人群健康考虑进行必要的身体健康检查外，幼儿园不得对其组织任何形式的考试或者测试。学前儿童因其身体发展尚不成熟，其免疫力和抵抗力相对较弱。幼儿园作为学前儿童集聚的地方，保障学前儿童身心健康的责任重大，有必要时可以在学前儿童入园时进行身体检查。而除此之外，应当避免幼儿园"小学化"，通过入学考试或测试等方式，增加学前儿童及其监护人心理压力。避免通过超出学前儿童认知能力的教育方式，遏制学前儿童发展天性，阻碍其全面发展。本款中"必要的身体健康检查"指的是为落实传染病防治法等法律要求，加强幼儿园等学前教育机构传染病防控，根据《学校卫生工作条例》《托儿所幼儿园卫生保健管理办法》等规定，进行的健康检查。本款所指的"考试或者测试"，包括但不限于知识文化类"考试或者测试"，也包括其他变相形式的智力测试等内容。

第三款是关于有特殊需求的学前儿童的特殊照顾规定。有特殊需求学前儿童的父母或者其他监护人有义务告知幼儿园其特殊需求，幼儿园需根据学前儿童特殊需求进行特殊照顾。一方面，父母或其他监护人作为学前儿童在家期间的关照主体，比幼儿园等学前教育机构接触学前儿童时间更早、持续时间更长。由于学前儿童自身身心发展不成熟，并不一定能准确表达自身需求，因而监护人履行告知义务是幼儿园了解学前儿童特殊需求的前提和基础。对于有身心缺陷或特异体质的学前儿童，如盲人、听障人（聋人）、智力障碍者以及药物过敏、食物过敏者，监护人应当及时将其身心情况告知幼儿园。另一方面，幼儿园在得知学前儿童特殊需求之后，有对之进行特殊照顾的义务。例如，幼儿园可以提供专业性的支持和服务，配备专业的教育工作者或医疗人员，为有特殊需求的学前儿童制订特殊的教育方案、提供康复训练等；也可以是适应性环境设计，如调整教室布局、提供特殊教具或设备、改善无障碍设施等。幼儿园提供特殊照顾让特异体质、特定疾病的学前儿童感受到被重视和关心，增强他们的自尊心和自信心，使之与其他学前儿童和幼儿园教职工深度交流融合，促进有特殊需求学前儿童的全面发展。

【适用指南】

本条是关于学前儿童入学阶段政府、幼儿园、父母或者其他监护人义务的规定。

首先，在入学前，地方各级政府应当采取措施，推动适龄儿童就近就便入学接受学前教育。当前，学前教育资源供给不足，大城市出现"入园难""入园贵"问题，就近就便入园虽是家庭刚需，却难以全面得到满足。由于幼儿园规划设置或优质资源配置不合理等因素，导致不少适龄学前儿童"跨区"入园。为学前儿童受教育权行使提供必要的条件，是政府公共服务领域的重点内容，地方各级人民政府应当及时采取合理规划，加强配套等手段，推动适龄儿童在其父母或其他监护人的工作或者居住地区就近或就便入园，使得适龄儿童在家门口享受到优质学前教育。

其次，在入学时，幼儿园需转变理念和思维，避免幼儿园过度"小学化"，除必要的身体健康检查外，不应对适龄学前儿童入园施加过多的限制，如采取任何形式的考试或者测试。学前教育应当凸显以学前儿童为中心的理念，依法保障学前儿童的身心健康。在幼儿园阶段过度施加入学压力，不仅不利于保障适龄学前儿童平等的受教育权，还会导致学前教育阶段教育导向的偏离，遏制学前儿童的全面发展。因而，要严令禁止幼儿园在入学阶段采用考试或测试方式，以选拔为目的进行招生，尽可能保障和满足适龄学前儿童的平等入园权益。

最后，在入学后，父母或其他监护人需及时告知幼儿园学前儿童存在的特异体质、特定疾病等特殊情况，幼儿园需尽到照顾照料职责，对有特殊需求学前儿童进行特殊照顾。学前教育和特殊教育的叠加，增加了幼儿园特殊照顾的负重。父母或监护人作为学前儿童日常生活中接触最多的群体，应当及时将其特殊需求告知幼儿园。在园期间，幼儿园需对有特殊需求的儿童加以特殊照顾，以保障不同学前儿童的合法权益。

【相关规定】

《校车安全管理条例》第六十条；《国务院关于当前发展学前教育的若干意见》。

> **第十六条　【监护人责任】**父母或者其他监护人应当依法履行抚养与教育儿童的义务，为适龄儿童接受学前教育提供必要条件。
>
> 父母或者其他监护人应当尊重学前儿童身心发展规律和年龄特点，创造良好家庭环境，促进学前儿童健康成长。

【条文主旨】

本条是关于父母或者其他监护人抚养与教育学前儿童责任的规定。

【条文解读】

本条第一款确立了父母或者其他监护人履行抚养与教育儿童的法定责任。第二款细化抚养与教育责任的具体内涵，强调应在尊重儿童身心发展规律和年龄特点的基础上，为学前儿童创造良好的家庭环境，促进其健康成长。

第一款规定了学前儿童监护人的抚养与教育义务。民法典第二十七条规定，一般情况下父母是未成年子女的监护人，但未成年人的父母已经死亡或者没有监护能力的，有监护能力的人应当按顺序担任监护人：第一顺位为学前儿童的祖父母、外祖父母；第二顺位为学前儿童的兄、姐；如果上述两个顺位均无法监护学前儿童的，其监护人由经学前儿童住所地的居民委员会、村民委员会或者民政部门同意的、愿意担任监护人的个人或者组织担任。在教育领域，教育法第五十条第一款规定，未成年人的父母或者其他监护人应当为其未成年子女或者其他被监护人受教育提供必要条件。具体到学前教育领域，学前儿童父母或其他监护人依法履行抚养和教育学前儿童义务，并为其接受学前教育提供必要的条件。抚养和教育是履行监护责任的重要内容。抚养责任要求父母或者其他监护人必须从物质上、经济上对儿童进行养育和照料，使儿童身体能够健康成长，不得虐待、遗弃儿童，不得歧视女童或有残疾的儿童，这是保障儿童的基本生活和生存权利的需要。监护人履行监护责任时不仅要注重养育而且要注重教育，教育责任要求父母或者其他监护人必须尊重保障儿童的受教育权，创造良好家庭环境，为适龄儿童接受学前教育提供必要条件。

第二款规定了学前儿童监护人在抚养和教育阶段应当遵循的基本原

则，即应当尊重学前儿童身心发展规律和年龄特点促进儿童健康发展。父母或者其他监护人在履行抚养与教育儿童责任时，应当充分尊重儿童身心发展规律和年龄特点，以儿童为本。学前阶段处于人生发展的重要时期，这个时期儿童处于具体形象思维和感知运动发展阶段，主要通过与外部世界的相互作用来获得新经验，他们关注周围环境中生动有趣的事物，关注同伴，关注自己感兴趣的一切事物。掌握学前儿童身心发展规律和年龄特点，是我们开展科学保教的基础和前提。学前儿童监护人的引导应遵循幼儿的身心发展规律和年龄特点。例如，不仅要保障儿童日常休息、锻炼、娱乐的权利，还要尊重儿童的知情权、参与权，重视、听取并采纳儿童的合理意见。学前儿童监护人在尊重儿童身心发展规律和年龄特点的前提下，创造良好家庭环境，为适龄儿童接受学前教育提供必要条件。

【适用指南】

本条是学前教育法对父母或者其他监护人抚养教育责任的特别法规定。本条对父母或者其他监护人义务的规定是宪法第四十九条和民法典第二十七条的具体化。其中对抚养教育责任的规定，是教育法第五十条在学前教育领域的特别规范。教育法作为规范教育事业发展的一般法，对未成年人的父母或者其他监护人的抚养教育责任进行了一般性规定。学前教育法对父母或者其他监护人的抚养教育责任的规定则聚焦于学前儿童，要求父母或者其他监护人在尊重儿童身心发展规律和年龄特点的基础上，创造良好家庭环境，为适龄儿童接受学前教育提供必要条件。

本条确立了父母或者其他监护人抚养和教育学前儿童的法律责任。父母或者其他监护人不仅要为学前儿童健康成长提供物质保障，还应当对学前儿童实施日常科学教育，为适龄学前儿童接受学前教育提供必要条件。

需要注意的是，学前儿童接受学前教育的主要来源为幼儿园集中教育与家庭特别教育，父母或者其他监护人对儿童是否接受幼儿园集中教育具有决定权。当父母或者其他监护人决定儿童接受幼儿园集中教育时，应当为儿童接受学前教育提供必要条件。当父母或者其他监护人决定儿童不接受幼儿园集中教育而在家接受家庭教育时，则应当遵循家庭教育促进法，为儿童提供科学的家庭教育以促进其全面健康成长。这与义务教育法第十一条第一款规定的父母或者其他监护人必须送适龄的子女或者被监护人入学接受规定年限义务教育有所不同。

【相关规定】

《中华人民共和国民法典》第二十六条、第二十七条;《中华人民共和国未成年人保护法》第六条、第七条;《中华人民共和国教育法》第五十条;《中华人民共和国家庭教育促进法》第十五条。

> 第十七条 【残疾儿童入园】普惠性幼儿园应当接收能够适应幼儿园生活的残疾儿童入园,并为其提供帮助和便利。
> 父母或者其他监护人与幼儿园就残疾儿童入园发生争议的,县级人民政府教育行政部门应当会同卫生健康行政部门等单位组织对残疾儿童的身体状况、接受教育和适应幼儿园生活能力等进行全面评估,并妥善解决。

【条文主旨】

本条是关于残疾儿童入园的特殊性规定。

【条文解读】

本条第一款是对普惠性幼儿园接收残疾儿童入园的一般性规定,强调普惠性幼儿园应当接收能够适应幼儿园生活的残疾儿童入园,并为之提供帮助和便利。本条第二款规定了残疾儿童入园争议解决机制,即产生残疾儿童入园争议时,县级人民政府教育行政部门应当会同卫生健康行政部门组织对残疾儿童的身体状况、接受教育和适应幼儿园生活能力等进行全面评估,并妥善解决。

第一款是对普惠性幼儿园接收残疾儿童入园的规定。根据本法第二十三条、第二十四条的规定,普惠性幼儿园包括公办幼儿园和普惠性民办幼儿园。其中,公办幼儿园是指各级人民政府利用财政性经费或者国有资产等举办或者支持举办的幼儿园;普惠性民办幼儿园则是指接受政府扶持,收费实行政府指导价管理的民办幼儿园。首先,宪法第四十五条第三款从根本法角度规定了国家和社会帮助安排盲、聋、哑和其他有残疾的公民的教育。本条是对宪法帮助安排残疾人教育在学前教育入园领域的具体落实。政府举办普惠性幼儿园的目的在于扩大普惠性学前教育资源供给,提高学前教育质量，该类幼儿园应当接收能够适应幼儿园生活的学前儿童入园。对于残疾儿童而言，尽管有身心缺陷，但有部分儿童能够适应幼儿园生活，应当允许其在普惠性幼儿园入园学习。其次，教育法第十条第三款规定，国家扶持和发展残疾人教育事业。从教育公平的角度出发，普惠性幼儿园不仅应当接收能够适应幼儿园生活的残疾儿童入园，还应当为其提供帮助和便利，如为其创设必要的无障碍环境，创建包容的园所文化，并根据特殊需要儿童的实际情况对课程内容与实施进行调整。根据残疾人保障法第二十一条的规定，国家保障残疾人享有平等接受教育的权利，各级人民政府应当为残疾人接受教育创造条件。残疾儿童由于其身心缺陷，需要一定的特殊照顾，在公平对待所有入园学前儿童的基础上，坚持特别照顾原则，对残疾儿童的入园及其学习给予特别照顾，不仅能维护他们的基本受教育权利，也有助于满足他们基本的学习和发展条件，为残疾儿童健康发展奠定基础。

第二款规定了残疾儿童入园争议的处理解决机制。本款强调发生残疾儿童入园争议时，争议处理主体为县级人民政府教育行政部门，教育行政部门应会同卫生健康行政部门组织对残疾儿童的身体状况、接受教育和适应幼儿园生活能力等进行全面评估，在全面评估基础上妥善解决残疾儿童入园争议。首先，教育法第十五条、本法第九条肯定了教育行政部门作为学前教育的主管部门，负责学前教育管理和业务指导工作。因此在发生残疾儿童入园争议时，教育行政部门应当切实履行职责，及时解决纠纷。其次，残疾儿童入园争议往往涉及儿童身体状况、教育需求、医疗支持等多个方面，是一个复杂的问题，单靠教育行政部门难以完全解决。而对残疾儿童是否能够适应幼儿园生活的判断，往往与卫生健康行政部门有关，卫生健康行政部门工作人员往往具有医疗背景知识和丰富的经验，能够为纠纷的解决提供有益建议。因此，在发生残疾儿童入园争议时，教育行政部门应当会同卫生健康行政部门对残疾儿童的身体状况、接受教育和适应幼儿园生活能力等进行全面评估，并在此基础上利用不同行政机关各自具有的专业知识和资源，综合作出判断、提供最佳解决方案，尽可能地化解幼儿园与残疾儿童的父母或者其他监护人之间的分歧，有效保障残疾儿童的受教育权。

【适用指南】

本条是宪法、教育法有关残疾人受教育权保障在学前教育领域的细化，为普惠性幼儿园开展残疾儿童学前教育工作提供了指引。

一方面,普惠性幼儿园应当接收能够适应幼儿园生活的残疾儿童入园,并为其提供帮助和便利。比如,为残疾儿童的日常生活创设良好的无障碍环境;积极主动创建包容的园所文化,调节和改善残疾儿童伙伴关系;根据残疾儿童的现实状况,安排专门的教师负责,发挥"特殊教师"的重要作用等。

另一方面,县级以上人民政府教育行政部门作为残疾儿童入园争议解决的主体,应会同卫生健康行政部门等单位,合理评估确定残疾儿童是否适宜入园接受教育,并妥善解决残疾儿童入园的有关争议。

【相关规定】

《中华人民共和国宪法》第四十五条;《中华人民共和国残疾人保障法》第二十一条、第二十二条;《中华人民共和国教育法》第十条、第十五条;《中华人民共和国未成年人保护法》第八十六条。

第十八条 【社会参与】青少年宫、儿童活动中心、图书馆、博物馆、文化馆、美术馆、科技馆、纪念馆、体育场馆等公共文化服务机构和爱国主义教育基地应当提供适合学前儿童身心发展的公益性教育服务,并按照有关规定对学前儿童免费开放。

【条文主旨】

本条是关于社会力量参与学前教育的规定。

【条文解读】

本条是对青少年宫、儿童活动中心等公共文化服务机构和爱国主义教育基地参与学前教育的具体性规定。儿童是国家的未来,儿童的成长和进步直接关系到国家、社会的未来发展。为适龄儿童接受学前教育、健康成长创造良好环境是全社会共同的责任。公益性是公共文化服务机构和爱国主义教育基地区别于其他商业性文化服务机构的最主要特征,这一特性就决定了公共文化服务机构和爱国主义教育基地应当提供适合学前儿童身心发展的公益性教育服务,并按照有关规定对学前儿童免费开放。

首先，新时代教育发展不仅在课堂以内，更要走出课堂，走进实践，将纸面上的知识与现实连接。图书馆、博物馆、文化馆等公共文化服务机构的直观性和教育手段的非强制性正符合儿童的学习特点，是儿童学习的重要课程资源之一。公共文化服务保障法第十条指出，国家鼓励和支持公共文化服务与学校教育相结合，充分发挥公共文化服务的社会教育功能，提高青少年思想道德和科学文化素质。在学前教育领域，公共文化服务发挥社会教育功能的方式之一就是通过公共文化服务机构提供适合学前儿童身心发展的公益性教育服务。此外，公共文化服务保障法第四十七条规定，免费或者优惠开放的公共文化设施，按照国家规定享受补助。因此，在受国家补助政策的扶持下，公共文化服务机构更应按照有关规定对学前儿童免费开放。

其次，公共文化服务机构和爱国主义教育基地受国家财政补助，取之于民也应用之于民，特别是用之于受国家重点保护的儿童群体之中。教育法第五十一条第一款规定了图书馆、博物馆等社会公共文化体育设施以及历史文化古迹和革命纪念馆（地）应当对教师、学生实行优待，为受教育者接受教育提供便利。具体到学前教育领域的表现就是为学前儿童提供公益性教育服务，通过按照有关规定向学前儿童免费的方式，为其利用公共文化服务资源提供便利。

【适用指南】

本条是学前教育法对社会参与的特别规定。本条对社会参与的规定，与教育法第五十一条之间是特别规范和一般规范的关系。教育法作为规范教育事业发展的一般法，对社会参与教育事业进行了一般性规定。学前教育法则要求全社会从关爱儿童、保护儿童权利出发，积极参与学前教育事业，为学前儿童的健康成长创造良好环境。

各级各类政府要为青少年宫、儿童活动中心等公共文化服务机构和爱国主义教育基地参与学前教育提供政策支持和资金资助；各类公共文化服务机构和爱国主义教育基地也要积极主动参与学前儿童校外教育，充分发挥其社会责任，助力学前教育高质量发展。

幼儿园在进行园内保育工作的同时，也可积极与青少年宫、儿童活动中心等公共文化服务机构和爱国主义教育基地合作，提倡多元主体共同进行学前教育，充分挖掘各类教育资源，依托区域内的物质与文化资源，因地制宜地开展园所外的实践活动。幼儿园在与公共文化服务机构和爱国主义教育基地的合作中，激发、呵护、尊重幼儿自发表现出来的对新鲜事物的兴趣与爱好。

【相关规定】

《中华人民共和国教育法》第五十一条；《中华人民共和国公共文化服务保障法》第十条、第四十七条；《中华人民共和国未成年人保护法》第四十二条、第四十四条。

> **第十九条 【禁止活动】**任何单位和个人不得组织学前儿童参与违背学前儿童身心发展规律或者与年龄特点不符的商业性活动、竞赛类活动和其他活动。

【条文主旨】

本条是关于学前儿童禁止性活动的规定。

【条文解读】

本条是关于禁止学前儿童参与的活动的规定。任何单位和个人不得组织学前儿童参与的活动主要表现为，违背学前儿童身心发展规律或与其年龄特点不符；活动的类型包括商业性活动、竞赛类活动及其他活动。

本法第十四条强调，实施学前教育应当以学前儿童身心发展特点和利益为出发点，坚持科学的保育和教育理念，按照学前儿童身心发展规律和年龄特点，注重学前儿童良好习惯的养成，促进学前儿童身心全面发展。《幼儿园管理条例》第十六条第二款强调，幼儿园不得进行违背幼儿教育规律，有损于幼儿身心健康的活动。实践中，不仅是幼儿园，个别单位和个人为营造噱头，谋取利益，组织学前儿童参加与其身心发展规律和年龄特点不符的商业性视频拍摄、广告等活动，或组织学前儿童参与各类竞赛，严重违背教育规律，阻碍学前儿童健康成长。为有效杜绝此类现象的发生、发展，本条明确禁止任何单位和个人组织此类活动，学前儿童禁止参与此类活动，切实营造适宜学前儿童健康发展的环境。

【适用指南】

《幼儿园管理条例》《幼儿园工作规程》等均规定幼儿园不得违背学前

教育规律，开展有损于学前儿童身心健康的活动。实践中，个别单位和个人出于获得流量关注或获利的目的，组织学前儿童参与违背学前儿童身心发展规律或者与年龄特点不符的商业性活动、竞赛类活动等，基于此，本法对禁止学前儿童参与活动的范围进行了拓展。

一方面，幼儿园等学前教育机构、企事业单位及个体，不得违背规律，忽视学前儿童身心发展特点和利益，开展与其身心发展规律和年龄特点不相符合的商业性活动、竞赛类活动。

另一方面，教育行政主管部门等行政机关要加强宣传教育和行为监督，积极引导单位和个人在开展涉及学前儿童活动时，充分考虑其身心发展特点；并对违反本条规定，违规开展的商业性活动、竞赛类活动及时进行查处，对相关责任人及时予以惩戒，为学前儿童健康成长营造良好的环境。

【相关规定】

《幼儿园管理条例》第十六条；《幼儿园工作规程》第二十七条。

第二十条　【辅助产品】 面向学前儿童的图书、玩具、音像制品、电子产品、网络教育产品和服务等，应当符合学前儿童身心发展规律和年龄特点。

家庭和幼儿园应当教育学前儿童正确合理使用网络和电子产品，控制其使用时间。

【条文主旨】

本条是关于辅助学前儿童教育有关产品生产和使用的规定。

【条文解读】

本条第一款是关于辅助学前儿童保育教育的产品和服务的规定，强调辅助产品的生产和使用应当符合学前儿童身心发展规律和年龄特点。第二款是关于规范幼儿合理使用网络和电子产品的有关规定，该款致力于敦促家庭和幼儿园引导学前儿童合理使用网络和电子产品，避免过度使用网络和电子产品对学前儿童造成不良影响。

本条第一款为面向学前儿童的产品和服务设定了严格限制，以便最大限度降低对学前儿童身心健康的不利影响。本款所列的"面向学前儿童的图书、玩具、音像制品、电子产品、网络教育产品和服务等"应当包括且不限于知识文化学习、兴趣培养等方面具有引导性、诱导性的产品和服务。网络与人工智能时代，学前教育不仅体现为家庭教育和幼儿园教育，而且可以通过电子产品、网络教育产品和服务等形式予以辅助教育。这些产品和服务应当以学前儿童为中心，根据学前儿童身心发展规律和年龄特点，不断进行优化、升级和迭代，以达到辅助学前教育，促进学前儿童全面发展的目标。

第二款是监督和约束家庭、幼儿园等规范学前儿童合理使用网络和电子产品的规定。当前正处于电子化、信息化时代，网络和电子产品不仅以实时、高效等方式传递着学前教育信息，还以视频、音频、三维立体互动等方式，寓教于乐，辅助学前教育。然而，网络和电子产品具有两面性，其合理使用能够辅助学前教育，提升学前教育活动的趣味性、时代性。但如果不当使用，不仅会使得学前儿童对其产生严重的依赖心理，也会导致学前儿童产生不良的生活和学习习惯，甚至对学前儿童视力、智力发育水平产生严重影响。因而，《教育部办公厅、国家卫生健康委办公厅、国家疾控局综合司关于切实抓牢幼儿园和小学近视防控关键阶段防控工作的通知》中特别指出"幼儿应尽量减少使用电子产品"。此外，学前儿童心智尚不成熟，其自身缺乏自我约束力和自控力，需要家庭和幼儿园加以正确引导。因此，《国务院关于印发中国妇女发展纲要和中国儿童发展纲要的通知》中曾明确指出，要教育儿童科学规范合理使用电子产品。特别是要发挥不同主体的协同育人功能，对学前儿童加以正确引导。《教育部等十三部门关于健全学校家庭社会协同育人机制的意见》中将引导学生合理使用电子设备列为学校、家庭、社会协同育人的重点工作。本条第二款以立法形式明确家庭和幼儿园对于学前儿童合理地使用网络和电子产品的教育、监督、约束责任，为学前儿童合理使用网络和电子产品创造良好的家庭和学校环境。

【适用指南】

学前教育法关于幼儿园日常办学活动的规范，同《幼儿园管理条例》和《幼儿园工作规程》之间属于上位法与下位法之间的关系，三者相互配合共同促进幼儿园日常办学活动的有序开展。本条就幼儿园规范幼儿合理使用网络和电子产品的责任进行规定，尽可能地降低网络和电子产品对幼儿健康成长和良好发展的不利影响；《幼儿园管理条例》就幼儿园的日常教育内容和方法的安排活动进行规范，以避免不合理教学内容和教学方法对儿童身心良好发展所造成的影响；《幼儿园工作规程》要求幼儿园日常生活组织安排应当立足于幼儿自身发展和成长的实际需要，以有序、合理地引导和促进幼儿的健康良好发展。

本条对学前儿童使用的图书、音像制品、网络和电子产品等进行了规定。网络时代，学前教育法也设置了家庭和幼儿园的新义务，要引导和教育学前儿童正确合理使用网络和电子产品，控制其使用时间，以确保幼儿的健康良好成长和发展。

【相关规定】

《教育部办公厅、国家卫生健康委办公厅、国家疾控局综合司关于切实抓牢幼儿园和小学近视防控关键阶段防控工作的通知》；《国务院关于印发中国妇女发展纲要和中国儿童发展纲要的通知》；《教育部等十三部门关于健全学校家庭社会协同育人机制的意见》。

> **第二十一条　【人格权保护】**学前儿童的名誉、隐私和其他合法权益受法律保护，任何单位和个人不得侵犯。
>
> 幼儿园及其教职工等单位和个人收集、使用、提供、公开或者以其他方式处理学前儿童个人信息，应当取得其父母或者其他监护人的同意，遵守有关法律法规的规定。
>
> 涉及学前儿童的新闻报道应当客观、审慎和适度。

【条文主旨】

本条是关于学前儿童人格权保护的规定。

【条文解读】

本条是关于学前儿童人格权保护的规定，主要分为三个层面：第一款明确了学前儿童的名誉、隐私和其他合法权益受法律保护。第二款规定了幼儿园及其教职工等单位和个人处理学前儿童个人信息的前置程序，即需要经过学前儿童监护人同意。第三款对涉及学前儿童的新闻报道明确了具体规则，要求涉及学前儿童的新闻报道应当客观、审慎和适度。

第一款规定了学前儿童的名誉、隐私和其他合法权益受法律保护，任何单位和个人不得侵犯。这体现了国家对学前儿童人格权的重视。民法典第一千零二十四条规定，名誉指的是对民事主体的品德、声望、才能、信用等的社会评价；自然人享有名誉权，禁止任何组织或者个人用侮辱、诽谤等方式侵害他人的名誉权。而民法典第一千零三十二条规定，隐私指的是自然人的私人生活安宁和不愿为他人知晓的私密空间、私密活动、私密信息，自然人享有隐私权；任何组织或者个人不得以刺探、侵扰、泄露、公开等方式侵害他人的隐私权。未成年人保护法第四条也规定要保护未成年人，同时保护未成年人的隐私权。除了名誉和隐私，学前儿童还享有其他人格权益，如人格尊严、人身安全等。未成年人保护法第六条第二款明确规定未成年人要增强自我保护的意识和能力。对于学前儿童而言，因为自身心智尚不成熟，当自己的名誉受到侵犯时，他们无法表达甚至无从知晓，也就无从谈起对其名誉、隐私和其他合法权益的保护。因此，本款为单位和个人施加了尊重学前儿童人格权的义务，有利于更好地保护学前儿童的名誉、隐私和其他合法权益。

第二款规定了幼儿园及其教职工等单位和个人在收集、使用、提供、公开或以其他方式处理学前儿童个人信息时的两个限制性条件：一是必须取得其父母或其他监护人的同意；二是需遵守相关法律法规的规定。首先，任何单位和个人在处理学前儿童个人信息时，必须获得儿童父母或其他监护人的同意。父母或其他监护人是学前儿童的法定监护人，他们对儿童的个人信息享有知情权。未成年人保护法第七十二条第一款规定处理不满十四周岁未成年人个人信息的，应当征得未成年人的父母或者其他监护人同意。同时《儿童个人信息网络保护规定》第九条也提到，网络运营者收集、使用、转移、披露儿童个人信息的，应当以显著、清晰的方式告知儿童监护人，并应当征得儿童监护人的同意。获取父母或其他监护人的同意，是为了确保儿童的个人信息得到妥善处理，尊重其父母或其他监护人的监护权，保护儿童的名誉、隐私和其他合法权益不受侵害。其次，在获得儿童父母或其他监护人同意的同时，还需遵守相关法律法规，如未成年人保护法和个人信息保护法等法律，这些法律法规对个人信息的处理有具体的规定和要求，而《儿童个人信息网络保护规定》等部门规章对于处理和使用学前儿童个人信息有特殊规定的，也需要遵守，以此保障学前儿童信息的安全。

第三款规定了涉及学前儿童的新闻报道应当客观、审慎和适度，旨在明晰媒体报道的社会责任，保护儿童免受媒体不当报道可能造成的伤害。对学前儿童的新闻报道应当客观，基于事实，避免主观臆断，给观众造成误导；对学前儿童的新闻报道应当审慎，考虑到新闻报道可能会对学前儿童产生负面影响；对学前儿童的新闻报道应当适度，这要求媒体在报道涉及学前儿童的新闻时应当恰当有度，避免对儿童造成不必要的影响。未成年人保护法第四十九条规定，新闻媒体采访报道涉及未成年人事件应当客观、审慎和适度；《国务院关于印发中国妇女发展纲要和中国儿童发展纲要的通知》中也强调要引导媒体客观、审慎、适度采访和报道涉未成年人案件。

【适用指南】

本条明确规定了学前儿童的人格权受法律保护，任何单位和个人不得侵犯其名誉、隐私、个人信息和其他合法权益。有错误观点认为，学前儿童年龄尚小，认知尚不成熟，不存在名誉权、隐私权和个人信息等相关人格权，这实际上是对我国现行法律的误读。不管是民法典还是未成年人保护法，都提到要对自然人，特别是未成年人的人格权等合法权益予以保护。在涉及学前儿童的特殊领域中，更应当尊重和保护儿童的基本权利。本条实际上是自然人人格权在学前儿童这一特殊群体中的特殊规范。

为了充分保护学前儿童的人格权，本法也对学前儿童人格权提供了特殊性的保护措施，如任何单位和个人在收集、使用、提供、公开或以其他方式处理学前儿童个人信息时，必须获得其父母或其他监护人的同意，并遵守相关法律法规的规定。以幼儿园为例，这就要求幼儿园应建立严格的信息管理和保护机制，幼儿园及其教职工在收集和使用学前儿童个人信息时，除了要遵守本法有关规定，还需遵循未成年人保护法、个人信息保护法等相关法律法规，确保儿童信息的安全处理。此外，涉及学前儿童的新闻报道中也常会涉及学前儿童的人格权，因而涉及学前儿童的新闻报道应当坚持客观、审慎和适度的原则。报道应当特别注意保护儿童的隐私、名誉和其他合法权益，防止对儿童造成心理等方面的伤害。

本条旨在全面保护学前儿童的个人信息安全和合法权益，尤其是在网络和新闻传播等领域，应当确保学前儿童在安全、健康的环境中成长。对于违反上述规定的行为，应当根据本法、未成年人保护法、个人信息保护法等法律追究相关单位和个人的法律责任。

【相关规定】

《中华人民共和国民法典》第一千零二十四条、第一千零三十二条;《中华人民共和国未成年人保护法》第一条、第四条、第六条、第四十九条、第七十二条;《儿童个人信息网络保护规定》第九条。

第三章　幼儿园

※ **本章导读** ※

本章共十四条，对幼儿园的规划、举办与管理等事项作了规定。本章的内容包括学前教育资源的配置、学前教育资源的供给、幼儿园的办园体制、幼儿园的布局规划、幼儿园的配套建设、农村学前教育公共服务体系的建立、特殊学前教育、幼儿园的设立条件、幼儿园的设立程序、幼儿园的变更终止、幼儿园的管理体制、幼儿园的管理监督、幼儿园的举办限制、幼儿园逐利限制等。

> **第二十二条　【资源配置】** 县级以上地方人民政府应当统筹当前和长远，根据人口变化和城镇化发展趋势，科学规划和配置学前教育资源，有效满足需求，避免浪费资源。

【条文主旨】

本条是关于学前教育资源布局与规划的规定。

【条文解读】

本条规定了人民政府统筹规划、科学布局的职能要求，要求政府能够立足当下与长远，统率全局，科学评估，既满足区域内的适龄儿童学习教育需要，又要避免资源浪费。

首先，人民政府高位推动、科学规划，构建普及普惠总体布局。本条为我国学前教育的改革和高质量发展提供了顶层设计与战略规划，为我国学前教育事业发展中存在的多种类型的差异提出政府主导的解决机制。

《中共中央 国务院关于学前教育深化改革规范发展的若干意见》强调，学前教育深化改革规范发展要坚持政府主导的基本原则。根据本法的规定，人民政府应当立足于自身的财政优势、信息优势、资源优势，通过国家财政促进学前教育实质公平，运用大数据科学确定各级地方的学前儿童现状以及未来入学需求；特别是要重视不同地区、不同省份之间的现有差异，进行合理规划，做出动态调整。

其次，正视地区的现有差异，合理规划，动态调整。根据《"十四五"学前教育发展提升行动计划》的规定，推进教育公平，增加普惠性资源供给，充分考虑出生人口变化、乡村振兴和城镇化发展趋势，逐年做好入园需求测算，完善县（区）普惠性幼儿园布局规划，原则上每三年调整一次。随着"三孩政策"的提出，学前教育将进一步面临资源紧缺的压力，亟须通过政府发挥传统主导型主体的促进作用，进一步解决学前教育的资源分配不平衡、不均匀、不协调的问题。从整体上看，《中共中央 国务院关于学前教育深化改革规范发展的若干意见》指出，由于底子薄、欠账多，目前学前教育仍旧是整个教育体系的短板，发展不平衡不充分问题十分突出，"入园难""入园贵"依然是困扰老百姓的烦心事之一。其主要表现为：学前教育资源尤其是普惠性资源不足……从地区上看，特别是西部经济社会发展相对落后地区，少数民族人口分布众多，贫困人口相对集中，多重特殊因素的交错导致西部民族地区的学前教育体制较为薄弱。因此，本条规定的"科学规划和配置学前教育资源"对于城市地区与农村地区、东部地区与西部地区具备不同的内涵与要求。[1] 人民政府应当正视此种差异，并在提高毛入园率、提高办园质量和保教质量的基础上，逐步实现对家庭指导、科学育儿、早期教育等优质幼教前沿问题的探索。

【适用指南】

本条是关于县级以上地方人民政府对教育资源布局与规划的规定。本条要求地方人民政府在规划布局时，科学评估地方的人口变化和城镇化发展趋势，合理分配资源。同时，在规划布局时，人民政府应当具备整体主义意识和视野，重视幼儿园在行政区划中的地位，并立足本土资源，划拨土地，实现资源方面的充足保障。

幼儿园在进行教育和管理的过程中，应当与本地的人民政府进行有效

---

[1] 黄瑾、熊灿灿：《我国"有质量"的学前教育发展内涵与实现进路》，载《华东师范大学学报（教育科学版）》2021年第3期。

的协调。要根据本地的人口和发展实际情况，以及幼儿园在开办过程中的反馈情况，合理确定人民政府对本地的资源分配，在有效满足需求的基础上，尽量避免资源浪费。

【相关规定】

《中华人民共和国城乡规划法》第二十九条；《中华人民共和国教育法》第十八条。

> 第二十三条　【教育供给】各级人民政府应当采取措施，扩大普惠性学前教育资源供给，提高学前教育质量。
> 　　公办幼儿园和普惠性民办幼儿园为普惠性幼儿园，应当按照有关规定提供普惠性学前教育服务。

【条文主旨】

本条是关于各级人民政府扩大普惠性学前教育资源供给，提高学前教育质量和普惠性幼儿园基本义务的规定。

【条文解读】

本条第一款是对各级人民政府扩大普惠性学前教育资源供给，提高学前教育质量的规定。该款明确规定，各级人民政府应当承担起自身责任，采取适用于各地教育情况的相关措施，扩大普惠性学前教育资源供给，提高学前教育质量，推进普及学前教育。本条第二款是关于普惠性幼儿园基本义务的规定，普惠性幼儿园需要按照有关规定提供普惠性学前教育，充分发挥普惠性幼儿园保基本、兜底线、引领方向、平抑收费的主渠道作用。

第一款是对各级人民政府扩大普惠性学前教育资源供给，提高学前教育质量的规定。

首先，该款规定各级人民政府应当采取措施扩大普惠性学前教育资源供给。教育法第十八条规定，国家制定学前教育标准，加快普及学前教育，构建覆盖城乡，特别是农村的学前教育公共服务体系；各级人民政府应当采取措施，为适龄儿童接受学前教育提供条件和支持。教育法第五十四条规定，国家建立以财政拨款为主、其他多种渠道筹措教育经费为辅的体制，逐步增加对教育的投入，保证国家举办的学校教育经费的稳定来源；企业事业组织、社会团体及其他社会组织和个人依法举办的学校及其他教育机构，办学经费由举办者负责筹措，各级人民政府可以给予适当支持。上述规范规定了各级人民政府在发展学前教育方面的责任。本法在延续上述规范的前提下，对各级人民政府的责任进一步细化，要求政府采取措施持续扩大普惠性学前教育资源供给。多渠道扩大普惠性资源供给，包括在农村地区、城镇新增人口地区加强幼儿园建设，鼓励支持国有企事业单位举办公办幼儿园，积极扶持民办幼儿园提供普惠性服务等。党的十八大以来，我国学前教育普及普惠水平大幅提升。教育部会同有关部门连续实施多期行动计划，中央安排专项资金对学前教育予以支持，不断加大推进力度。但是在实践中，学前教育仍然是我国教育体系中最薄弱的环节，特别是学前教育资源不足的问题依然严峻。这就要求政府继续采取措施，通过多种渠道进一步扩大学前教育资源，特别是普惠性学前教育资源。在政策保障上，进一步完善普惠性学前教育保障制度，健全经费投入和成本分担机制，完善幼儿园教师配备补充、工资待遇保障等制度。同时，坚持以游戏为基本活动，深入推进幼小科学衔接，全面提高幼儿园的科学保教水平。

其次，该款明确了各级人民政府应当采取措施提高学前教育质量。教育法第六十六条第一款规定，国家推进教育信息化，加快教育信息基础设施建设，利用信息技术促进优质教育资源普及共享，提高教育教学水平和教育管理水平。近年来，政府出台幼儿园工作规程、收费办法、幼小衔接等规范性文件，开展幼儿园办园行为和县域学前教育普及普惠督导评估，整体办园水平不断提高。各级人民政府要想提高学前教育质量，关键在于聚焦教育过程、加强教师队伍建设、深化家园共育以及提升教育保障。第一，2022年，教育部印发了《幼儿园保育教育质量评估指南》，对幼儿园保育教育质量评估进行了顶层设计和系统规划，为幼儿园保教质量的评估和提升提供了科学指引和行动纲领。实现学前教育高质量发展，要以进一步贯彻落实《幼儿园保育教育质量评估指南》为重要契机，加强幼儿园保育教育质量评估。第二，加强高素质专业化教师队伍建设，提升幼儿园教师的思想政治素质和业务能力。第三，深化家园共育，建立幼儿园与家庭之间的有效沟通和合作机制，共同促进幼儿的全面发展。第四，完善学前教育保障机制，确保学前教育的公益普惠属性，重视学前教育的资金投入与效益产出，加大幼儿园督导与治理力度，提高幼儿园的办园质量和水平。通过以上措施的实施，有效提升学前教育的质量，为幼儿的健康成长和终身发展打下坚实的基础。

第二款是关于普惠性幼儿园基本义务的规定。

本法规定，普惠性幼儿园的范围包括公办幼儿园和普惠性民办幼儿园。普惠性幼儿园应当按照有关规定提供普惠性学前教育服务。普惠性学前教育服务旨在由政府控价，实现资源科学覆盖，减轻每个普通家庭学前教育的经济负担，切实满足适龄幼儿的入学需求。学前教育是终身学习的开端，党和政府始终重视学前教育，为解决学前教育资源发展不平衡不充分问题，特别是普惠性资源不足的问题，《中共中央 国务院关于学前教育深化改革规范发展的若干意见》特别强调，推进学前教育普及普惠、安全优质发展，满足人民群众对幼有所育的美好期盼，为培养德智体美劳全面发展的社会主义建设者和接班人奠定坚实基础。按照该意见的要求，县级人民政府建立完善工作体制机制，扎实履行发展规划、财政投入、教师工资待遇保障、监督管理等各方面职能，切实推进学前教育普及普惠和持续健康发展。

【适用指南】

本条是关于各级人民政府应当采取措施扩大普惠性学前教育资源供给，提高学前教育质量和普惠性幼儿园基本义务的规定。教育法已经从总体布局上分配了各级人民政府领导和管理各级教育工作的职能，是对各级教育体系做出的概括性规定，本法是对其在学前教育方向工作和职能安排的进一步细化，明确了各级人民政府应当采取措施，扩大普惠性学前教育资源供给、提高学前教育质量的义务。同时，对普惠性幼儿园提供的教育资源服务也做出要求，规定其应当承担优质平价、公益公平的普惠性学前教育服务。

本条强调各级人民政府和幼儿园的义务，各级人民政府应当积极采取各种措施来扩大普惠性学前教育资源供给，提高学前教育质量，推进普及学前教育。普惠性幼儿园也应当按照有关规定提供普惠性学前教育服务。

实践中，存在部分低收入家庭子女、农民工随迁子女等处境不利的儿童得不到基本的学前教育的问题[①]，从根本上说，这是过去教育资源存在不均衡问题所导致的。因此，本条落实政府主体责任，扩大普惠性学前教

---

① 曲铁华、王洪晶：《我国学前教育制度变迁：轨迹、逻辑与趋势》，载《教育科学》2020年第3期。

育资源供给，提高学前教育质量并规定普惠性幼儿园的基本义务，以满足群众有质量又实惠的学前教育需求。

【相关规定】

《中华人民共和国教育法》第十八条、第五十四条、第六十六条。

> 第二十四条 【办园体制】各级人民政府应当利用财政性经费或者国有资产等举办或者支持举办公办幼儿园。
> 各级人民政府依法积极扶持和规范社会力量举办普惠性民办幼儿园。
> 普惠性民办幼儿园接受政府扶持，收费实行政府指导价管理。非营利性民办幼儿园可以向县级人民政府教育行政部门申请认定为普惠性民办幼儿园，认定标准由省级人民政府或者其授权的设区的市级人民政府制定。

【条文主旨】

本条是关于政府举办公立幼儿园、扶持普惠性民办幼儿园的义务以及普惠性幼儿园权利义务和认定工作的规定。

【条文解读】

本条第一款是对人民政府举办和支持举办公办幼儿园的规定。根据该款规定，地方各级人民政府应当坚持政府主导，落实政府责任，完善各部门分工负责、齐抓共管的工作机制，明确各级人民政府的教育资源供给义务，从办园体制角度细化政府的责任。本条第二款是对政府依法引导和规范举办普惠性民办幼儿园的规定。各级人民政府需要从实际出发，坚持公办与民办并举，这要求地方各级人民政府积极扶持普惠性民办幼儿园，提供普惠性服务，规范营利性民办幼儿园发展，满足家长不同选择性需求。此外，各省（自治区、直辖市）要进一步完善普惠性民办幼儿园认定标准、补助标准及扶持政策。本条第三款是对普惠性民办幼儿园接受政府扶持和管理及普惠性民办幼儿园认定的规定。各级人民政府应当积极扶持普惠性民办幼儿园发展，扩大普惠性学前教育资源供给，对普惠性民办幼园收费实行政府指导价管理。各省及设区的市要进一步完善普惠性民办幼儿园认定标准、补助标准及扶持政策。

第一款是对人民政府举办和支持举办公办幼儿园的规定。

首先，我国始终重视学前教育和儿童权利，办好学前教育、实现幼有所育，是党的十九大作出的重大决策部署。宪法第四十九条第一款规定"儿童受国家的保护"；1989年《儿童权利公约》第三条第一款也规定，各国的公私社会福利机构、法院、行政当局及立法机构，在执行一切涉及儿童的行动中，均应以儿童最大利益为首要考虑。党的十八大以来，幼有所育的美好愿景正在进一步落实，各项改革稳步推进，配套措施不断完善。党的二十大和二十届三中全会对强化学前教育普惠发展、健全学前教育保障机制作出专门部署。

其次，该款明确了政府在学前教育方面的举办和支持举办义务。教育法第十四条第一、二款规定，国务院和地方各级人民政府根据分级管理、分工负责的原则，领导和管理教育工作；中等及中等以下教育在国务院领导下，由地方人民政府管理。教育法第十五条规定，国务院教育行政部门主管全国教育工作，统筹规划、协调管理全国的教育事业；县级以上地方各级人民政府教育行政部门主管本行政区域内的教育工作；县级以上各级人民政府其他有关部门在各自的职责范围内，负责有关的教育工作。在学前教育这一细化方面，教育法第十八条规定，国家制定学前教育标准，加快普及学前教育，构建覆盖城乡，特别是农村的学前教育公共服务体系；各级人民政府应当采取措施，为适龄儿童接受学前教育提供条件和支持。上述规范是针对全国各级教育体系的总括性规定，政府在学前教育方面的职能应当遵循上述规定。同时，本法将上述规范具体化，落实到各级人民政府，聚合优势资源，与有关单位实行联动，鼓励各地通过多种途径深挖潜力、持续扩大学前教育资源总量，鼓励街道、国有企事业单位，特别是高校举办公办幼儿园。因此，协调多方，纵深推进，持续发力，多管齐下，统筹城乡，构建覆盖城乡、布局合理、公益普惠、安全优质的学前教育公共服务体系，让学前教育改革发展成果更多更公平惠及全体人民，促进学前教育普惠发展，努力解决我国教育事业短板问题。

第二款是对政府依法扶持和规范举办普惠性民办幼儿园的规定。

首先，该款是对本法总则部分第五条第二款"大力发展普惠性学前教育，鼓励、引导和规范社会力量参与"的进一步明确。总则部分第五条规定了发展学前教育的原则，即坚持政府为主、引导社会力量参与的原则。民办教育促进法第三条第二款规定，国家对民办教育实行积极鼓励、大力支持、正确引导、依法管理的方针。民办教育促进法实施条例第三条第一款规定，各级人民政府应当依法支持和规范社会力量举办民办教育，保障民办学校依法办学、自主管理，鼓励、引导民办学校提高质量、办出特色，满足多样化教育需求。该款是对上述规定在学前教育方向的细化。民办教育在学前教育中一直是重要一环。《国务院关于鼓励社会力量兴办教育 促进民办教育健康发展的若干意见》指出，改革开放以来，作为社会力量兴办教育主要形式的民办教育不断发展壮大，形成了从学前教育到高等教育、从学历教育到非学历教育，层次类型多样、充满生机活力的发展局面，有效增加了教育服务供给，为推动教育现代化、促进经济社会发展作出了积极贡献，已经成为社会主义教育事业的重要组成部分。

其次，根据《国务院关于鼓励社会力量兴办教育 促进民办教育健康发展的若干意见》，社会力量参与是指"各种社会力量以捐赠、出资、投资、合作等方式举办或者参与举办法律法规允许的各级各类学校和其他教育机构"。因此，本法即通过立法的高度，针对过去一段时间内民办教育面对的问题与困难，要求各级政府依法引导和规范社会力量举办普惠性民办幼儿园，积极扶持民办幼儿园提供普惠性学前教育服务。在宏观方向上，各级人民政府可以按照预算法、教育法、民办教育促进法等法律的要求，因地制宜地调整优化支出结构，加大对民办教育的扶持力度。在具体措施上，各级人民政府可以通过购买服务、综合奖补、减免租金、派驻公办教师、培训教师、教研指导等方式，支持普惠性民办幼儿园发展，提高学前教育工作质量，为培养德智体美劳全面发展的社会主义接班人奠定基础。

第三款是关于普惠性民办幼儿园的权利义务和认定工作的规定。普惠性民办幼儿园享有接受政府扶持的权利，同时承担收费实行政府指导价管理的义务。另外，非营利性民办幼儿园可以向县级人民政府教育行政部门申请认定为普惠性民办幼儿园，认定标准由省级人民政府或者其授权的设区的市级人民政府制定。《中共中央 国务院关于学前教育深化改革规范发展的若干意见》规定，要将提供普惠性学位数量和办园质量作为奖补和支持的重要依据。目前，多地已出台普惠性民办幼儿园认定、扶持和管理规定，对普惠性民办幼儿园认定标准、认定程序、退出机制、扶持措施、监督管理等作出了明确规定，采取多种方式引导和支持民办幼儿园提供普惠性服务。经过数年的实践，本法总结过去的成功经验，将《中共中央 国务院关于学前教育深化改革规范发展的若干意见》的要求与规定上升为法律规定，并在一定程度上放宽了认定标准的制定权限，灵活规定省一级政府以及省级政府授权的设区的市级政府制定认定标准。

【适用指南】

本条是关于人民政府在举办和扶持普惠性幼儿园义务、普惠性民办幼儿园权利义务、普惠性民办幼儿园认定工作的规定。本条是对各级人民政府在学前教育方向工作和职能安排的进一步细化，明确了各级人民政府在举办和支持举办公办幼儿园，引导、规范和扶持普惠性民办幼儿园方面的义务。通过落实政策引导和财政支持，提升普惠性民办幼儿园的教学质量，确保教育公平；鼓励社会力量参与普惠性民办幼儿园的举办，通过政府购买服务、减免租金、以奖代补等方式进行扶持。多措并举，进一步促进普惠性幼儿园的健康发展，实现教育资源的公平分配，提高学前教育的普及率和质量。

实践中长期存在资源分配不均、财政投入不足的问题，主要表现在城乡之间、不同地区之间普惠性幼儿园资源分配不均衡，特别是在农村地区和偏远地区资源不足；部分地区未能确保财政性学前教育经费在同级财政性教育经费中占合理比例，影响普惠性幼儿园的长远发展。

本条强调，各级政府应根据实际情况制定和执行具体的普惠性幼儿园支持政策，确保政策的公平性和有效性。同时，政府还应加大财政投入，确保学前教育财政补助经费列入预算，并合理分担家庭保育教育成本。

【相关规定】

《中华人民共和国教育法》第十四条、第十五条、第十八条；《中华人民共和国民办教育促进法》第三条；《中华人民共和国民办教育促进法实施条例》第三条；《儿童权利公约》第三条。

第二十五条　【布局规划】 县级以上地方人民政府应当以县级行政区划为单位制定幼儿园布局规划，将普惠性幼儿园建设纳入城乡公共管理和公共服务设施统一规划，并按照非营利性教育用地性质依法以划拨等方式供地，不得擅自改变用途。

县级以上地方人民政府应当按照国家有关规定，结合本地实际，在幼儿园布局规划中合理确定普惠性幼儿园覆盖率。

【条文主旨】

本条是关于学前教育资源布局与规划的规定。

【条文解读】

本条第一款是关于行政区划布局规划的要求。该款要求从设施保障角度为普惠性幼儿园的建设提供帮助。本条第二款要求各级政府进一步提升普及普惠发展，合理规划确定普惠性幼儿园的覆盖水平。该款的规定是对教育法第十八条规定的具体细化，明确责任主体，强化政府保障责任，牢织密织学前教育服务保障网，推进基本公共教育服务覆盖全民、优质均衡。

第一款是关于行政区划布局规划的要求。

首先，在城镇建设和发展过程中，优先安排公共服务设施幼儿园建设。城乡规划法第二十九条第一款和第二款规定，城市的建设和发展，应当优先安排基础设施以及公共服务设施的建设，妥善处理新区开发与旧区改建的关系，统筹兼顾进城务工人员生活和周边农村经济社会发展、村民生产与生活的需要；镇的建设和发展，应当结合农村经济社会发展和产业结构调整，优先安排供水、排水、供电、供气、道路、通信、广播电视等基础设施和学校、卫生院、文化站、幼儿园、福利院等公共服务设施的建设，为周边农村提供服务。根据该条的规定，在城市、镇的规划中，应当优先安排基础设施与公共服务设施的建设。目前，多地的普惠性民办幼儿园认定、扶持和管理规定也已经将民办幼儿园纳入学前教育发展整体规划。本款是对城乡规划法第二十九条的重申，强调幼儿园在城镇规划中的优先地位，体现了本法在各个方面对学前教育资源安排的重视，为满足适龄儿童的受教育需要保驾护航。在这一方面，首要的责任主体是规划、国土和建设部门。规划部门应当将幼儿园纳入城乡建设计划、预留建设用地；土地部门应当采取划拨的方式保证配套幼儿园用地；建设部门不予审批未按规定建设的幼儿园项目。

其次，人民政府应当立足公共资源，健全学前教育高质量发展的硬件设施保障。《中共中央 国务院关于学前教育深化改革规范发展的若干意见》指出，健全管理体制要从各级地方政府入手，认真落实国务院领导、省市统筹、以县为主的学前教育管理体制。县级政府除了对本县域学前教育发展负主体责任，负责制定学前教育发展规划和幼儿园布局、公办幼儿园的建设、教师配备补充、工资待遇及幼儿园运转，面向各类幼儿园进行监督管理，指导幼儿园做好保教工作，还要在土地划拨等方面对幼儿园予以优惠和支持，确保县域内学前教育规范有序健康发展。

最后，严禁划拨用地被擅自改变用途。本条第二款从供给侧深化学前教育改革，凸显政府在学前教育供给中的首要责任和主体地位，即统筹规划、总体布局、积极扶持等多措并举，解决学前教育资源供给不足的问题。根据民法典第三百四十七条第一款和第三款的规定，设立建设用地使用权，可以采取出让或者划拨等方式；严格限制以划拨方式设立建设用地使用权。根据城镇国有土地使用权出让和转让暂行条例第四十三条第一款的规定，划拨土地使用权是指土地使用者通过各种方式依法无偿取得的土地使用权。根据《划拨用地目录》第六条的规定，非营利性教育设施用地包括托儿所、幼儿园的教学、办公、园内活动场地。根据上述规定，我国对划拨用地的设立和使用均设定了严格的规范予以限制，因此，作为对幼儿园的一种优惠与支持，应当确保用当其时、用当其长、用当其实，避免公器私用，更要禁止将划拨用地投入市场和产业经营。

第二款要求各级政府结合本地实际，合理规划确定普惠性幼儿园的覆盖水平。教育法第十八条规定，国家制定学前教育标准，加快普及学前教育，构建覆盖城乡，特别是农村的学前教育公共服务体系；各级人民政府应当采取措施，为适龄儿童接受学前教育提供条件和支持。为回应人民群众对学前教育"普及普惠"的期待，《中共中央 国务院关于学前教育深化改革规范发展的若干意见》明确提出"调整办园结构"，各地要把发展普惠性学前教育作为重要任务；"鼓励社会力量办园"，政府加大扶持力度，引导社会力量更多举办普惠性民办园。《"十四五"学前教育发展提升行动计划》规定，本计划的主要目标是：进一步提高学前教育普及普惠水平，到2025年，全国学前三年毛入园率达到90%以上，普惠性幼儿园覆盖率达到85%以上，公办园在园幼儿占比达到50%以上。覆盖城乡、布局合理、公益普惠的学前教育公共服务体系进一步健全，普惠性学前教育保障机制进一步完善，幼儿园保教质量全面提高，幼儿园与小学科学衔接机制基本形成。具体而言，强调县级以上人民政府在达到《"十四五"学前教育发展提升行动计划》规定的上述主要目标基础上，要结合本地区的经济、文化、社会等实际情况，建立覆盖城乡、布局合理的学前教育公共服务体系，使绝大多数的幼儿能够享受到普惠性的学前教育服务，致力于增强人民群众的幸福感、获得感。

【适用指南】

本条是关于县级以上地方人民政府对教育资源布局与规划的规定。城乡规划法已经明确了幼儿园一类的公共服务设施的优先保障地位。此外，还要求人民政府结合本地实际，在幼儿园布局规划中合理确定普惠性幼儿园覆盖率。

实践中，存在一个突出的现实难题，即在幼儿园诸多项目的许可设立上，存在教育、民政、土地、市场监督等多部门多头审批的现象，不同的部门提供不同的业务许可或业务指导，这之间的协调成本高、难度大。本法规定，县级以上地方人民政府统一规划、率先开道，可以在一定程度上缓解这一现实矛盾。

【相关规定】

《中华人民共和国城乡规划法》第二十九条；《中华人民共和国民法典》第三百四十七条；《中华人民共和国教育法》第十八条；《中华人民共和国城镇国有土地使用权出让和转让暂行条例》第四十三条。

> **第二十六条　【配套建设】** 新建居住区等应当按照幼儿园布局规划等相关规划和标准配套建设幼儿园。配套幼儿园应当与首期建设的居住区同步规划、同步设计、同步建设、同步验收、同步交付使用。建设单位应当按照有关规定将配套幼儿园作为公共服务设施移交地方人民政府，用于举办普惠性幼儿园。
>
> 现有普惠性幼儿园不能满足本区域适龄儿童入园需求的，县级人民政府应当通过新建、扩建以及利用公共设施改建等方式统筹解决。

【条文主旨】

本条是关于新建居住区应配套建设幼儿园和县级人民政府应统筹解决本区域内适龄儿童入园需求问题的规定。

【条文解读】

本条第一款是对新建居住区应配套建设幼儿园的规定。该款明确规定，新建居住区等应当按照幼儿园布局规划等相关规划和标准配套建设幼儿园，并且要求配套幼儿园应当与首期建设的居住区同步规划、同步设计、同步建设、同步验收、同步交付使用。在配套幼儿园建设完成之后，建设单位应当按照有关规定将其作为公共服务设施，并移交给地方人民政府，被移交的幼儿园由政府用于举办普惠性幼儿园。本条第二款规定了当新建居住区现有的普惠性幼儿园数量不能满足本区域适龄儿童的入园需求时，应当由县级人民政府出面，通过新建、扩建以及利用公共设施改建等方式来统筹解决这一问题。

第一款是对新建居住区应配套建设幼儿园的规定。

首先，本法第十三条规定："学前儿童享有生命安全和身心健康、得到尊重和保护照料、依法平等接受学前教育等权利。学前教育应当坚持最有利于学前儿童的原则，给予学前儿童特殊、优先保护。"因此幼儿园建设也应当坚持最有利于学前儿童的原则，充分考虑幼儿身心发展特点。本法第十五条第一款规定："地方各级人民政府应当采取措施，推动适龄儿童在其父母或者其他监护人的工作或者居住的地区方便就近接受学前教育。"即幼儿园配套建设规划在地理位置的选择上应当考虑到便于区域内的适龄儿童就近入园。而新建居住区配套建设幼儿园这一举措恰恰能够满足本区域内幼儿就近入园的需求，不仅可以解决区域内适龄幼儿"入园难"的问题，而且可以解决幼儿不能就近入园的难题，一举两得，切实做到学前教育以幼儿为本。

其次，新建居住区配套建设幼儿园必须严格依照"幼儿园布局规划等相关规划和标准"进行。配套幼儿园在选址、布局、规划设计等各方面都需要依照有关标准实施。幼儿园建设应当严格遵循城乡规划法、《城市居住区规划设计标准》（GB 50180）、《幼儿园建设标准》（建标 175—2016）、《托儿所、幼儿园建筑设计规范》（JGJ 39—2016）以及其他有关标准。比如，在《城市居住区规划设计标准》（GB 50180）中规定了幼儿园作为生活圈居住区的配套设施，其服务半径不宜大于 300 米且应设在便于家长接送的地段，《托儿所、幼儿园建筑设计规范》（JGJ 39—2016）中对幼儿园的采光、隔声、噪声控制、空气质量、给水排水、供暖通风和空气调节、建筑电气等方面进行了详细规定。

再次，配套幼儿园应当与首期建设的居住区同步规划、同步设计、同步建设、同步验收、同步交付使用。在义务教育法第十五条中也有类似的规定，新建居民区需要设置学校的应当与居民区的建设同步进行。可见，同步进行是新建居民区建设学校的一个重要原则。同样，新建居住区建设配套幼儿园坚持同步规划、同步设计、同步建设、同步验收、同步交付使用，也是新建居住区配套设施建设的重要原则。配套幼儿园建设与新建居住区建设同步进行能够统筹安排、合理布局，缩短建设周期，防止重复建设，同时也能够使区域内适龄儿童就近入园。

最后，在幼儿园建设完成之后，建设单位应当按照有关规定将配套幼儿园作为公共服务设施移交地方人民政府，用于举办普惠性幼儿园。居住区建设单位未按照规定建设、移交配套幼儿园，或者改变配套幼儿园土地用途的，根据本法第七十七条规定，由县级以上地方人民政府自然资源、住房和城乡建设、教育等有关部门按照职责分工责令限期改正，依法给予处罚。本法第五条第二款规定："发展学前教育坚持政府主导，以政府举办为主，大力发展普惠性学前教育，鼓励、引导和规范社会力量参与。"第二十三条第二款规定："公办幼儿园和普惠性民办幼儿园为普惠性幼儿园，应当按照有关规定提供普惠性学前教育服务。"在新建居住区配套幼儿园建设上，由政府主导，举办普惠性幼儿园，此举恰恰践行了学前教育应坚持普惠性这一要求。如果地方各级人民政府或者其有关部门未按照规定规划居住区配套幼儿园，或者未将新建居住区配套幼儿园举办为普惠性幼儿园的，依照本法第七十五条之规定，由上级机关或者有关部门按照职责分工责令限期改正；情节严重的，对负有责任的领导人员和直接责任人员依法给予处分。

第二款是对县级人民政府应当统筹解决现有普惠性幼儿园数量不足问题的规定。如果新建居民区建设的现有普惠性幼儿园不能够满足本区域内适龄儿童的入园需求，应当由县级人民政府出面，通过新建、扩建以及利用公共设施改建等方式来统筹解决问题。本法第二十二条规定："县级以上地方人民政府应当统筹当前和长远，根据人口变化和城镇化发展趋势，科学规划和配置学前教育资源，有效满足需求，避免浪费资源。"县级以上人民政府负有科学规划和配置学前教育资源，以有效满足适龄儿童入园需求的义务。同样，在配套幼儿园不能满足需求的情况下，也应当由政府出面，通过多种渠道，解决幼儿园数量不足的问题，提升学前教育投入水平，实现学前教育的普惠性。

【适用指南】

本条是对新建居住区应当配套建设幼儿园的特别规定。学前教育法中对新建居住区配套建设幼儿园的规定，与教育法之间是特别规范与一般规范的关系。教育法作为规范国家教育体系的一般法，提出了普及学前教育的要求，学前教育法作为规范学前教育体系的特别法，对教育法中的一般规范在义务主体、行为方式等方面作出了详细的规定，既要求应当按照相关规划和标准建设幼儿园，也要求县级人民政府承担起统筹解决问题的义务。

本条强调配套幼儿园建设必须依照幼儿园布局规划等相关规划和标准进行，幼儿园建设完成后建设单位必须按照有关规定将配套幼儿园移交地方人民政府，地方人民政府在接受移交后必须将其用于举办普惠性幼儿园。出现现有的普惠性幼儿园建设数量不足的问题时，应当由县级人民政府统筹解决。

实践中，若建设单位未按照规定建设、移交配套幼儿园，或者改变配套幼儿园土地用途，可根据本法第七十七条规定，由县级以上地方人民政府自然资源、住房和城乡建设、教育等有关部门按照职责分工责令限期改正，依法给予处罚。若地方各级人民政府或者其有关部门未按照规定规划居住区配套幼儿园，或者未将新建居住区配套幼儿园举办为普惠性幼儿园的，依照本法第七十五条之规定，由上级机关或者有关部门按照职责分工责令限期改正；情节严重的，对负有责任的领导人员和直接责任人员依法给予处分。

【相关规定】

《中华人民共和国学前教育法》第五条、第十三条、第十五条、第二十二条、第二十三条、第七十五条、第七十七条。

第二十七条 【村镇体系】 地方各级人民政府应当构建以公办幼儿园为主的农村学前教育公共服务体系，保障农村适龄儿童接受普惠性学前教育。

县级人民政府教育行政部门可以委托乡镇中心幼儿园对本乡镇其他幼儿园开展业务指导等工作。

【条文主旨】

本条是关于农村学前教育公共服务体系建设以及乡镇中心幼儿园对本乡镇其他幼儿园开展业务指导等工作的规定。

【条文解读】

本条第一款是对构建农村学前教育公共服务体系的规定。地方各级人民政府应当构建以公办幼儿园为主的农村学前教育公共服务体系,确保农村的适龄儿童可以接受公平、公益、高质量的普惠性学前教育。本条第二款是关于乡镇中心幼儿园对本乡镇其他幼儿园开展业务指导等工作的规定。县级人民政府教育行政部门可以委托乡镇中心幼儿园对本乡镇的其他公办或者民办幼儿园进行幼儿园业务指导等工作。

第一款是对构建农村学前教育公共服务体系的规定。

首先,应当建设农村学前教育公共服务体系。教育法第十八条第一款规定"国家制定学前教育标准,加快普及学前教育,构建覆盖城乡,特别是农村的学前教育公共服务体系",特别强调要构建农村的学前教育公共服务体系。本法第六条第一款规定,"国家推进普及学前教育,构建覆盖城乡、布局合理、公益普惠、安全优质的学前教育公共服务体系";第三款规定,"国家采取措施,倾斜支持农村地区……发展学前教育事业……",表明学前教育体系构建过程中应特别重视农村学前教育公共服务体系的构建。农村学前教育体系是国民教育体系的重要组成部分,不仅关系到广大农村学龄前儿童的健康成长,而且关系到社会的公平及可持续发展,因此建设完善的农村学前教育公共服务体系刻不容缓。

其次,建设农村学前教育公共服务体系应当由地方各级人民政府负责。根据教育法第十八条第二款的规定,各级人民政府应当采取措施,为适龄儿童接受学前教育提供条件和支持。未成年人保护法第八十四条第一款中也规定:"各级人民政府应当发展托育、学前教育事业,办好婴幼儿照护服务机构、幼儿园,支持社会力量依法兴办母婴室、婴幼儿照护服务机构、幼儿园。"本法第六条第二款规定:"各级人民政府应当依法履行职责,合理配置资源,缩小城乡之间、区域之间学前教育发展差距,为适龄儿童接受学前教育提供条件和支持。"因此在农村学前教育体系建设上,地方各级人民政府需结合地方实际,切实承担起在学前教育规划、投入、教师队伍建设、监管等方面的责任,加大公共财政投入,加强农村学前教育资源的供给,保证农村学前教育体系建设完善与高质量发展。

最后，农村学前教育公共服务体系建设应当以公办幼儿园为主。根据本法第六条第一款的规定，国家推进普及学前教育，构建覆盖城乡、布局合理、公益普惠、安全优质的学前教育公共服务体系。举办公办幼儿园是加大普惠性学前教育资源的投入与供给的重要举措，能够保证农村适龄儿童接受普惠性学前教育，实现农村学前教育普惠性资源的合理配置。

第二款是对乡镇中心幼儿园对本乡镇其他幼儿园开展业务指导等工作的规定。

根据本款规定，县级人民政府教育行政部门可以行使职权委托乡镇中心幼儿园对本乡镇其他幼儿园开展业务指导等工作。乡镇中心幼儿园是农村学前教育发展的重点，对农村学前教育起到示范引领的作用，是提升农村学前教育质量不可或缺的力量。《教育部等四部门关于实施第三期学前教育行动计划的意见》与《"十四五"学前教育发展提升行动计划》中均强调了要发挥乡镇中心幼儿园的辐射指导作用。相较于本乡镇的其他幼儿园，乡镇中心幼儿园能够严格执行教育部颁发的相关文件，一般配备了较高水平的师资力量，在教学环境、教学器材、教学场地等配套设施上符合国家相关标准，能够保证其学前教育在科学有效进行的前提下，促进幼儿更加全面健康地发展。

【适用指南】

本条是对构建农村学前教育公共服务体系的特别规定。本条与教育法第十八条所规定的构建农村学前教育公共服务体系这一规定是特别规范与一般规范的关系，是教育法第十八条规定在学前教育领域中的进一步细化。教育法作为规范教育发展的一般法，对学前教育、初等教育、中等教育和高等教育等不同层次的教育类型应如何开展进行了一般性规定。学前教育法是针对学前教育应如何开展进行多方详细规范的法律，在农村学前教育公共服务体系建设方面做出了更加细化的规定。不仅规定了必须由地方人民政府负责构建以公办幼儿园为主的农村学前教育公共服务体系，而且规定了要发挥乡镇中心幼儿园的作用，县级人民政府可以委托乡镇中心幼儿园对本乡镇其他幼儿园开展业务指导等工作。

本条强调地方人民政府应构建以公办幼儿园为主的农村学前教育公共服务体系，发挥乡镇中心幼儿园的辐射作用，满足农村适龄儿童学前教育的普惠性需求。

本条对地方各级人民政府应构建农村学前教育公共服务体系进行了概括性规定。构建农村学前教育公共服务体系是地方政府的职责所在，如果地方政府怠于履行该职责，应当依照本法第七十五条规定，由上级机关或者有关部门依据职责分工责令限期改正；情节严重的，对负有责任的领导人员和直接责任人员依法给予处分。

【相关规定】

《中华人民共和国教育法》第十八条；《中华人民共和国未成年人保护法》第八十四条；《中华人民共和国学前教育法》第六条、第七十五条。

> **第二十八条　【特殊教育】** 县级以上地方人民政府应当根据本区域内残疾儿童的数量、分布状况和残疾类别，统筹实施多种形式的学前特殊教育，推进融合教育，推动特殊教育学校和有条件的儿童福利机构、残疾儿童康复机构增设学前部或者附设幼儿园。

【条文主旨】

本条是关于政府推进残疾儿童接受学前特殊教育和融合教育的规定。

【条文解读】

本条是对县级以上地方人民政府应当如何统筹实施多种形式的学前特殊教育和推进融合教育的规定。政府应当根据本区域的情况，从实际出发，综合考虑残疾儿童的数量、分布状况和残疾类别，统筹规划学前特殊教育机构的数量、规模和分布情况；推进普通教育和特殊教育的融合，积极推动特殊教育学校和有条件的儿童福利机构、残疾儿童康复机构增设学前部，或者推动特殊教育学校、有条件的儿童福利机构和残疾儿童康复机构附设幼儿园。

首先，宪法在第十九条第二款明确提出"国家发展学前教育"，在第四十五条第三款明确提出"国家和社会帮助安排盲、聋、哑和其他有残疾的公民的劳动、生活和教育"，从根本法层面确立了残疾儿童接受学前教育的权利，即为国家和社会设置了保护残疾儿童接受学前教育的宪法义务。换言之，国家组织机构、各级政府以及有能力的社会组织、团体都要依循宪法规定帮助安排有残疾的儿童接受学前教育。党的二十大报告中指出,要"办好人民满意的教育""强化学前教育、特殊教育普惠发展"。作为学前教育和特殊教育的交叉学科,学前融合教育在"办好人民满意的教育"中的重要价值愈加凸显。

其次,特殊教育政策法规将学前教育阶段定位为非义务教育阶段。学前特殊教育发展的总体方针是积极支持普通幼儿园接收残疾儿童,主要措施是实施学前融合教育。2014年发布的《特殊教育提升计划(2014—2016年)》的重点任务之一就是积极发展残疾儿童学前教育。2016年发布的《"十三五"加快残疾人小康进程规划纲要》的主要任务之一是鼓励普通幼儿园接收残疾儿童。2017年颁布的《残疾人教育条例》要求支持发展残疾人教育事业,积极开展学前教育。2021年国务院办公厅转发教育部等七部门制定的《"十四五"特殊教育发展提升行动计划》继续强调普特结合,全面推进融合教育,积极发展学前特殊教育,鼓励普通幼儿园接收具有接受普通教育能力的残疾儿童就近入园、随班就读。这些宏观政策经过地方政府细化后可以成为指导政府进行当地学前融合教育工作的依据。

再次,县级以上地方人民政府推进残疾儿童接受学前教育,可参考未成年人保护法第八十六条第一款"各级人民政府应当保障具有接受普通教育能力、能适应校园生活的残疾未成年人就近在普通学校、幼儿园接受教育;保障不具有接受普通教育能力的残疾未成年人在特殊教育学校、幼儿园接受学前教育、义务教育和职业教育"的规定。残疾儿童的数量、分布状况和残疾类别是统筹多形式学前特殊教育和推进融合教育必须考虑的因素。残疾人保障法第二十四条规定,县级以上人民政府应当根据残疾人的数量、分布状况和残疾类别等因素,合理设置残疾人教育机构,并鼓励社会力量办学、捐资助学。特殊教育学校和有条件的儿童福利机构、残疾儿童康复机构应当承担对于残疾儿童的学前特殊教育。残疾人保障法第二十六条第一款规定:"残疾幼儿教育机构、普通幼儿教育机构附设的残疾儿童班、特殊教育机构的学前班、残疾儿童福利机构、残疾儿童家庭,对残疾儿童实施学前教育。"

最后,特殊儿童教育救助体系涉及多个维度、多个层次,因此,需建立起从中央到地方的多部门协同运作模式,进而实现特殊儿童教育救助的制度愿景和现实图景的统一。政府部门是特殊儿童教育救助工作的责任主体。面对特殊儿童日益复杂的教育救助需求,政府职责应尽可能地专一化,更充分地发挥政府部门的监督和协调作用。县级以上地方人民政府应当根据本区域内残疾儿童的数量、分布状况和残疾类别,统筹实施多种形式的学前特殊教育,从法律法规层面上对有特殊需要儿童的保教行为进行约束与指导，同时推进融合教育，推动特殊教育学校和有条件的儿童福利机构、残疾儿童康复机构增设学前部或者附设幼儿园。政府应当为特殊需要儿童教育机构提供相应的经济援助、培训指导、管理服务等整体性支持，并依靠专业机构和专业人员力量，为学前教育机构中实施融合教育的教师以及有特殊需要儿童的家长提供专业指导，建立特殊教育的专业支持体系。

【适用指南】

本条是关于推进融合教育过程中对县级以上地方人民政府义务的特别法规定。本条与教育法第三十九条中"应当根据残疾人身心特性和需要实施教育"以及义务教育法第十九条中"县级以上地方人民政府根据需要设置相应的实施特殊教育的学校（班）"这两条规定是特别规范与一般规范的关系，本条是教育法第三十九条和义务教育法第十九条的规定在学前教育领域中的进一步细化。教育法作为规范教育发展的一般法，对学前教育、义务教育、普通教育、残疾儿童教育等不同的教育类型应如何开展进行了一般性规定。学前教育法是针对学前教育应如何开展进行多方详细规范的法律，在残疾儿童接受学前特殊教育方面做出了更加细化的规定，规定了县级以上地方人民政府应当根据本区域内残疾儿童的数量、分布状况和残疾类别，统筹实施多种形式的学前特殊教育，推进融合教育。

本条强调县级以上地方人民政府应当统筹规划学前特殊教育的规模、分布和形式，推进融合教育，推动特殊教育学校和有条件的儿童福利机构、残疾儿童康复机构增设学前部或者附设幼儿园。

本条对县级以上地方各级人民政府统筹实施学前特殊教育和幼儿园接收残疾儿童入园进行了概括性规定，即政府应当根据本区域内的情况，从实际出发，综合考虑残疾儿童的数量、分布状况和残疾类别，统筹规划学前特殊教育机构的数量、规模和分布情况，鼓励普通幼儿园接收残疾儿童。本条从顶层设计角度强调普特结合，全面推进融合教育。

【相关规定】

《中华人民共和国宪法》第十九条、第四十五条；《中华人民共和国教育法》第三十九条；《中华人民共和国义务教育法》第十九条；《中华人民共和国未成年人保护法》第八十六条；《中华人民共和国残疾人保障法》第二十四条；《残疾人教育条例》第三条。

> **第二十九条 【设立条件】** 设立幼儿园,应当具备下列基本条件:
> (一)有组织机构和章程;
> (二)有符合规定的幼儿园园长、教师、保育员、卫生保健人员、安全保卫人员和其他工作人员;
> (三)符合规定的选址要求,设置在安全区域内;
> (四)符合规定的规模和班额标准;
> (五)有符合规定的园舍、卫生室或者保健室、安全设施设备及户外场地;
> (六)有必备的办学资金和稳定的经费来源;
> (七)卫生评价合格;
> (八)法律法规规定的其他条件。

【条文主旨】

本条是关于设立幼儿园基本条件的规定。

【条文解读】

本条对幼儿园的设立条件进行了规定。《幼儿园工作规程》规定,幼儿园是对3岁以上学龄前幼儿实施保育和教育的机构,幼儿园适龄幼儿一般为3岁至6岁。幼儿园的任务为解除家庭在培养儿童时所受时间、空间、环境的制约,让幼儿身体、智力和精神得以健康发展。幼儿园教育作为基础教育的重要组成部分,在整个教育体系中有着举足轻重的地位,幼儿园的设立也有严格的条件限制。

第一,幼儿园设立应当有组织机构和章程。组织机构是指在幼儿园内部,根据不同职能需求划分出来的各个部门或岗位之间所形成的一种相互联系、协调合作和互相制约的有机整体。它是幼儿园管理体系的重要组成部分,直接影响着幼儿园教育教学质量和管理效率。在日常管理中,应该注重优化组织机构,建立有效的沟通机制,提高员工素质和推行科学管理,以提高教育教学质量和管理效率。章程规定幼儿园办园的基本要素,是幼儿园办园行为的基本规范。全体师生员工应当自觉遵守章程的规定。

第二,幼儿园应当有符合国家规定的园长、教师以及保育员、卫生保健员、安全保卫员和其他工作人员。园长是履行幼儿园领导与管理工作职责的专业人员，幼儿园教职工配备标准是幼儿园办园标准的重要内容，是促进幼儿园教师队伍建设的重要手段。幼儿园教职工包括专任教师、保育员、卫生保健人员、行政人员、教辅人员、工勤人员。幼儿园应当按照服务类型、教职工与幼儿以及保教人员与幼儿的一定比例配备教职工，满足保教工作的基本需要。具体标准见《幼儿园教职工配备标准（暂行）》。

第三，幼儿园应当符合国家规定的选址要求，设置在安全区域内。《幼儿园管理条例》第七条规定，严禁在污染区和危险区内设置幼儿园。幼儿园必须设置在安全区域内，周围50米以内无污染、无噪声影响。不应与易燃易爆生产、储存、装卸场所相邻布置，远离高压线、垃圾站及大型机动车停车场。

第四，幼儿园应当符合国家规定的规模和班额标准。《幼儿园工作规程》第十一条第一款规定："幼儿园规模应当有利于幼儿身心健康，便于管理，一般不超过360人。"幼儿园应当规模适宜（3个至6个班），按年龄分小、中、大班；班额符合要求。《幼儿园工作规程》第十一条第二款规定："幼儿园每班幼儿人数一般为：小班（3周岁至4周岁）25人，中班（4周岁至5周岁）30人，大班（5周岁至6周岁）35人，混合班30人。寄宿制幼儿园每班幼儿人数酌减。"

第五，幼儿园应当有符合国家规定的园舍、卫生室或者保健室、安全设施设备及户外场地。实践中，地方已经制定了相关的办园标准，如《陕西省幼儿园基本办园标准（试行）》《湖北省学前教育机构办园基本标准（试行）》等规定，幼儿园园址应选在地质条件较好、环境适宜、空气流通、日照充足、交通方便、场地平整、排水通畅、基础设施完善、周边绿色植被丰富、符合卫生和环保要求的地段；幼儿园应当设立符合国家规定的卫生室或者保健室；幼儿园每班应设专用室外活动场地等。

第六，幼儿园应当有必备的办学资金和稳定的经费来源。设立幼儿园应当具有稳定的办学经费。

第七，幼儿园应当卫生评价合格。幼儿园能够按照卫生部门的要求，做好卫生保健工作；应当建立卫生消毒、晨检、午检制度和病儿隔离制度，配合卫生部门做好计划免疫工作；应当建立传染病预防和管理制度，制订突发传染病应急预案，认真做好疾病防控工作；应制定并张贴有关卫生保健法规、规章和制度，保证严格执行《托儿所幼儿园卫生保健管理办法》。

第八，法律法规规定的其他条件。例如，幼儿园应建立人防、物防、技防互为补充的安全防护及日常安全管理、检查制度；建立食品、药物等管理制度和幼儿接送制度。

【适用指南】

本条是对教育法第二十七条所规定的设立学校及其他教育机构的条件在幼儿园领域的细化。根据教育法第二十七条、《幼儿园管理条例》第七条、《幼儿园工作规程》第十一条与第二十条以及《托儿所幼儿园卫生保健管理办法》的规定，本条对幼儿园设立的条件进行了明确规定。

本条强调设立幼儿园不仅应当具备组织机构和章程，有合格的教师、教学设备、场所和必备的资金等条件，还应当符合班级规模、卫生保健、疾病防控等要求，要充分考察其师资力量和办学能力，严守幼儿园设立准入关口。

本条是对幼儿园设立条件进行的概括性规定，即设立幼儿园既需要配备高标准的工作人员、设施设备、户外场地，还需要有稳定的经费、严格的卫生条件等。而《幼儿园工作规程》和《托儿所幼儿园卫生保健管理办法》相关条款的规定是对该概括性规定的细化，进而从体系解释的角度对幼儿园的设立进行体系性、系统性规范。

【相关规定】

《中华人民共和国教育法》第二十七条；《幼儿园工作规程》第十条、第二十条；《托儿所幼儿园卫生保健管理办法》第十二条、第十三条、第十六条。

第三十条　【设立程序】 设立幼儿园经县级人民政府教育行政部门依法审批、取得办学许可证后，依照有关法律、行政法规的规定进行相应法人登记。

【条文主旨】

本条是关于幼儿园的设立程序的规定。

【条文解读】

本条是对设立幼儿园进行审批，审批后发放办学许可证，最后进行法人登记的规定。本条规定设立幼儿园要符合法定程序，应加强对幼儿园的监管，促进幼儿园健康发展，维护教育的公正和社会的公共利益；同时，也有助于提高教育质量，促进教育公平，满足人民群众对教育的需求。

首先，幼儿园设立须经县级人民政府教育行政部门审批。教育法第十五条第二款、第三款规定："县级以上地方各级人民政府教育行政部门主管本行政区域内的教育工作。县级以上各级人民政府其他有关部门在各自的职责范围内，负责有关的教育工作。"关于民办幼儿园设立的审批时限，可参照民办教育促进法中的相关规定。一方面，对于审查时限的规定，目的在于提高行政效率，尽快作出审查决定，这是行政程序中效率原则的体现。在法定期限内，审批机关既未作出同意的决定也未作出不同意的决定，通常按照有利于申请人的原则来理解行政机关的不作为行为，视为审查同意。另一方面，关于审批机关作出决定的依据，主要是申请人是否具有本法规定的举办资格，拟办幼儿园是否符合当地教育发展的需求以及教育规划，申请设立幼儿园方案是否可行，是否具有适当的筹设资金，资产资金来源是否可靠等。只要符合上述条件，原则上应当予以同意。批准筹设应当根据本地区幼儿园的总体布局，按照国家规定的办学条件和要求，从严掌握。审批机关在审批过程中，应当贯彻执行行政审批制度改革的精神，遵循公正、公平的原则，平等对待申请人；审批程序应当便民、及时，减少环节，简化程序、提高效率；坚持公开的原则，将有关审批的条件、程序、期限、费用以及需提交的材料和申请书示范文本等在办公场所公示。

其次，幼儿园设立需取得办学许可证。关于办学许可证，在民办教育促进法、《民办教育促进法实施条例》中有类似规定。批准设立民办学校，采用发给许可证的形式，表明这是一种典型的许可行为，要遵守行政许可制度的有关规定。许可通常是指行政机关根据自然人、法人或者其他组织提出的申请经依法审查，准予其从事特定活动的行为，包括普通许可、特许、认可、核准、登记等多种形式。办学许可就是根据举办人的申请，教育行政部门依法审查准许申请人从事特定办学活动的行为。办学许可证就是这种许可行为的法律凭证。

最后，设立幼儿园应进行法人登记。幼儿园取得办学许可证，只是完成了办学审批程序，要取得法人资格，取得相应的民事权利，承担民事责任,还应当办理登记手续。教育法第三十二条规定:"学校及其他教育机构具备法人条件的,自批准设立或者登记注册之日起取得法人资格。学校及其他教育机构在民事活动中依法享有民事权利,承担民事责任。学校及其他教育机构中的国有资产属于国家所有。学校及其他教育机构兴办的校办产业独立承担民事责任。"登记取得法人资格,是我国法人制度的一项重要内容,为了加强对社会组织的统一管理,应当坚持登记制度。其中,民政机关办理登记的依据是《民办非企业单位登记管理暂行条例》。《民办非企业单位登记管理暂行条例》第十一条第一款规定:"登记管理机关应当自收到成立登记申请的全部有效文件之日起60日内作出准予登记或者不予登记的决定。"幼儿园符合适用《民办非企业单位登记管理暂行条例》的情况,民政机关在对幼儿园进行登记时,应当贯彻相关规定,简化手续,缩短登记时限,及时办理。

【适用指南】

本条是对幼儿园的设立程序的规定。学前教育法中对幼儿园的设立程序的规定,与义务教育法、民办教育促进法之间是特别规范和一般规范的关系。义务教育法、民办教育促进法作为设立公办学校、民办学校的一般法,对中小学、高校等的设立程序进行了一般性规定。本法对幼儿园的设立程序的规定,是针对幼儿园设立的特别规定。

本条强调幼儿园的设立要合法合规,以加强对幼儿园的监管。

本条强调幼儿园的设立要经过审批、发放许可证、法人登记等程序,才能做到合法合规。民办教育促进法、《民办非企业单位登记管理暂行条例》等对幼儿园设立程序进行了细化。实践中违反上述规定的,依照本法、行政处罚法、民法典、刑法、未成年人保护法等追究其法律责任。

【相关规定】

《中华人民共和国教育法》第十五条、第三十二条;《中华人民共和国民办教育促进法》第十四条、第十七条、第十八条;《中华人民共和国民办教育促进法实施条例》第二十二条;《民办非企业单位登记管理暂行条例》第十一条。

> **第三十一条 【变更终止】** 幼儿园变更、终止的，应当按照有关规定提前向县级人民政府教育行政部门报告并向社会公告，依法办理相关手续，妥善安置在园儿童。

【条文主旨】

本条是关于对幼儿园变更、终止的报告制度和妥善安置在园儿童的规定。

【条文解读】

本条是对幼儿园变更、终止的报告制度和妥善安置在园儿童的规定。幼儿园变更、终止的，应当按照有关规定提前向县级人民政府教育行政部门报告并向社会公告，依法办理相关手续。近年来，幼儿园关停的情况时有发生，幼儿园突然关停，会造成在园儿童无法安置、退还已缴费用困难等问题，给家长及孩子、教育主管部门带来较大影响。为保护家长的经济权益和学前儿童的受教育权，学前教育法作出了此项规定，充分体现了对学前儿童权益保障的重视。幼儿园变更、终止的，还应当妥善安置在园儿童，在合理期限内向社会公告幼儿园变更、终止的信息，及时退还已缴费用，给予学前儿童家长一定的时间对在园儿童进行变更幼儿园等安排，家长没有能力安排的，应当由该幼儿园根据就近入园等原则，联系其他幼儿园等学前教育机构对在园儿童进行妥善安置，充分保护学前儿童的受教育权。

首先，教育法第二十八条明确规定"学校及其他教育机构的设立、变更和终止，应当按照国家有关规定办理审核、批准、注册或者备案手续"，从国家立法层面确立了教育机构变更、终止的应当按照国家规定的有关程序依法办理。民办教育促进法第五十七条规定"民办学校终止时，应当妥善安置在校学生"，从国家立法层面规定了教育机构变更、终止时，对在校学生的妥善安置义务。

其次，2021年9月1日起施行的民办教育促进法实施条例第五十条第一款规定，"民办学校终止的，应当交回办学许可证，向登记机关办理注销登记，并向社会公告"，较为详细地规定了民办学校终止时应当依法履行的程序以及向社会公告的义务，该规定可以作为本法第三十一条在具体实践中的细化依据。相比于民办教育促进法以及民办教育促进法实施条例的规定，本法更为详细地规定了报告以及公告制度，相比于其他层次的学校的办学终止，该条文更加强调向教育行政部门报告的制度，当然，也同样要求妥善安置在园儿童。

最后，未来学前教育的发展，需要考虑到人口发展和城镇化的趋势，在当前人口增速放缓的背景下，各个地方的幼儿园关闭情况比较多，学前教育需要根据人口发展和城镇化的趋势，来确定规模与优化布局结构，并及时对幼儿园变更、终止等社会问题做出回应。

【适用指南】

本条是对幼儿园变更、终止的报告制度和妥善安置在园儿童的规定。相比于民办教育促进法以及民办教育促进法实施条例的规定，学前教育法详细地规定了报告以及公告制度，相比于其他层次的学校的办学终止，该条文更加强调向教育行政部门报告的制度，当然，也同样要求妥善安置在园儿童。

本条强调了幼儿园变更、终止时的报告义务，即应当按照有关规定提前向县级人民政府教育行政部门报告并向社会公告。该条规定有利于加强教育行政部门对幼儿园等教育机构的统一管理，有利于国家从顶层设计的角度对学前教育机构规模和发展变化进行管控；强调了幼儿园变更、终止时对社会的报告义务，此举加强了对家长的经济权益和学前儿童的受教育权的保障，有利于提前化解幼儿园变更、终止时可能造成的社会问题；强调了幼儿园变更、终止后妥善安置在园儿童的义务，充分体现了对学前儿童权益保障的重视。

县级以上地方人民政府应当统筹当前和长远，根据人口变化和城镇化发展趋势，及时回应社会发展的需要。现在人口增速放缓后，各个地方的幼儿园关闭情况比较多，因此未来学前教育的发展，更加需要考虑人口发展和城镇化的趋势，即根据实际情况的变化，从顶层设计角度加强对幼儿园等学前教育机构数量以及规模等情况的控制和管理。

【相关规定】

《中华人民共和国教育法》第二十八条；《中华人民共和国民办教育促进法》第五十七条；《中华人民共和国民办教育促进法实施条例》第五十条；《幼儿园管理条例》第十二条。

> **第三十二条　【管理体制】**学前教育机构中的中国共产党基层组织，按照中国共产党章程开展党的活动，加强党的建设。
>
> 　　公办幼儿园的基层党组织统一领导幼儿园工作，支持园长依法行使职权。民办幼儿园的内部管理体制按照国家有关民办教育的规定确定。

【条文主旨】

本条是关于学前教育机构中的中国共产党基层组织建设和幼儿园管理体制的规定。

【条文解读】

本条是关于"党建引领、民主管理"幼儿园治理体系构建的条款。第一款是关于党的基层组织在学前教育机构中开展工作的概括性和指引性规定。该款明确了学前教育机构中设置了基层党组织的，需要按照中国共产党章程开展活动。党章是党的总章程，是全党必须共同遵守的根本行为规范和总规矩。第二款分别规定了公办幼儿园和民办幼儿园的管理体制。公办幼儿园中，由基层党组织统一领导幼儿园工作，并以园长作为职权行使的支点，通过支持园长的工作实现领导和管理；民办幼儿园则按照国家规定和内部管理体制进行管理。

第一款是本法第四条"学前教育应当坚持中国共产党的领导"条款的具体展开。

首先，党的领导是学前教育事业发展的根本保证。党的十八大以来，党中央高度重视学前教育事业：党的十八大提出"办好学前教育"，党的十九大要求"在幼有所育、学有所教上取得新进展"，党的二十大要求"强化学前教育普惠发展"，并作出《中共中央 国务院关于学前教育深化改革规范发展的若干意见》等一系列重大决策部署，对强化学前教育普惠发展、健全学前教育保障机制等提出明确要求。特别是在党的十九大上，"办好学前教育、实现幼有所育"被定位为"是党和政府为老百姓办实事的重大民生工程，关系亿万儿童健康成长，关系社会和谐稳定，关系党和国家事业未来"。可以说，学前教育已经上升到党的工作中至关重要的位置。在上述思想的指引下,学前教育改革在新的时代、新的阶段取得了新的突破,用十年时间补上历史欠账,极大缓解了"入园难"问题,实现了学前教育的基本普及。截至2023年,全国幼儿园数量达到27.4万所,比2013年增加7.6万所,增长了38.3%。毛入园率持续快速提高。2023年全国学前三年毛入园率达到91.1%,比2013年提高了23.6个百分点。区域差距也不断缩小,从2013年到2023年,学前三年毛入园率增长幅度超过20个百分点的17个省份都在中西部,四川凉山州雷波县入园率达到90%以上,青海果洛州达日县、玛多县入园率均达到80%以上,"三区三州"等脱贫攻坚地区、民族地区幼儿均和其他地区孩子一样享有平等的入园机会。

其次,本条是对"党的领导"条文的具体细化。本法第四条第一款规定,学前教育应当坚持中国共产党的领导,坚持社会主义办学方向,贯彻国家的教育方针。基层党组织是组织力量的有效覆盖和当然延伸。党的二十大报告明确提出,"增强党组织政治功能和组织功能""把基层党组织建设成为有效实现党的领导的坚强战斗堡垒"。必须牢牢抓住党的政治建设这个根本性建设目标,不断增强基层党组织政治功能,切实在社会基层组织中充分发挥领导核心和政治核心作用。在学前教育工作中,基层党组织作为坚强战斗堡垒的定位和功能不仅没有改变,而且是落实党的决策部署的"最后一公里"。应当不断优化党的基层组织在学前教育机构中的设置,坚持纵向到底、横向到边。通过打造党建品牌、落实党建责任制、党组织书记述职、支部党员联合推进等多项制度和手段,营造良好生态,完善党在基层学前教育工作中的领导作用。

最后,开展党的活动、加强党的建设的根本行为规范是中国共产党章程。第一,党章是党的根本大法,是全面从严治党的总依据和总遵循,也是全体党员言行的总规矩和总遵循。认真学习党章、严格遵守党章、自觉尊崇党章,是每位党员的重要政治责任。全体党员要牢固树立党章意识,把党章作为加强党性修养的根本标准,以党章为镜修好党性修养这门终身必修课。[①] 第二,党建引领、推动学前教育跨越发展、科学保教。深深植根基层群众,深入调研群众关系。须知学前教育事关千家万户的切身利益,基层党组织作为联系群众的纽带,更要以问题为导向,贴近实际、贴近生活、贴近群众,为老百姓办好暖心事。第三,创新方式方法,以地

[①]《以党章为镜 加强党性修养》,载人民网,http://dangjian.people.com.cn/n1/2017/1215/c117092-29708616.html,最后访问时间:2024年11月21日。

缘、业缘等为纽带，灵活开展党建工作。利用学前教育机构所在地域的特点和优势，与当地社区、企事业单位等建立联系，共同开展党建活动。这不仅可以增强党建工作的群众基础，还能促进学前教育机构与社会的深度融合，实现资源共享、优势互补。另外，依托学前教育行业的特性和需求，与相关行业内的其他机构或组织建立党建联盟，共同探索党建工作的新思路、新方法。通过定期交流、联合培训、共建项目等形式，推动学前教育机构党建工作的创新发展。

第二款是关于公办幼儿园和民办幼儿园管理体制的规定。

首先，该款明确规定了公办幼儿园的基层党组织在幼儿园管理工作中的领导地位，以及其对园长依法行使职权的支持。第一，这一规定体现了党对学前教育事业的全面领导，是确保学前教育事业坚持社会主义办学方向、贯彻国家教育方针的重要保障。第二，在公办幼儿园中，基层党组织通过制定科学合理的规章制度、明确园长的职责和权力范围等方式，为园长依法行使职权提供有力保障。基层党组织还积极支持园长开展教育教学改革、提高教育质量等工作，为幼儿园工作发展注入新的活力。幼儿园其他工作人员对园长的支持依据《幼儿园工作规程》第四十三条规定，幼儿园卫生保健人员协助园长组织实施有关卫生保健方面的法规、规章和制度，并监督执行。同时，基层党组织也需加强对园长的监督和管理，确保其依法依规履行职责，维护幼儿园的合法权益和良好形象。这些工作都体现了基层党组织对园长依法行使职权的支持和保障作用。这一规定与《幼儿园园长专业标准》等文件精神相一致，即要求园长具备专业的教育管理能力，依法依规开展幼儿园工作。同时，它也符合教育法、《幼儿园管理条例》等法律法规中关于学校应当建立健全校长负责制的要求。

其次，民办幼儿园的内部管理体制应确保其正常运行和良好发展。这一条款授权了幼儿园制定并执行各项管理制度，如教学工作制度、活动制度、安全制度、卫生制度、财务制度等内部管理制度的权力。在实际操作中，民办幼儿园应根据国家有关民办教育的规定，结合自身的实际情况，制定具体的内部管理制度和规定。这些制度和规定应涵盖幼儿园管理的各个方面，确保幼儿园的正常运行和良好发展。同时，民办幼儿园还应积极接受教育行政部门的监督和指导，不断改进和完善内部管理体制。民办幼儿园实行园长负责制，园长由举办者任命或聘任，也可由举办者担当，但需要报教育局备案。园长在教育部门的领导下，负责领导全园工作。

此外，从幼儿园内部治理的角度来看，本法对幼儿园治理体系的规定有助于提高学前教育法治化水平。公办幼儿园的基层党组织统一领导幼儿园工作，以及民办幼儿园实行内部治理的体制机制，有助于形成统一的思想和行动，提高幼儿园的管理水平和教育质量。基层党组织可以通过加强思想政治建设、组织建设等方式，提高教职工的政治素质和业务能力，为幼儿园的发展提供有力的人才保障。同时，内部管理体制也可以积极协调各方力量，共同解决幼儿园工作中遇到的问题和困难，为幼儿园的发展创造良好的环境和条件。该款与家长委员会"可以对幼儿园保育教育工作和日常管理进行监督"的外部治理相照应。《幼儿园工作规程》规定，家长委员会在幼儿园园长指导下工作。因此，形成了对幼儿园运行的全过程监管制度：在内外二分视角下，学前教育法确立的幼儿园治理体系兼具问题导向与可操作性，对于学前教育依法治理具有关键性推进作用。

最后，从园长职责的角度来看，园长是幼儿园工作的主要负责人。强国必先强教，强教必先强师。园长作为幼儿园工作的主要负责人，应当具备本法第三十八条、《幼儿园管理条例》第九条以及《教师资格条例》[①]等所规定的资质并通过相应的程序。连续实施了十年的"幼师国培计划"，通过开展幼儿园园长和专任教师全员培训，2023年全国幼儿园园长和专任教师人数达334万人，生师比从2012年的24.9:1降低到2023年的13.3:1，专科以上园长和专任教师占比达到93.1%，比2012年提高26.7个百分点，教师队伍配置水平显著提高。[②] 园长职责包括制定幼儿园的发展规划、组织实施教育教学活动、管理幼儿园的日常事务等。公办幼儿园的基层党组织支持园长依法行使职权，有助于园长更好地履行职责，推动幼儿园工作的顺利开展。同时，基层党组织也要对园长的工作进行监督和指导，确保其依法依规开展工作，为幼儿园的发展提供有力的领导保障。

【适用指南】

本条是关于学前教育机构中的中国共产党基层组织建设和幼儿园管理体制的规定。

在实际操作中，部分学前教育机构存在党组织建设薄弱、党的领导作用发挥不充分的问题。公办幼儿园中，有时基层党组织未能有效领导幼儿园工作，导致决策效率低下，管理混乱。而在民办幼儿园中，由于内部管

[①] 《教师资格条例》，载教育部网站，http：//www.moe.gov.cn/jyb_sjzl/sjzl_zcfg/zcfg_jyxzfg/202204/t20220422_620496.html，最后访问时间：2024年11月21日。

[②] 《健全学前教育法律制度 促进学前教育普及普惠安全优质发展——教育部有关司局负责人就〈中华人民共和国学前教育法〉答记者问》，载教育部网站，http：//www.moe.gov.cn/jyb_xwfb/s271/202411/t20241111_1162216.html，最后访问时间：2024年11月21日。

理体制不明确，党组织的作用往往被忽视，难以发挥其在幼儿园发展中的引领作用。此外，部分幼儿园在教职工队伍建设、师德师风建设等方面也存在不足，影响了幼儿园的整体教育质量。

本条针对上述问题提出，学前教育机构应严格按照本法要求，加强党组织建设和党的领导，提高党组织的凝聚力和战斗力。公办幼儿园的基层党组织统一领导幼儿园工作，确保党组织在幼儿园日常管理和重大决策中的参与度，同时支持园长依法行使职权；切实加强教职工队伍建设，提高教职工的政治素质和业务能力。民办幼儿园则应按照国家有关民办教育的规定，建立健全内部管理体制，明确党组织的职责和地位，确保党组织在幼儿园发展中的引领作用；树立良好的师德形象，为学前儿童提供优质的教育服务，推动幼儿园的持续健康发展。

【相关规定】

《中华人民共和国教育法》第三十一条；《幼儿园管理条例》第九条、第二十三条；《幼儿园工作规程》第三十八条。

> **第三十三条　【管理监督】** 幼儿园应当保障教职工依法参与民主管理和监督。
>
> 幼儿园应当设立家长委员会，家长委员会可以对幼儿园重大事项决策和关系学前儿童切身利益的事项提出意见和建议，对幼儿园保育教育工作和日常管理进行监督。

【条文主旨】

本条是关于幼儿园中教职工和家长委员会管理、监督权利的规定。

【条文解读】

本条是关于幼儿园内部的教职工和外部的家长委员会的管理、监督权利的具体规定。本条第一款既规定了幼儿园教职工的民主管理和监督权利，也规定了幼儿园有保障其权利行使的义务。从根本上说，该款确保了教职工在幼儿园管理中的主体地位。本条第二款规定了家长委员会广泛的参与权，包括提出意见、建议权和监督权等，促成幼儿园—家长共治模式。本条规定了幼儿园的监督机制，有助于提高幼儿园的管理水平和教育质量，有助于办好人民满意的教育。

第一款是关于幼儿园日常管理和决策过程中教职工的主体地位问题。

首先，教职工有权参与幼儿园的决策过程，并对幼儿园的各项工作进行监督。这有助于提升教职工的工作积极性和归属感。这一规定也与其他法律形成呼应，如教育法第三十一条第三款规定，学校及其他教育机构应当按照国家有关规定，通过以教师为主体的教职工代表大会等组织形式，保障教职工参与民主管理和监督；又如教师法第七条第五项规定，教师享有对学校教育教学、管理工作和教育行政部门的工作提出意见和建议，通过教职工代表大会或者其他形式，参与学校的民主管理的权利；再如工会法第六条第三款明确规定，工会依照法律规定通过职工代表大会或者其他形式，组织职工参与本单位的民主决策、民主管理和民主监督。本款的规定是对上述法律规定的肯定与细化，进一步确认了幼儿园教职工的民主管理和监督权利。教职工的民主管理和监督权利不仅有助于提升幼儿园的管理水平和教育质量，保障学前儿童的合法权益，同时也体现了幼儿园对教职工的尊重和信任，有助于构建和谐、稳定的校园关系。

其次，幼儿园应当采取措施保障教职工的民主管理和监督权利。第一，本款规定，教职工有权"依法"参与民主管理和监督。依照相应法律，其参与形式多种多样，包括教育法第三十一条规定的教职工代表大会、教师法和工会法规定的其他形式等；其程序性规定也比较详细，如《学校教职工代表大会规定》详细阐述了教职工代表大会的职权、组织原则、代表的产生和任期、权利和义务等内容。这为幼儿园建立和完善教职工代表大会制度提供了具体的指导和规范。第二，幼儿园应当采取措施保障上述权利及其行使。相应措施不仅应当包括物质环境条件，还应当包括参与民主管理和监督的平台和渠道，如幼儿园可以通过教职工代表大会、座谈会、问卷调查等多种形式，为教职工提供参与民主管理和监督的平台和渠道。这有助于激发教职工的积极性和创造力，推动幼儿园的发展。第三，作为民主管理和监督权利的前提性和隐含性权利的知情权也应当得到保证。充分参与民主管理和监督的前提是充分知情，只有明晰决策内情才能做出正确决策。幼儿园应当及时向教职工公布和通报幼儿园的重大决策和事务，听取他们的意见和建议，并接受他们的监督。

第二款规定幼儿园应当设立家长委员会，由家长委员会发挥外部监督的职能。

首先，幼儿园应当设立家长委员会。第一，家长参与管理是现代教育改革的时代要求和必然趋势。《教育部关于建立中小学幼儿园家长委员会的指导意见》指出，中小学生和幼儿园儿童健康成长是学校教育和家庭教育的共同目标。建立家长委员会，对于发挥家长作用，促进家校合作，优化育人环境，建设现代学校制度，具有重要意义。同时，建立家长委员会是现代学校制度中依法办学、自主管理、民主监督、社会参与的主要内容。该文件依照当时的办学情况和教育环境，提出有条件的公办和民办中小学和幼儿园都应建立家长委员会。本款规定，幼儿园应当设立家长委员会，是立法机关在总结实务经验、调研实践情况后得出的真知灼见，应当认为普遍建立家长委员会既是从实际出发，也是当下保障学前教育健康发展的必要之举。第二，家长委员会参与管理可以实现家庭教育和学校教育的有效联动。《教育部关于加强家庭教育工作的指导意见》强调要充分发挥学校在家庭教育中的重要作用，其中一种重要手段就是发挥好家长委员会作用。各地教育部门要采取有效措施加快推进中小学幼儿园普遍建立家长委员会，推动建立年级、班级家长委员会。中小学幼儿园要将家长委员会纳入学校日常管理，制定家长委员会章程，将家庭教育指导服务作为重要任务。家长委员会要邀请有关专家、学校校长和相关教师、优秀父母组成家庭教育讲师团，面向广大家长定期宣传党的教育方针、相关法律法规和政策，传播科学的家庭教育理念、知识和方法，组织开展形式多样的家庭教育指导服务和实践活动。《幼儿园工作规程》第五十四条同样规定了幼儿园应当成立家长委员会。第三，过去一些效力较低的文件做出过设定家长委员会的尝试。家长委员会的主要任务是：对幼儿园重要决策和事关幼儿切身利益的事项提出意见和建议；发挥家长的专业和资源优势，支持幼儿园保育教育工作；帮助家长了解幼儿园工作计划和要求，协助幼儿园开展家庭教育指导和交流。这是《幼儿园工作规程》在2015年修改后愈加完善的一点。[①] 然而，由于《教育部关于加强家庭教育工作的指导意见》仅为部门规范性文件，《幼儿园工作规程》仅为部门规章，效力并不高，难以设立权利，因而本款对家长委员会设立的确认是对其规定的升格，将家长委员会的设立上升到法律的高度，同时落实幼儿园的主导作用和组织责任，使之成为幼儿园的一项义务。

其次，家长委员会享有对幼儿园重大事项决策和关系学前儿童切身利益的事项提出意见和建议的权利。根据《教育部关于建立中小学幼儿园家长委员会的指导意见》，提出意见和建议的权利具体包括：一是参与学校

[①] 朱宗顺：《建党百年与中国学前教育发展之路》，载《幼儿教育》2021年第7、8期。

管理。对学校工作计划和重要决策，特别是事关学生和家长切身利益的事项提出意见和建议。二是沟通学校与家庭。向家长通报学校近期的重要工作和准备采取的重要举措，听取并转达家长对学校工作的意见和建议。向学校及时反映家长的意愿，听取并转达学校对家长的希望和要求，促进学校和家庭的相互理解。前者需要家长委员会在关键节点发挥纠偏和导向作用，后者要求家长委员会成为家校之间建立良好关系、实现双向沟通的纽带。

最后，家长委员会享有对幼儿园保育教育工作和日常管理进行监督的权利。家长委员会的监督权是家长参与幼儿园教育、管理的重要体现，也是保障学前儿童权益、促进学前教育质量提升的重要途径。根据《教育部关于建立中小学幼儿园家长委员会的指导意见》，监督权的内容是学校开展的教育教学活动、学校的安全工作以及学校的课业负担情况，目的在于帮助学校改进工作。显然，本款扩张了其监督内容，规定了更加具有普遍意义的"保育教育工作和日常管理"，使上述之外的其他监督内容通过解释而成为可能。此外，由于家长具备专业和资源优势，可以通过监督及时发现和解决幼儿园存在的问题和不足，推动幼儿园不断改进和提升教育质量。同时，监督也是家长委员会参与幼儿园教育、管理的重要方式之一，有助于增强家长对幼儿园的信任和支持。

【适用指南】

本条是幼儿园通过教职工和家长委员会行使监督、管理权利而实现依法办学、自主管理、民主监督、社会参与的规定。

在实践中，广泛存在教职工参与度不高、家长委员会作用有限以及家校沟通机制不畅等问题，部分原因是部分教职工对民主管理的认识不足而导致的积极性不高。但是制度性的原因是，过去没有形成系统性的沟通平台和渠道，一些家长委员会成员对幼儿园工作的了解不够深入，提出的意见和建议缺乏针对性和可操作性，未能充分发挥其在幼儿园管理和监督中的作用；教职工、家长与幼儿园管理层之间的沟通渠道不够畅通，导致教职工和家长的意见和建议难以及时反馈到管理层，影响幼儿园的管理和决策质量。

落实幼儿园的主体责任，应当提高教职工对民主管理的认识，建立健全提案和反馈平台机制；广泛建立家长委员会，鼓励家长委员会成员参与幼儿园的重大事项决策和关系学前儿童切身利益的事项，确保家长和学前儿童的利益得到充分保障。

【相关规定】

《中华人民共和国教育法》第三十一条；《中华人民共和国教师法》第七条；《中华人民共和国工会法》第六条；《幼儿园工作规程》第五十四条。

> **第三十四条　【举办限制】**任何单位和个人不得利用财政性经费、国有资产、集体资产或者捐赠资产举办或者参与举办营利性民办幼儿园。
>
> 公办幼儿园不得转制为民办幼儿园。公办幼儿园不得举办或者参与举办营利性民办幼儿园和其他教育机构。
>
> 以中外合作方式设立幼儿园，应当符合外商投资和中外合作办学有关法律法规的规定。

【条文主旨】

本条是关于幼儿园举办限制的规定。

【条文解读】

本条第一款、第二款是对幼儿园的举办、转制限制的规定。该条要求任何单位和个人不得利用财政性经费、国有资产、集体资产或者捐赠资产举办或者参与举办营利性民办幼儿园。公办幼儿园不得转制为民办幼儿园。公办幼儿园不得举办或者参与举办营利性民办幼儿园和其他教育机构。本条第三款是对幼儿园中外合办的规定，要求幼儿园中外合办需符合外商投资、中外合作办学法律法规的相关规定。

第一款、第二款是对幼儿园举办、转制限制的规定。

第一款、第二款主要是对于举办营利性民办幼儿园的限制以及对于公办幼儿园转制的限制，为了确保学前教育的公益性和普惠性，防止财政性经费、国有资产、集体资产或者捐赠资产被用于营利性目的，从而保证教育资源的公平分配和有效利用。教育法第二十六条规定："国家制定教育发展规划，并举办学校及其他教育机构。国家鼓励企业事业组织、社会团体、其他社会组织及公民个人依法举办学校及其他教育机构。国家举办学校及其他教育机构,应当坚持勤俭节约的原则。以财政性经费、捐赠资产举办或者参与举办的学校及其他教育机构不得设立为营利性组织。"该前两款体现了政府对学前教育事业的重视和公共政策的导向,即要抑制学前教育的商业化、市场化倾向,突出和强化政府责任,加强对学前教育事业的财政投入和教师队伍建设。这样做有助于保障学前教育的公益性和普惠性。

前两款规定"任何单位和个人不得利用财政性经费、国有资产、集体资产或者捐赠资产举办或者参与举办营利性民办幼儿园。公办幼儿园不得转制为民办幼儿园。公办幼儿园不得举办或者参与举办营利性民办幼儿园和其他教育机构",主要是为了防止财政性经费、国有资产、集体资产或者捐赠资产的流失,保证公办幼儿园作为普惠性学前教育的定位,保证教育的公平性和公益性。首先,公办幼儿园和民办幼儿园在很多方面存在差异,如办学质量、收费标准等。如果允许公办幼儿园转制为民办幼儿园,将会导致不公平的现象,如优质教育资源的过度集中,或者高收费现象,从而损害公共利益。其次,公办幼儿园和民办幼儿园在管理和运营上也有很大不同。如果公办幼儿园转制为民办幼儿园,需要改变原有的管理体制和运营模式,将会对幼儿园的正常运转产生影响,不利于对幼儿的学前教育的开展。因此,为了保证教育的公平性和公益性,避免不公平现象的出现,同时保证幼儿园的正常运转和幼儿的健康成长,需要禁止公办幼儿园转制为民办幼儿园。

第三款是关于幼儿园中外合办的规定。

以中外合作方式设立幼儿园,应当符合外商投资和中外合作办学相关法律法规的规定。这些规定旨在确保中外合作办学的合法性、规范性和可持续性。教育法第六十七条规定:"国家鼓励开展教育对外交流与合作,支持学校及其他教育机构引进优质教育资源,依法开展中外合作办学,发展国际教育服务,培养国际化人才。教育对外交流与合作坚持独立自主、平等互利、相互尊重的原则,不得违反中国法律,不得损害国家主权、安全和社会公共利益。"第八十五条规定:"境外的组织和个人在中国境内办学和合作办学的办法,由国务院规定。"由于教育有很强的国家性,特别是根据教育法的规定,我国的教育涉及为社会主义建设培养人才的问题,因此,在境外的组织和个人到中国境内办学时,对于以中国受教育者为招生对象的学校的办学形式必须有所限制,即要求采取中外合作办学的形式。外商投资相关法律法规是确保外国投资者在中国境内进行投资活动时受到公平、透明和可预测的法律环境的保护。

首先，中外合作办学条例第九条规定："申请设立中外合作办学机构的教育机构应当具有法人资格。"第十条第一款规定："中外合作办学者可以用资金、实物、土地使用权、知识产权以及其他财产作为办学投入。"对于中外合作办学来说，这些法律法规要求中外合作办学机构应当依法进行注册登记，取得相应的法律主体资格，并按照国家有关规定进行财务管理和监管。

其次，中外合作办学的专业和课程设置也必须符合国家有关规定，以确保所提供的教育服务质量和标准达到相关要求。例如，中外合作办学条例第五条规定："中外合作办学必须遵守中国法律，贯彻中国的教育方针，符合中国的公共道德，不得损害中国的国家主权、安全和社会公共利益。中外合作办学应当符合中国教育事业发展的需要，保证教育教学质量，致力于培养中国社会主义建设事业的各类人才。"

再次，中外合作办学相关法律法规还规定了中外合作办学的资质要求、审批程序、监管机制等方面的内容。中外合作办学条例第十四条规定："申请筹备设立中外合作办学机构，应当提交下列文件：（一）申办报告，内容应当主要包括：中外合作办学者、拟设立中外合作办学机构的名称、培养目标、办学规模、办学层次、办学形式、办学条件、内部管理体制、经费筹措与管理使用等；（二）合作协议，内容应当包括：合作期限、争议解决办法等；（三）资产来源、资金数额及有效证明文件，并载明产权；（四）属捐赠性质的校产须提交捐赠协议，载明捐赠人的姓名、所捐资产的数额、用途和管理办法及相关有效证明文件；（五）不低于中外合作办学者资金投入15%的启动资金到位证明。"

最后，中外合作办学相关法律法规规定了中外合作办学应当遵守中国法律法规，不得损害国家、社会和集体利益。外商投资法第六条规定："在中国境内进行投资活动的外国投资者、外商投资企业，应当遵守中国法律法规，不得危害中国国家安全、损害社会公共利益。"第三十二条规定："外商投资企业开展生产经营活动，应当遵守法律、行政法规有关劳动保护、社会保险的规定，依照法律、行政法规和国家有关规定办理税收、会计、外汇等事宜，并接受相关主管部门依法实施的监督检查。"

【适用指南】

本条是对幼儿园举办、转制的限制性规定。本条第三款有关幼儿园中外合作办学的规定，参照外商投资法、中外合作办学条例的有关规定。

本条强调政府对学前教育事业的重视和公共政策的导向，即要抑制学前教育的商业化、市场化倾向，突出和强化政府责任，加强对学前教育事业的财政投入和教师队伍建设。

以中外合作方式设立幼儿园在适用时应当参照外商投资法、中外合作办学条例的有关规定，确保中外合作办学的合法性、规范性和可持续性。实践中违反上述规定的，依照本法、行政处罚法、民法典、刑法、未成年人保护法等追究其法律责任。

【相关规定】

《中华人民共和国教育法》第二十六条、第六十七条、第八十五条；《中华人民共和国外商投资法》第三十二条；《中华人民共和国中外合作办学条例》第五条、第九条、第十条、第十四条。

> **第三十五条 【逐利限制】** 社会资本不得通过兼并收购等方式控制公办幼儿园、非营利性民办幼儿园。
> 幼儿园不得直接或者间接作为企业资产在境内外上市。上市公司不得通过股票市场融资投资营利性民办幼儿园，不得通过发行股份或者支付现金等方式购买营利性民办幼儿园资产。

【条文主旨】

本条是关于对幼儿园进行逐利限制的相关规定。

【条文解读】

本条第一款是对社会资本不得控制公办幼儿园、非营利性民办幼儿园的规定。该款明文规定社会资本不得通过各种方式控制幼儿园。本条第二款是对幼儿园上市的限制性规定，明确表示幼儿园不得在境内外上市，上市公司不得通过各种金融性手段控制、购买幼儿园。本条主要是为了保护公办幼儿园和非营利性民办幼儿园的公益性质，防止幼儿园过度产业化、市场化，确保其教育质量和公共利益不受损害。

第一款是关于社会资本不得控制公办幼儿园、非营利性民办幼儿园的规定。

这一规定主要是为了保护公办幼儿园和非营利性民办幼儿园的公益性质，防止幼儿园过度产业化、市场化，确保其教育质量和公共利益不受损害。公办幼儿园和非营利性民办幼儿园作为学前教育的主要提供者，其公益性质和教育使命要求其必须保持独立性和自主性，不受商业利益的干扰和驱使。因此，禁止社会资本通过兼并收购、协议控制等方式控制这些幼儿园，以维护其教育宗旨和公共利益。这一规定在防止社会资本对学前教育的过度垄断和控制方面发挥着重要作用。允许社会资本控制公办幼儿园和非营利性民办幼儿园会形成不良竞争格局。禁止这种控制可以促进学前教育的多样化和健康发展，鼓励更多社会力量参与学前教育事业。

对于设立幼儿园的逐利限制，可参考以下规定。民办教育促进法实施条例第十三条第四款规定："任何社会组织和个人不得通过兼并收购、协议控制等方式控制实施义务教育的民办学校、实施学前教育的非营利性民办学校。"第四十五条规定："实施义务教育的民办学校不得与利益关联方进行交易。其他民办学校与利益关联方进行交易的，应当遵循公开、公平、公允的原则，合理定价、规范决策，不得损害国家利益、学校利益和师生权益。民办学校应当建立利益关联方交易的信息披露制度。教育、人力资源社会保障以及财政等有关部门应当加强对非营利性民办学校与利益关联方签订协议的监管，并按年度对关联交易进行审查。前款所称利益关联方是指民办学校的举办者、实际控制人、校长、理事、董事、监事、财务负责人等以及与上述组织或者个人之间存在互相控制和影响关系、可能导致民办学校利益被转移的组织或者个人。"

第二款是关于幼儿园禁止上市与上市公司对幼儿园投资的限制。

本款规定是为了保护学前教育的公益性质和教育质量，维护儿童的权益和社会的公平发展。这一规定主要是为了防止营利性民办幼儿园过度商业化，确保其公益性质和教育使命。同时，这也是为了防止资本的过度介入对学前教育造成不良影响。营利性民办幼儿园作为以营利为目的的教育机构，其资产和运营应当受到严格的监管。规定幼儿园不得直接或者间接作为企业资产在境内外上市，以及上市公司不得通过股票市场融资投资营利性民办幼儿园，是为了避免营利性民办幼儿园被视为企业资产，从而保护其公益性质和教育使命。禁止上市公司通过发行股份或者支付现金等方式购买营利性民办幼儿园资产，是为了防止资本的过度介入对学前教育造成不良影响。资本的逐利性可能会促使营利性民办幼儿园过度追求利润，从而忽视其教育使命和教育质量。这一规定有助于抑制这种趋势，确保营利性民办幼儿园在追求经济效益的同时，不降低其教育质量和损害公共利益。

【适用指南】

本条是对幼儿园禁止上市的特别法规定。在民办教育促进法实施条例中就有对于民办学校的逐利限制规定，可参考其相关规定。

本条强调幼儿园不得过度追求经济效益，防止损害其公益性和教育质量。

上市公司通过各种手段，收购、控制幼儿园的，应依照本法、行政处罚法等法律追究其法律责任。

【相关规定】

《中华人民共和国民办教育促进法实施条例》第十三条、第四十五条。

案例评析

行政机关超过法定期限作出的具体行政行为，法院是否应予撤销
——Z市某康复院诉Z市某区教育体育局行政不作为案[①]

【案情简介】

Z市某康复院于2011年5月30日依据法律法规向Z市某区教育体育局提请增设残疾幼儿学前教育特教班（中心）。Z市某区教育体育局收到Z市某康复院的申请后，迟迟不履行法定职责，Z市某康复院将该局诉至Z市某区人民法院。庭审期间，Z市某区教育体育局于2011年9月30日通过邮寄方式为Z市某康复院送达一份《不予受理决定书》。

法院认为：原告Z市某康复院向被告Z市某区教育体育局所申请的特殊教育中心，从形式上看不属于具备法人资格的学校，但应属于其他教育机构。被告在收到原告的申请后对其申请的材料应依法予以审查，作出是否准予举办的审批决定，但其却在收到原告的申请3个多月后以不属于本局的审批权限为由作出不予受理的决定，且该决定未告知原告该申请应由何部门审批，这与行政许可法第三十二条的规定不相符合。被告Z市某区教育体育局作出的不予受理决定适用法律、法规错误，原告请求依法撤销

[①] 本案由真实案件加工编辑而成。

的诉讼请求本院予以支持。法院判决：撤销 Z 市某区教育体育局 2011 年 9 月 26 日作出的不予受理决定书，责令 Z 市某区教育体育局对 Z 市某康复院关于请求批准增设特殊教育中心的申请重新作出具体行政行为。

一审宣判后，被告 Z 市某区教育体育局不服，提起上诉。

Z 市中级人民法院经审理，认为一审判决认定事实清楚，适用法律、法规正确，程序合法。

Z 市中级人民法院判决：驳回上诉，维持原判。

【案例解读】

本案中，原告于 2011 年 5 月 30 日向被告 Z 市某区教育体育局提请增设残疾幼儿学前教育特教班（中心），被告在收到原告的申请后对其申请的材料应依法予以审查，作出是否准予举办的审批决定，但被告却在收到原告的申请 3 个多月后以不属于本局的审批权限为由，作出不予受理的决定。Z 市某区教育体育局的不予受理决定，不仅是超越法定期限作出的，而且其决定内容也未告知原告不属被告审批的申请应由何部门审批，其实体上也直接损害申请人的合法权益，理应撤销。

学前教育法第二十八条规定，县级以上地方人民政府应当根据本区域内残疾儿童的数量、分布情况和残疾类别，统筹实施多种形式的学前特殊教育，推进融合教育，推动特殊教育学校和有条件的儿童福利机构、残疾儿童康复机构增设学前部或者附设幼儿园。县级以上地方政府负有统筹实施多种形式的学前特殊教育的责任与义务，在实践中应避免有关政府部门行政不作为的事件发生，应当积极推进特殊教育学校以及类似本案中特殊教育中心的建设，推动学前特殊教育的发展。

第四章　教职工

※ **本章导读** ※

本章是对幼儿园教职工的相关规定，包括对幼儿园园长、教师、保育员、卫生保健人员以及其他工作人员任职条件、权利义务等方面的规定。

本章主要包含四个方面的内容：一是明确任职条件，明确幼儿园园长、教师以及其他教职工任职的不同资格条件，包括相应职业资格、学历等具体要求。二是规范聘任程序，对幼儿园教职工聘任流程、方式等予以明确。三是完善待遇保障机制，对教职工法定权利、职称评定、职称晋升以及岗位培训等进行明确，让幼儿园教职工爱岗乐教。四是健全配套保障机制，对学前教育专业设置、师资培养等领域进行一揽子规范，全面提升学前教育法治化水平，推动学前教育高质量发展。

> **第三十六条**　【教师权责】幼儿园教师应当爱护儿童，具备优良品德和专业能力，为人师表，忠诚于人民的教育事业。
>
> 全社会应当尊重幼儿园教师。

【条文主旨】

本条是关于幼儿园教师基本义务和全社会尊师重教的规定。

【条文解读】

本条第一款是对幼儿园教师基本义务的规定。该条明文规定幼儿园教师要爱护儿童，且幼儿园教师作为一名人民教师，应具有优良品德和专业能力，在日常从教过程中要为人师表、做好学生表率；牢记使命，怀揣着对人民教育事业的高度忠诚和满腔热忱，为国育才。本条第二款强调全社会范围内要形成尊师重教氛围，让广大幼儿园教师享有应有的社会声望，在学前教育这一国民教育的起点环节，为国家育人育才作出更大贡献。

第一款是对幼儿园教师基本义务的规定。首先，宪法在第四十九条明确提出儿童受国家的保护，从根本法层面确立了儿童的国家保护义务。换言之，任何公民、法人和其他组织都要爱护儿童，幼儿园作为除家庭外与儿童联系最为密切的机构，幼儿园教师作为除家庭成员外与儿童接触联系最为密切的群体，应当爱护儿童，这是守护儿童健康成长的必要举措，也是儿童受国家的保护的具体实践，因而在《幼儿园工作规程》第六条特别明确，幼儿园教职工应当尊重、爱护幼儿。

其次，根据教师法第三条和《幼儿园教师专业标准（试行）》的规定，幼儿园教师是履行幼儿园教育教学工作职责的专业人员。教师法作为规制不同教育环节教师的一般法，规定了教师从教的基本能力要求和基本义务，幼儿园教师作为教师群体的重要组成部分，亦应当遵守该义务。教师法第三条强调所有教师应当忠诚于人民的教育事业，第八条第一项规定了教师应当履行遵守宪法、法律和职业道德，为人师表的义务，第十条强调教师资格的取得需具有良好的思想品德。幼儿园教师作为教师队伍的重要组成部分，也应当为人师表，忠诚于人民的教育事业。

再次，《幼儿园工作规程》《幼儿园教师专业标准（试行）》等为幼儿园教师从教设置了更为具体的专业能力要求和基本义务。例如，《幼儿园工作规程》第三十九条和《幼儿园教师专业标准（试行）》对幼儿园教师的基本义务进行了更为明确的规定。特别是《幼儿园工作规程》第三十九条第一款明确规定，幼儿园教职工应当贯彻国家教育方针，具有良好品德，热爱教育事业，尊重和爱护幼儿，具有专业知识和技能以及相应的文化和专业素养，为人师表，忠于职责，身心健康。这一部门规章自2016年3月施行以来，对幼儿园教师专业能力和基本义务的要求已经过实践检验。此次学前教育法颁行，要求幼儿园教师具备优良品德和专业能力，也是从法律层面对幼儿园教师道德品质和专业能力的一般性规定，将经实践检验过的部门规章、规范性文件中的有关规定，上升固化为法律。

最后，对幼儿园教师专业能力和基本义务的概括性规定，能够在幼儿园教师准入阶段对其道德素养和专业能力进行客观的要求，这也是为防范虐童事件发生、保护未成年人身心健康提供法治保障。

第二款是对全社会尊师重教风尚的弘扬。教师法第四条第二款强调全社会都应当尊重教师。尊师重教，是中华民族传统重要的价值观念，也是中华文明传承的重要表现。《教育部等七部门印发〈关于加强和改进新时代师德师风建设的意见〉的通知》曾强调各地各校要把加强师德师风建设、弘扬尊师重教传统作为教师队伍建设的首要任务，努力提高广大教师的政治地位、社会地位和职业地位，使其享有应有的社会声望，这样才能在教书育人的岗位上为国家和人民作出更大的贡献。本款聚焦学前教育领域，强调全社会要尊重幼儿园教师，对提升幼儿园教师声誉和地位意义重大。

【适用指南】

本条是学前教育法对幼儿园教师专业能力、基本义务和尊师重教的特别法规定。学前教育法中对幼儿园教师的专业能力和基本义务的规定，与教师法之间是特别规范和一般规范的关系。教师法作为规范教师行为的一般法，对幼儿园教师、义务教育阶段的中小学教师、高等学校教师以及成人教育教师等不同教育层次的教师专业能力和基本义务等进行了一般性规定。学前教育法对教师专业能力和基本义务的规定，是针对幼儿园教师的特别规定，既要求幼儿园教师遵循具备优良品德和专业能力，为人师表，忠诚于人民教育事业的一般性规定，也要求其承担尊重和爱护儿童的义务。

本条强调教育行政主管部门和幼儿园在幼儿园教师从教的准入环节，要充分考察其专业能力和道德品质，严守幼儿园教师准入关口。需要注意的是，本条作为"第四章　教职工"的第一条，是对幼儿园教师的专业能力和基本义务的概括性规定，即从宏观层面规定，幼儿园教师从教既需具备专业能力，也要承担基本义务。而学前教育法第四章其他条款的规定是对该概括性规定的细化，进而对幼儿园教师从教进行体系性、系统性规范。

【相关规定】

《中华人民共和国宪法》第四十九条；《中华人民共和国教师法》第三条、第四条、第八条、第十条；《幼儿园工作规程》第六条、第三十九条；《国务院关于印发中国妇女发展纲要和中国儿童发展纲要的通知》。

> **第三十七条 【教师资质】**担任幼儿园教师应当取得幼儿园教师资格；已取得其他教师资格并经县级以上地方人民政府教育行政部门组织的学前教育专业培训合格的，可以在幼儿园任教。

【条文主旨】

本条是关于幼儿园教师资格制度的规定。

【条文解读】

本条对幼儿园教师资格的取得进行了类型化规定。取得幼儿园教师资格的方式方法，根据不同情况可分为两类：一是未取得任何教师资格的人员担任幼儿园教师的，应当依法取得幼儿园教师资格。二是已经取得其他教师资格，并经县级以上地方人民政府教育行政部门组织的学前教育专业培训合格的，可以在幼儿园任教，此类人员无须再专门取得幼儿园教师资格。

根据教育法第三十五条的规定，我国实行教师资格制度，即教师从教有一定的学历或资格考试要求，经认定合格的，方可取得教师资格。根据教师法第十一条的规定，国家教师资格制度涵盖的对象包含幼儿园、中小学、高等教育、成人教育等不同层次的教师。而教师法第十三条、第四十条第三项，以及《教师资格条例》第四条、第十三条专门针对幼儿园教师资格进行了具体规定，强调幼儿园教师资格由申请人户籍所在地或者申请人任教学校所在地的县级人民政府教育行政部门负责进行认定。

本条对不同情形下幼儿园教师资格的取得设置了两种不同的类型化方式。未取得任何教师资格人员担任幼儿园教师的，应当依法取得幼儿园教师资格。此外，针对实践中不同教育阶段教师资格人员之间存在流通的情况，还设置了已经取得其他教师资格人员在幼儿园任教的资格转化程序。第一，根据《教师资格条例》第五条的规定，取得教师资格的公民，可以在本级及其以下等级的各类学校和其他教育机构担任教师。因而，已经取得教师资格的公民，存在到幼儿园进行任教的可能性。第二，针对幼儿园领域教师任职的特殊性，不仅需要教育，还需进行保育，因而规定经过学前教育领域专业培训的，才可以从事幼儿园教师工作。第三，根据教师法

第十三条、第四十条第三项以及《教师资格条例》第十三条的规定，由县级以上人民政府教育行政部门负责幼儿园教师资格的认定，因而在不同类型教师在幼儿园任教的转换程序中，也应当由县级以上人民政府教育行政部门组织学前教育领域的专业培训，拥有其他教师资格的人员经考核合格的，方可成为幼儿园教师。

【适用指南】

本条是对教育法第三十五条和教师法第十条所规定的国家教师资格制度在学前教育领域的细化。根据教师法第十三条以及《教师资格条例》第十三条的规定，本条明确了幼儿园教师资格取得的两种不同路径：一是幼儿园教师资格的初始取得；二是其他类型教师转任幼儿园教师。

根据《幼儿园管理条例》第二十二条以及《幼儿园工作规程》第四十一条第一款的规定，实践中各级政府教育行政主管部门以及幼儿园在学前教育工作开展中，应当充分重视并依法审定考核或敦促幼儿园教师取得教师资格，持证上岗。未取得教师资格的，一律不得从事幼儿园教学工作，从入口端提高幼儿园教师资质门槛，切实保障广大幼儿受教育权，保护其身心健康成长。

对于实践中未取得幼儿园教师资格的人员，幼儿园等不得聘用其从事幼儿园教育教学，未取得幼儿园教师资格人员违反教育法、未成年人保护法、学前教育法等，有侵害学前儿童权益、虐待侮辱等影响儿童身心健康发展行为的，依照民法典、刑法、未成年人保护法等依法追究其法律责任。对涉事幼儿园根据学前教育法、行政处罚法等有关规定，由县级以上人民政府教育行政部门等有关部门依据职责责令限期改正，并予以警告；有违法所得的，退还所收费用后没收违法所得；情节严重的，责令停止招生、吊销办学许可证；构成犯罪的，依法追究刑事责任。

【相关规定】

《中华人民共和国教育法》第三十五条；《中华人民共和国教师法》第十条、第十三条、第四十条；《教师资格条例》第四条、第十三条；《幼儿园管理条例》第二十二条；《幼儿园工作规程》第四十一条。

> **第三十八条 【园长资质】** 幼儿园园长由其举办者或者决策机构依法任命或者聘任,并报县级人民政府教育行政部门备案。
>
> 幼儿园园长应当具有本法第三十七条规定的教师资格、大学专科以上学历、五年以上幼儿园教师或者幼儿园管理工作经历。
>
> 国家推行幼儿园园长职级制。幼儿园园长应当参加县级以上地方人民政府教育行政部门组织的园长岗位培训。

【条文主旨】

本条是关于幼儿园园长资质的规定,包括任职方式、任职条件、职级制度等。

【条文解读】

本条第一款是对幼儿园园长资格取得方式以及资格备案机关的规定。该款强调幼儿园园长通过任命或聘任的方式取得资格,并需进行行政备案,以加强教育行政部门对幼儿园园长的监督。第二款规定了幼儿园园长任职的三大基本资格条件,即幼儿园园长应当具有本法第三十七条规定的教师资格、大学专科以上学历、五年以上幼儿园教师或者幼儿园管理工作经历。第三款明确国家推行幼儿园园长职级制,并强调幼儿园园长应当接受岗位培训。

第一款规定了幼儿园园长的任职方式,具体包含两种资格取得方式、两个资格决定主体以及资格备案机关。根据该条款规定,幼儿园园长任职资格的决定主体有两类,一是举办者,即发起举办幼儿园或者依法经审批取得相应资格的主体,包括自然人、法人和社会组织等;二是决策机构,指的是对幼儿园各项事务进行决策的组织或机构。幼儿园园长的资格取得方式有两种,一是任命,即决定主体通过下达命令的方式委以幼儿园园长职务;二是聘任,即通过聘任合同等方式聘任幼儿园园长。园长的任命或聘任并非随意进行的,而是应当遵循法定程序和条件,确保幼儿园园长的选任合法性,继而提升幼儿园管理能力及水平。同时,该款还规定,任命或聘任幼儿园园长后,须向县级人民政府教育行政部门进行备案。行政备案指的是行政机关根据公民、法人或者其他组织依法报送的相关材料，经审核予以存档备查的行为。通过备案的方式，教育行政部门能够对幼儿园园长的资质和任命情况进行监督，并及时了解和掌握幼儿园园长的变动情况，提高幼儿园的整体管理水平。根据《幼儿园工作规程》第四十条第二款规定："幼儿园园长由举办者任命或者聘任，并报当地主管的教育行政部门备案。"县级人民政府教育行政部门作为幼儿园工作属地主管机构，承担接受幼儿园园长资格备案的有关工作。

第二款是对幼儿园园长所应具备基本资格条件的规定。取得幼儿园园长资格，需要具备以下三个条件：一是具有本法第三十七条规定的教师资格，二是大学专科以上学历，三是有五年以上幼儿园教师或者幼儿园管理工作经历。幼儿园园长作为一园的领导核心，在整个幼儿园发展建设中处于重要地位，幼儿园园长的资质高低直接影响到幼儿园管理与建设、儿童的教育与成长，制定幼儿园园长专业标准和任职资格标准有助于提高园长专业化水平，因而在《国务院关于加强教师队伍建设的意见》第三条第六项中明确指出要制定幼儿园园长、普通中小学校长、中等职业学校校长专业标准和任职资格标准，提高校长（园长）专业化水平。

首先，关于幼儿园园长从业资格的规定，即幼儿园教师资格取得条件的规定。幼儿园园长作为整个幼儿园教师队伍的领导者，必须首先具备幼儿园教师资格。《幼儿园工作规程》第四十条明确指出，幼儿园园长应当具有《教师资格条例》规定的教师资格。本法第三十七条规定的教师资格分为两类，一是未取得任何教师资格的人员担任幼儿园教师的，应当依法取得幼儿园教师资格。二是已经取得其他教师资格，并经县级以上地方人民政府教育行政部门组织的学前教育专业培训合格的，可以在幼儿园任教，此类人员不再需要专门取得幼儿园教师资格。幼儿园园长满足其中一类即可获得幼儿园教师从业资格，满足成为园长的第一条件。

其次，关于幼儿园园长学历资格的规定。教师素养的高低直接关系到幼儿园教育教学质量，幼儿园园长作为幼儿园教师队伍的重要组成部分，其任职资格也应符合幼儿园教师资格的基本条件。根据教师法第十一条第一项的规定，取得幼儿园教师资格，应当具备幼儿师范学校毕业及其以上学历。其中，幼儿师范学校包括高等幼儿师范学校和中等幼儿师范学校。幼儿园园长作为整个幼儿园的管理和领导者，其具备更高学历能够直接促进幼儿园整体发展和幼儿教育教学进步，因而《幼儿园工作规程》中进一步提升了对幼儿园园长的学历要求。《幼儿园工作规程》第四十条明确指出幼儿园园长应具备大专以上学历。本款也延续了《幼儿园工作规程》对幼儿园园长学历高要求的规定，以法律的形式固化了幼儿园园长应当具备大专以上学历的规定，相较于一般幼儿园教师提升了园长的学历资格要求。

最后，关于幼儿园园长工作经历的规定。幼儿园园长作为一园的领导核心需具备一定的幼儿园教学或管理经验，才能更好地服务于园内幼儿及教职工。2016年教育部出台的《幼儿园工作规程》第四十条规定幼儿园园长应当有"三年以上幼儿园工作经历和一定的组织管理能力"。而2022年教育部颁布的《幼儿园保育教育质量评估指南》第四十三条则提高了幼儿园园长的任职门槛，要求"园长应具有五年以上幼儿园教师或者幼儿园管理工作经历，具有较强的专业领导力"。园长工作经历的年限直接关系到其工作经验的获取、专业能力的积累等，提高幼儿园园长工作经历年限有利于更好保障幼儿权益，推动幼儿园管理及学前教育高质量发展。因而，此处通过学前教育法，对幼儿园园长工作经历年限进行了明确。

第三款是国家推行幼儿园园长职级制以及幼儿园园长应当参加岗位培训的规定。

幼儿园园长职级制是指对幼儿园园长职业进行重新定位，建立园长自己独立的职称序列，让园长从教师专业职称序列中分化出来，使园长作为一种专门职业真正走向专业化。这是贯彻落实新时代教师队伍改革思路的具体表现。2018年《中共中央 国务院关于全面深化新时代教师队伍建设改革的意见》明确指出要推行校（园）长职级制改革，拓展其专业发展空间，促进校（园）长队伍专业化建设。此次学前教育法以法律的形式对园长职级制进行规定，有利于进一步加强幼儿园园长队伍建设，促进园长专业化发展，努力造就一支政治过硬、品德高尚、业务精湛、治园有方的幼儿园园长队伍，进而推动学前教育高质量发展。

此外，参加岗位培训是幼儿园园长提升专业素养和管理能力的重要举措，早前《国务院关于当前发展学前教育的若干意见》指出要"建立幼儿园园长培训体系"，以此满足幼儿园园长多样化的学习和发展需求。根据教师法第十三条和《教师资格条例》第十三条的规定，由县级以上人民政府教育行政部门负责幼儿园教师资格认定等工作，因而，《幼儿园工作规程》第四十条进一步指出县级以上地方人民政府教育行政部门应当组织幼儿园园长岗位培训，幼儿园园长须参加培训并取得岗位培训合格证书。

【适用指南】

幼儿园园长是履行幼儿园领导与管理工作职责的专业人员。本条是对幼儿园园长资质的有关规定，包括幼儿园园长的任职资格取得方式、资格条件、园长职级制度等。

由于实践变化和立法进程加快，不同法律对幼儿园园长任职资质条件有不同的规定，在法律条款适用上产生了一定的分歧，因而在本条适用过程中必须充分考虑法律冲突的问题。例如，对于本条第二款，幼儿园园长应当具备的学历条件和工作经历年限条件，不同法律中存在一定的分歧。就学历条件而言，1989年原国家教育委员会颁布的该领域的行政法规，即《幼儿园管理条例》第九条第一款第一项明确幼儿园园长……应当具有幼儿师范学校（包括职业学校幼儿教育专业）毕业程度，或者经教育行政部门考核合格。而2016年教育部颁布的部门规章中，在《幼儿园工作规程》第四十条明确指出幼儿园园长应具备大专以上学历。可以看出不同法律对幼儿园园长学历条件的规定有所不同。就工作经历年限规定而言，不同法律之间也存在冲突。例如，2016年教育部出台的《幼儿园工作规程》第四十条规定的是幼儿园园长应当有三年以上幼儿园工作经历和一定的组织管理能力。而2022年《教育部关于印发〈幼儿园保育教育质量评估指南〉的通知》规定的是园长应具有五年以上幼儿园教师或者幼儿园管理工作经历，具有较强的专业领导力。

但需要特别注意的是，学前教育法实施后，学前教育法作为学前教育领域的基础性和最高性法律，其他与之相抵触的条款，根据法律层级位阶之间的相互关系，应当以学前教育法本条规定为准适用，因而应当严格依法限制幼儿园园长的任职资格条件，以"大学专科以上学历""五年以上幼儿园教师或者幼儿园管理工作经历"为准。

实践中，各级政府教育行政主管部门既要依法组织幼儿园园长岗位培训，也要对幼儿园园长资质取得依法予以监督，对未达到幼儿园园长资质但违法违规担任园长的行为依法予以查处。此外，各类幼儿园及其举办者在工作开展过程中，应当严格依照法律法规任命或聘任具有法律规定资质的幼儿园园长参与幼儿园管理工作。未取得法定资格的，一律不得任命或聘任为园长，不得违法违规从事幼儿园管理工作。此外，应当敦促幼儿园园长积极按时参加岗位培训，不断提升办园能力、管园水平。

【相关规定】

《幼儿园工作规程》第三十九条、第四十条;《幼儿园管理条例》第九条;《幼儿园保育教育质量评估指南》第四十三条;《国务院关于加强教师队伍建设的意见》;《国务院关于当前发展学前教育的若干意见》;《国务院关于教师队伍建设和教师法实施情况的报告》;《中共中央 国务院关于全面深化新时代教师队伍建设改革的意见》。

> 第三十九条 **【其他工作人员任职资格】** 保育员应当具有国家规定的学历,并经过幼儿保育职业培训。
> 　　卫生保健人员包括医师、护士和保健员,医师、护士应当取得相应执业资格,保健员应当具有国家规定的学历,并经过卫生保健专业知识培训。
> 　　幼儿园其他工作人员的任职资格条件,按照有关规定执行。

【条文主旨】

本条是关于幼儿园保育员、卫生保健人员及其他工作人员任职资格条件的规定。

【条文解读】

本条第一款是对幼儿园保育员任职资格和参加培训的规定。保育员是幼儿园师资队伍的重要组成部分,对幼儿各方面的发展都有着重要影响。该条规定,幼儿园保育员既需要具有国家规定的学历,同时也需要经过相关幼儿保育职业培训。本条第二款是对幼儿园卫生保健人员的构成以及相应任职资格的规定。幼儿园卫生保健人员对全园幼儿身体健康负责,幼儿园卫生保健人员包括医师、护士和保健员,其中医师、护士应当取得相应执业资格,保健员应当具有国家规定的学历,并受过卫生保健专业知识培训。本条第三款是对幼儿园其他工作人员任职资格条件的兜底规定,对于没有列举的幼儿园其他工作人员,其任职资格条件按照有关规定执行。

第一款是对幼儿园保育员任职资格和参加培训的规定。根据《保育员国家职业技能标准》中"1.3职业定义"的规定，保育员指的是在托幼园所、社会福利及其他保育机构中，从事儿童基本生活照料、保健、自理能力培养和辅助教育工作的人员。本款对幼儿园保育员资格的取得提出了两个限制性条件：一是需要具有国家规定的学历，二是经过幼儿保育职业培训，这两个条件需要同时具备。关于国家规定的学历，《幼儿园管理条例》第九条中规定，保育员应当具有初中毕业程度，并受过幼儿保育职业培训。《幼儿园工作规程》第四十二条则对保育员规定了更高学历要求，即幼儿园保育员应当具备高中毕业以上学历，受过幼儿保育职业培训。《保育员国家职业技能标准》在保育员受教育程度中也要求高中毕业学历。尽管《幼儿园管理条例》是行政法规，但其自1989年实施至今已经不能完全适应经济社会的发展变化，建议适时予以调整。2016年颁布实施的《幼儿园工作规程》和《保育员国家职业技能标准》等实际上都提高了幼儿园保育员任职的学历门槛。保育员在幼儿园中扮演儿童基本生活照料和辅助教育工作等多重角色，幼儿园保育员任职学历门槛的提高，有助于提升其专业能力和素养，为幼儿基本生活和辅助教育保驾护航。此外，因承担保健等专业技能属性极强的工作，保育员还应当参加培训以增强其保育教育实践能力，在幼儿园工作中更好地发挥作用。而在《教育部关于印发〈幼儿园保育教育质量评估指南〉的通知》中就曾指出，幼儿园保育员应当受过幼儿保育职业培训。

第二款是对幼儿园卫生保健人员任职资格的规定。首先，本款规定了幼儿园卫生保健人员的范围，包括医师、护士和保健员，这是延续了《托儿所幼儿园卫生保健管理办法》第十一条中卫生保健人员包括医师、护士和保健员的规定。其次，本款对医师、护士应当取得的执业资格进行了规定。根据《幼儿园工作规程》第四十三条规定，幼儿园卫生保健人员中，医师应当取得卫生行政部门颁发的《医师执业证书》，护士应当取得《护士执业证书》，这是对幼儿园医生和护士的资质规定。再次，本款规定了保健员应当具有国家规定的学历，并受过卫生保健专业知识培训。关于国家规定的学历要求，根据《幼儿园工作规程》第四十三条和《托儿所幼儿园卫生保健管理办法》第十一条的规定，幼儿园保健员应当具备高中以上学历。最后，卫生保健人员在幼儿园工作中涉及较多卫生保健专业知识，其关涉幼儿身心健康发展，因而本款以及《幼儿园工作规程》第四十三条、《托儿所幼儿园卫生保健管理办法》第十一条、《托儿所幼儿园卫生保健管理办法》第十三条都明确指出从事幼儿园保健员工作应当接受当地妇幼保健机构组织的卫生保健专业知识培训。

第三款是对幼儿园其他工作人员任职资格条件的兜底规定。除本法所列举的幼儿园园长、幼儿园教师以及本条所规定的保育员、卫生保健人员外，在幼儿园日常工作中还涉及保洁员、炊事员、安全保卫人员等其他工作人员，本款将之统称为其他工作人员，并规定其任职条件，依法按照有关规定执行。其他有关规定中对于幼儿园其他工作人员任职资格的规定一般采用正面列举和反面排除两种方式，如《幼儿园工作规程》第三十八条规定是正面规定，明确了幼儿园按照国家相关规定设园长、副园长、教师、保育员、卫生保健人员、炊事员和其他工作人员等岗位，配足配齐教职工。而《幼儿园管理条例》第九条规定是反面排除，规定了慢性传染病、精神病患者，不得在幼儿园工作。对于如何界定幼儿园的"其他工作人员"，《幼儿园管理条例》《幼儿园工作规程》等相关规定都进行了说明，实践中可以进行参考。

【适用指南】

本条是对幼儿园保育员、卫生保健人员以及其他工作人员任职资格条件的规定。保育员是幼儿园师资队伍的重要组成部分，对幼儿各方面的发展都有着重要影响。卫生保健人员也是幼儿园工作队伍中不可或缺的一部分，对幼儿的身心健康发展起着重要作用。幼儿园的其他工作人员也要明确入职门槛。

由于实践发展变化，不同时期对幼儿园工作人员任职的学历条件规定有所差异，因而本条在适用过程中也会涉及法律之间相互冲突的问题。例如，对于保育员学历的规定，作为行政法规的《幼儿园管理条例》第九条中规定，保育员应当具有初中毕业程度，而作为部门规章的《幼儿园工作规程》第四十二条则规定幼儿园保育员应当具备高中毕业以上学历。本条规定保育员应当具有国家规定的学历，但却没有具体规定"国家规定的学历"应当如何解释。如果按照上位法优于下位法的法律适用原则，应当是1989年颁布的《幼儿园管理条例》优先适用，但需要注意的是，该法自1989年起颁布实施，其回应和满足实践发展能力有限，作为下位法的《幼儿园工作规程》尽管法律位阶低于《幼儿园管理条例》，但考虑到了实践发展的新变化。对于二者之间的冲突，如何在实践中进行适用的问题，建议在学前教育法的实施条例等细化行政法规等颁布实施时，进一步予以明确，防止立法规范脱离实践发展需要。

根据《幼儿园管理条例》第九条以及《幼儿园工作规程》第四十二条、第四十三条的规定，实践中各级政府教育行政主管部门以及幼儿园在工作开展中，应当充分重视并依法查验审核幼儿园保育员、卫生保健人员等工作人员的工作资格，确保持证上岗。此外，幼儿园举办者、园长在选聘保育员、卫生保健人员以及幼儿园其他工作人员之时，也应当依照法律的有关规定。对于实践中未取得幼儿园保育员、卫生保健人员等工作资格的人员，不得选聘其从事幼儿园保育保健等工作。未取得相关资格的，一律不得从事幼儿园中相关工作，从入口端提高幼儿园保育员、卫生保健人员等工作人员的资质门槛，切实保障广大幼儿受教育权，保护其身心健康成长，为学前教育的高质量发展保驾护航。

【相关规定】

《幼儿园管理条例》第九条、第二十三条；《幼儿园工作规程》第三十八条、第三十九条、第四十二条、第四十三条；《托儿所幼儿园卫生保健管理办法》第十一条、第十三条。

> **第四十条　【职称评审】**幼儿园教师职务（职称）分为初级、中级和高级。
> 　　幼儿园教师职务（职称）评审标准应当符合学前教育的专业特点和要求。
> 　　幼儿园卫生保健人员中的医师、护士纳入卫生专业技术人员职称系列，由人力资源社会保障、卫生健康行政部门组织评审。

【条文主旨】

本条是关于幼儿园教师和卫生保健人员中的医师、护士职务职称分类和相关评审要求的规定。

【条文解读】

本条第一款是对幼儿园教师职务（职称）分类的规定。该款明确了幼儿园教师职务（职称）分为初级、中级和高级三个等级。本条第二款是对幼儿园教师职务（职称）评审标准的要求，考虑到幼儿园教师职务职称评审的特殊性，该条款规定应当结合学前教育的专业特点和要求，制定幼儿园教师职务（职称）评审标准。本条第三款是对幼儿园卫生保健人员中的医师、护士职称评审的规定，该条款规定幼儿园卫生保健人员中的医师、护士无单独职称评审序列，而是结合其所从事的职业特点，纳入卫生专业技术人员职称系列，由人力资源社会保障、卫生健康行政部门组织评审。

第一款是对幼儿园教师职务（职称）分类的规定。教师法第十六条规定，国家实行教师职务制度，具体办法由国务院规定。2015年人力资源社会保障部、教育部印发的《关于深化中小学教师职称制度改革的指导意见》以及2022年人力资源社会保障部和教育部印发的《关于进一步完善中小学岗位设置管理的指导意见》中，都明确指出要建立教师职务制度、完善教师岗位等级设置，并进一步明确教师职务划分为高级、中级、初级。上述两个规范还特别强调教师职称制度改革和岗位设置管理适用于幼儿园教师。本款实际上是对幼儿园教师职称制度已有改革经验，通过法律规范予以固化，通过对幼儿园教师初级、中级和高级的分类设置，充分调动幼儿园教师的积极性，提升幼儿园教师的队伍能力，促进学前教育的高质量发展。

第二款是对幼儿园教师职务（职称）评审标准的要求。《国务院关于加强教师队伍建设的意见》中提出要完善符合各类教师职业特点的职务（职称）评价标准。《教育部 中央编办 财政部 人力资源和社会保障部关于加强幼儿园教师队伍建设的意见》中提到，完善符合幼儿园教师工作特点的评价标准，重点突出幼儿园教师的师德、工作业绩和保教能力。不同教育阶段对教育教学效果有不同的需求，因而也对教师提出了不同的要求。对幼儿园教师职务（职称）评审标准的确定应当充分考虑学前教育的专业特点和要求，使得评审标准更加贴合学前教育特点和幼儿园教师的实际工作要求。

第三款是对幼儿园卫生保健人员中的医师、护士职务评审的规定。各级各类学校中从事卫生保健工作者，属于学校内的卫生技术人员系列。幼儿园作为各级各类学校的组成部分，幼儿园内从事卫生保健的人员，即医师和护士，也属于卫生技术人员系列，因而幼儿园卫生保健人员中的医师、护士应当纳入卫生专业技术人员职称系列。根据《人力资源社会保障部 国家卫生健康委 国家中医药局关于深化卫生专业技术人员职称制度改革的指导意见》的规定，卫生专业技术人员由人力资源社会保障、卫生健康行政部门组织评审，因而幼儿园内从事卫生保健的医生和护士也由人力资源社会保障、卫生健康行政部门组织评审。

【适用指南】

本条是根据教师法第十六条所作的特别规定。本条第一款实际上是教师法规定的教师职务制度在幼儿园教师领域的细化规定。本条第三款强调对于幼儿园卫生保健人员中医师和护士的评审，要注意其纳入卫生专业技术人员职称系列，与幼儿园教师的评审主体不同，由人力资源社会保障、卫生健康行政部门组织评审。

根据《国务院关于当前发展学前教育的若干意见》以及《国务院关于加强教师队伍建设的意见》等的相关规定，实践中各级政府教育行政主管部门以及幼儿园在职务评聘工作开展中，应当充分重视并依法遵守职务评审标准的要求。对未达到评审标准的工作人员，一律不得给予职务（职称）评聘。实践中，对于未达到职务评聘标准的人不得评聘，达到评聘标准却有违反教育法、未成年人保护法、学前教育法等，有侵害学前儿童权益、虐待侮辱等影响儿童身心健康发展行为的，不仅不能评聘，还需要依照民法典、刑法、未成年人保护法等依法追究其法律责任。对幼儿园教师及卫生保健人员职称评审的从严规定，既能保障幼儿园教职工享有相应职称所对应的权益保障，也能有效规范幼儿园发展，并切实保障广大幼儿受教育权，保护其身心健康成长。

【相关规定】

《中华人民共和国教师法》第十六条；《国务院关于当前发展学前教育的若干意见》；《国务院关于加强教师队伍建设的意见》；《教育部 中央编办 财政部 人力资源和社会保障部关于加强幼儿园教师队伍建设的意见》；《人力资源社会保障部 国家卫生健康委 国家中医药局关于深化卫生专业技术人员职称制度改革的指导意见》；《关于进一步完善中小学岗位设置管理的指导意见》；《关于深化中小学教师职称制度改革的指导意见》。

> **第四十一条　【教职工配备】**国务院教育行政部门会同有关部门制定幼儿园教职工配备标准。地方各级人民政府及有关部门按照相关标准保障公办幼儿园及时补充教师，并应当优先满足农村地区、革命老区、民族地区、边疆地区和欠发达地区公办幼儿园的需要。幼儿园及其举办者应当按照相关标准配足配齐教师和其他工作人员。

【条文主旨】

本条是关于幼儿园教职工人员配备的规定。

【条文解读】

本条规定了三个层面的含义：一是对幼儿园教职工配备标准的规定。幼儿园教职工配备不仅涉及教育行政主管部门，也会涉及卫生、民政等多个部门，因而应当由国务院教育行政部门会同有关部门，共同制定幼儿园教职工配备标准。二是对地方各级人民政府及有关部门保障公办幼儿园人员配备的规定。强调地方各级人民政府及有关部门要按照相关标准保障公办幼儿园及时补充教师，并且应当优先满足农村地区、革命老区、民族地区、边疆地区和欠发达地区公办幼儿园的需要，促进全国范围内学前教育均衡发展。三是幼儿园及其举办者应当按照相关标准配足配齐幼儿园工作人员。

第一，本条规定了国务院教育行政部门要会同其他部门设定幼儿园教职工配备标准。幼儿园教职工配备直接影响到幼儿园教职工队伍的组成，对幼儿园教育教学质量有着深刻的影响，因而国家高度重视幼儿园教职工配置及其标准的设定。例如，《国务院关于加强教师队伍建设的意见》中指出，国家出台幼儿园教师配备标准。《国务院关于教师队伍建设和教师法实施情况的报告》中提到要出台幼儿园教职工配备标准，支撑学前教育快速发展；强化学前教育教师配备。幼儿园教职工配备标准直接影响到全国各地幼儿园办学水平，国务院有关部委在全国层面制定政策，能够考虑到不同地区的差异，更好地协调和整合各地资源。教育行政部门具有教育领域的专业知识和职能，负责制定幼儿园教职工配备标准更具专业性。但幼儿园教职工配备标准的制定是一个复杂的社会问题，不仅涉及教育领域，还可能涉及卫生、民政等多个领域。因此，由教育行政部门牵头会同其他部门共同制定幼儿园教职工配备标准可以确保标准覆盖的全面性、科学性，从而更好地满足儿童全面发展的需求，以此推动我国学前教育事业的发展。

第二，本条规定了地方政府要按照标准补充公办幼儿园教师配备：一方面强调了地方各级人民政府及有关部门按照相关标准保障公办幼儿园及时补充教师；另一方面结合农村地区、革命老区、民族地区、边疆地区和欠发达地区学前教育资源相对不足的特点，强调应当优先满足农村地区、革命老区、民族地区、边疆地区和欠发达地区公办幼儿园的需要，以保障和促进上述地区学前教育发展，实现全国学前教育均衡发展。

根据本法第二十四条的规定，公办幼儿园指的是各级人民政府利用财政性经费或者国有资产等举办或者支持举办的幼儿园。公办幼儿园教师依法纳入事业编制管理。《国务院关于印发国家教育事业发展"十三五"规划的通知》中提出要建立幼儿园教师动态补充机制，着力补足配齐幼儿园教职工。这有利于优化公办幼儿园教师配置，加强教师队伍建设，建立教师队伍发展的长效机制。《中共中央 国务院关于全面深化新时代教师队伍建设改革的意见》中指出，有条件的地方出台公办幼儿园人员配备规范，明确幼儿园人员配备规范的制定权限由地方政府行使。《国务院关于教师队伍建设和教师法实施情况的报告》还强调要支持地方创新幼儿园教师补充配备方式，完善待遇保障机制。《国务院教育督导委员会办公室关于印发〈《对省级人民政府履行教育职责的评价办法》实施细则〉的通知》中则进一步明确，地方人民政府要制定编制标准，并按标准核定编制足额补充教师。《国务院关于加强教师队伍建设的意见》中同样指出，各地结合实际合理核定公办幼儿园教职工编制，建设一支高标准的幼儿园教师队伍。

地方各级人民政府及有关部门还应当优先满足农村地区、革命老区、民族地区、边疆地区和欠发达地区幼儿园的需要，保障上述地区学前教育的发展。学前教育提质增效需要全国范围内一体化发展，《国务院办公厅关于加快中西部教育发展的指导意见》中指出，国家继续支持学前教育发展，重点向中西部革命老区、民族地区、边疆地区、贫困地区农村倾斜，合理规划农村公办幼儿园布局。《"十四五"学前教育发展提升行动计划》中同样提出要鼓励支持农村举办公办幼儿园，确保城乡学前教育资源全覆盖。教师队伍发展建设是学前教育高质量发展的前提和基础，《国务院关于教师队伍建设和教师法实施情况的报告》中提到，应当全面加强乡村教师队伍建设，强化乡村教师编制配备，通过推动农村地区学前教育的发展来服务乡村振兴战略。《教育部等六部门关于加强新时代乡村教师队伍建设的意见》中也提到鼓励有条件的地区制定公办幼儿园教职工编制标准，在配备时向乡村倾斜，推动农村地区、革命老区、民族地区、边疆地区和欠发达地区学前教育事业发展。

第三，本条规定了幼儿园及其举办者关于幼儿园教职工配备的义务。本条规定，幼儿园及其举办者应当按照相关标准配足配齐教师和其他工作人员。本条前两句是对幼儿园教职工配备标准的规定，第三句是对幼儿园及其举办者关于幼儿园教职工配备义务的规定，即幼儿园及其举办者应当遵守上述中央和地方对幼儿园教职工配置的要求，对教师和其他工作人员按照标准予以配备。

【适用指南】

本条对幼儿园教职工配备标准进行了规定。本条第一句规定国务院教育行政部门应当会同有关部门制定幼儿园教职工配备标准。第二句规定地方各级人民政府及有关部门按照相关标准保障公办幼儿园及时补充教师，并且应当优先满足农村地区、革命老区、民族地区、边疆地区和欠发达地区公办幼儿园的需要，保障农村地区和民族地区学前教育的发展。第三句规定幼儿园及其举办者应当按照相关标准配足配齐教师和其他工作人员。

根据《国务院关于加强教师队伍建设的意见》以及《国务院关于教师队伍建设和教师法实施情况的报告》等条款的相关规定，实践中各级政府教育行政主管部门以及幼儿园在工作开展中，应当充分重视并依法落实幼儿园教职工的配备标准，未达到相关标准的人员，一律不得从事幼儿园相关工作。在实践中，幼儿园如果未按照有关规定配置教师及其他工作人员，教育行政部门需要先进行调查核实，给予幼儿园整改的机会，如果幼儿园拒不整改或情节严重，教育行政部门将会采取相应的法律措施，情节严重的，责令停止招生、吊销办学许可证；构成犯罪的，依法追究幼儿园负责人的刑事责任。

【相关规定】

《中共中央　国务院关于全面深化新时代教师队伍建设改革的意见》；《国务院关于加强教师队伍建设的意见》；《国务院关于教师队伍建设和教师法实施情况的报告》；《国务院教育督导委员会办公室关于印发〈《对省级人民政府履行教育职责的评价办法》实施细则〉的通知》；《国务院关于

印发国家教育事业发展"十三五"规划的通知》;《财政部、教育部关于印发〈支持学前教育发展资金管理办法〉的通知》;《教育部等六部门关于加强新时代乡村教师队伍建设的意见》;《国务院关于印发国家基本公共服务体系"十二五"规划的通知》;《国务院办公厅关于加快中西部教育发展的指导意见》。

> **第四十二条　【职业规范】**幼儿园园长、教师、保育员、卫生保健人员、安全保卫人员和其他工作人员应当遵守法律法规和职业道德规范,尊重、爱护和平等对待学前儿童,不断提高专业素养。

【条文主旨】

本条是关于幼儿园教职工职业规范的规定。

【条文解读】

本条规定了幼儿园园长、教师、保育员、卫生保健人员、安全保卫人员和其他工作人员应当遵守的职业规范。本条对幼儿园教职工职业规范的要求主要包含三个层次:第一,应当遵守法律法规和职业道德规范;第二,要尊重、爱护和平等对待学前儿童;第三,教职工要不断提高专业素养。

首先,幼儿园园长、教师、保育员、卫生保健人员、安全保卫人员和其他工作人员应当遵守法律法规和职业道德规范。第一,幼儿园教职工遵守法律法规是依法履行工作职责的前提和基础,也能提升幼儿园工作队伍整体质量。教师法第八条第一项规定了全体教师应当履行遵守宪法、法律和职业道德,为人师表的义务。具体到幼儿园教师,教育部关于印发《新时代幼儿园教师职业行为十项准则》的通知中提到,幼儿园教师要恪守宪法原则,遵守法律法规,依法履行教师职责。第二,幼儿园教职工应当遵守职业道德规范,这是深化师德师风建设,提高幼儿园教职工育人能力的关键之举。《幼儿园教师专业标准(试行)》明确教师的基本理念是履行教师职业道德规范,依法执教。各类法律法规都对幼儿园教职工遵守职业道德规范进行了具体规定,如《特殊教育教师专业标准(试行)》中提到幼儿园教师应当履行教师职业道德规范,依法执教。《中小学幼儿园安全管理办法》第三十五条规定学校教师应当遵守职业道德规范和工作纪律。《幼儿园园长专业标准》中也提到幼儿园园长应当"践行职业道德规范"。

其次，幼儿园园长、教师、保育员、卫生保健人员、安全保卫人员和其他工作人员应当尊重、爱护和平等对待学前儿童。幼儿园教职工尊重、爱护学前儿童，能够促进幼儿的心理健康成长。教师法第八条第四项为全体教师设定了关心、爱护全体学生，尊重学生人格的义务。未成年人保护法第二十七条进一步指出幼儿园的教职员工应当尊重未成年人人格尊严。幼儿园教职工还应当平等对待学前儿童，保护学前儿童心灵，尊重学前儿童人格。对于幼儿园教师如何尊重学前儿童人格尊严，一方面法律法规中既有尊重、爱护儿童的概括抽象性规定，如《幼儿园工作规程》第六条和第三十九条都规定幼儿园教职工应当尊重、爱护幼儿。《学前班工作评估指导要点（试行）》在师生关系中规定教师要尊重、爱护幼儿。《幼儿园教师专业标准（试行）》中规定教师应当关爱幼儿，尊重幼儿人格，尊重幼儿权益。另一方面法律法规中也对平等交流、平等对待学前儿童有具象性规定。《幼儿园园长专业标准》中提到要平等对待不同民族、种族、性别、身体状况及家庭状况的幼儿。《幼儿园保育教育质量评估指南》在师生互动中要求教师平等对待每一名幼儿。教育部《全面推进依法治校实施纲要》第十四条中规定，要全面落实面向每个学生、平等对待每个学生的原则。需要注意的是，尽管现行法律法规大多是对幼儿园园长和教师尊重、爱护、平等对待儿童的规定，但其他工作人员作为幼儿园教职工队伍的重要组成部分，也是幼儿园教育事业发展的重要构成，全园教职工都应按此规定尊重、爱护和平等对待学前儿童，促进我国学前教育事业的发展。

最后，幼儿园园长、教师、保育员、卫生保健人员、安全保卫人员和其他工作人员应当不断提高专业素养。幼儿园教职工专业素养能力提升是提高教职工育人能力，推动学前教育高质量发展的重要保障，因而《幼儿园工作规程》第三十九条规定要求幼儿园教职工具有专业素养和能力。为提升幼儿园教职工专业素养，各地方性法规对此也有专门规定，如《上海市学前教育与托育服务条例》第三十八条规定学前教育与托育服务保育教育从业人员应当不断提高专业素养和职业技能。《济南市中小学（幼儿园）教师师德考核评分参考标准》第二十六条中规定教师应当不断提高专业素养和教育教学水平。幼儿园教职工不断提高专业素养，能够提升学前教育师资队伍专业能力，深入推进学前教育事业改革与发展。

【适用指南】

本条是学前教育法对幼儿园园长、教师、保育员、卫生保健人员、安全保卫人员和其他工作人员应当遵守法律法规和职业道德规范，尊重、爱护和平等对待学前儿童，不断提高专业素养的规定。教师法作为规范教师行为的一般法对幼儿园教师的职业规范和专业能力等进行了一般性规定。本条是针对幼儿园教师的道德品质和专业能力的特别规定，既要求幼儿园教师要具备职业品德和尊重、爱护以及平等对待儿童，也要求教师不断提高其专业素养。各地地方性法规也应当对幼儿园相关工作人员职业规范进行更为明确的规定。同时幼儿园园长、保育人员、卫生保健人员、安全保卫人员和其他工作人员也应当遵守法律法规和职业道德规范，为我国学前教育事业的发展贡献力量。

教育行政主管部门和幼儿园在幼儿园园长、教师、保育员、卫生保健人员、安全保卫人员和其他工作人员的准入环节，要充分考察其道德品质和专业能力，重视其职业规范，提升幼儿园工作队伍质量，推动我国学前教育事业深入改革发展。

【相关规定】

《中华人民共和国教师法》第八条；《中华人民共和国未成年人保护法》第二十七条；《幼儿园工作规程》第六条、第三十九条；《中小学幼儿园安全管理办法》第三十五条；《新时代幼儿园教师职业行为十项准则》；《幼儿园园长专业标准》；《幼儿园教师专业标准（试行）》；《幼儿园入学准备教育指导要点》。

案例评析

幼儿园教师虐童行为是否构成虐待被监护、看护人罪
——吕某虐待儿童案[①]

【案情简介】

被告人吕某到D区L幼儿园实习，实习期满后与该幼儿园签订了3年的劳动合同。期间，吕某作为幼儿教师，在中六班教学因拖拽、殴打、拧捏、扇脸、言语训斥等行为给7名被害学龄前儿童的身心造成伤害。其中在教室内通过拖拽、拧捏、拍打等行为4次对被害儿童宋某（5周岁）的身心造成伤害。被告人吕某经公安机关传唤，到案后如实供述了自己的犯罪事实。案发后，吕某及L幼儿园与其中6名被其虐待的儿童及家长达成谅解，取得了6名被害儿童及家长的谅解。

被告人吕某身为幼儿教师，违背职业道德和看护职责要求，多次对多名幼儿实施虐待行为，情节恶劣，其行为已构成虐待被监护、看护人罪。公诉机关指控罪名成立，法院依法予以支持。鉴于被告人吕某经公安机关电话传唤到案后，如实供述犯罪事实，当庭自愿认罪，系自首，予以从轻处罚。被告人吕某的行为尚未对幼儿造成明显外伤，具有悔罪表现，且取得被害人法定代理人的谅解，可酌情从轻处罚。

【案例解读】

学前教育法第四十二条规定幼儿园教职工应当遵守法律法规和职业道德规范，尊重、爱护和平等对待学前儿童，不断提高专业素养。本案中，吕某对幼儿殴打、拧捏、扇脸等行为既违反法律法规，也违背教师职业道德规范，触犯了刑法第二百六十条之一的规定，应以虐待被监护、看护人罪追究其刑事责任。

此外，吕某在从事学前教育工作期间犯罪，应当适用学前教育法第四十四条关于幼儿园工作人员从业禁止的法律规定。实践中，相关主管部门要进一步强化对幼儿园教职工的监管力度，不断提升保教服务水平，加大对幼儿园教职工违规行为处罚力度，努力营造良好的保教服务环境，推动

[①] 大连经济技术开发区人民法院（2019）辽0291刑初770号，载中国裁判文书网，https://wenshu.court.gov.cn/website/wenshu/181107ANFZ0BXSK4/index.html? docId = KGJATdnHty9EB9/gsFgz9rfQqRdVdHpta08o3hGCL9Sk5Ya5zdOp4JO3qNaLMqsJ7JSW63TgMd59l2E3xI9SBJJaBzJX1e7tsSWMbrY4PEmtM/mzQF2CVII/0Q3EMkIa，最后访问时间：2024年11月21日。

我国学前教育事业长足优质发展。

> **第四十三条** 【合同签订】幼儿园应当与教职工依法签订聘用合同或者劳动合同，并将合同信息报县级人民政府教育行政部门备案。

【条文主旨】

本条是关于幼儿园教职工签订合同以及合同信息备案的规定。

【条文解读】

本条规定了幼儿园依法与教职工签订合同以及将合同进行备案两个方面的内容。

一是对幼儿园教职工签订合同的规定。根据本条规定，幼儿园应当根据不同教职工的选任情况，依法与之签订聘用合同或者劳动合同。教师法第十七条规定，学校和其他教育机构应当逐步实行教师聘任制。教师的聘任应当遵循双方地位平等的原则，由学校和教师签订聘任合同，明确规定双方的权利、义务和责任。学前教育阶段幼儿园与教职工签订的聘任合同一般包含"聘用或劳动合同"。其中，聘任合同是按照《事业单位人事管理条例》规定与通过公开招聘且具有专业技术能力的人员所签订的合同，如公办幼儿园教师。劳动合同指的是根据劳动合同法规定，幼儿园与劳动者建立劳动关系所签订的合同，如根据《托育机构设置标准（试行）》第三十六条的规定，托育机构应当依法与工作人员签订劳动合同。根据民办教育促进法实施条例第三十四条规定，民办幼儿园应当与所招聘人员依法签订劳动或者聘用合同。幼儿园与教职工依法签订聘用合同或者劳动合同，有利于保障幼儿园教职工的合法权益，稳定幼儿园教师队伍。

二是规定了幼儿园应当将教职工所签合同信息向县级人民政府教育行政部门进行备案。《中共中央 国务院关于学前教育深化改革规范发展的若干意见》第二十条规定，各地建立幼儿园基本信息备案及公示制度，向社会及时公布并更新幼儿园教职工配备。根据教师法第十七条第二款、民办教育促进法实施条例第三十七条的规定，幼儿园教师劳动、聘用合同备案主要由教育行政主管部门组织实施。本条规定幼儿园将教职工合同信息报县级人民政府教育行政部门备案，有助于完善合同相关体制机制，健全幼儿园教职工政策保障体系，维护学前教育教职工队伍的稳定性，促进学前教育工作的优质发展。

【适用指南】

本条是学前教育法对幼儿园教职工签订合同及合同基本信息备案制度的规定。教师法第十七条对于教职工的聘用合同作了一般性规定，学前教育法要求幼儿园应当与教职工依法签订聘用合同或者劳动合同，并将合同信息报县级人民政府教育行政部门备案。该条文强调幼儿园应当完善教职工合同相关体制机制，健全幼儿园教职工合同信息保障体系，维护和保障教职工合法权益。

本条一方面强调幼儿园在进行教职工等人员招聘时应当依法签订聘用合同或者劳动合同。需要注意的是，本条提到的聘用合同和劳动合同是两种不同类型的雇佣合同。其中劳动合同的订立、履行、变更、解除或者终止依据劳动合同法的规定，聘用合同的签订执行依照《事业单位人事管理条例》。实践中，要结合幼儿园对不同类型教职工聘任的需求，依法签订聘用合同或者劳动合同。

另一方面要完善幼儿园教职工合同信息备案制度。本条对幼儿园健全教职工合同制度及合同基本信息备案制度作了特别法规定，即幼儿园教职工应当与幼儿园签订聘用合同或者劳动合同，同时幼儿园也应当将合同信息报县级人民政府教育行政部门备案，明确备案主体是县级人民政府教育行政部门。实践中，幼儿园及其举办者要依法积极将幼儿园教职工合同信息上报县级人民政府教育行政部门备案；而县级人民政府教育行政部门也要加强对幼儿园教职工合同信息备案的监督，敦促幼儿园或其举办者履行备案义务。

【相关规定】

《中华人民共和国教师法》第十七条；《中华人民共和国民办教育促进法实施条例》第三十四条、第三十七条；《国家卫生健康委关于印发托育机构设置标准（试行）和托育机构管理规范（试行）的通知》。

> **第四十四条 【从业禁止】**幼儿园聘任（聘用）园长、教师、保育员、卫生保健人员、安全保卫人员和其他工作人员时，应当向教育、公安等有关部门查询应聘者是否具有虐待、性侵害、性骚扰、拐卖、暴力伤害、吸毒、赌博等违法犯罪记录；发现其有前述行为记录，或者有酗酒、严重违反师德师风行为等其他可能危害儿童身心安全情形的，不得聘任（聘用）。
>
> 幼儿园发现在岗人员有前款规定可能危害儿童身心安全情形的，应当立即停止其工作，依法与其解除聘用合同或者劳动合同，并向县级人民政府教育行政部门进行报告；县级人民政府教育行政部门可以将其纳入从业禁止人员名单。
>
> 有本条第一款规定可能危害儿童身心安全情形的个人不得举办幼儿园；已经举办的，应当依法变更举办者。

【条文主旨】

本条是关于幼儿园教职工从业禁止的规定。

【条文解读】

本条是对幼儿园相关工作人员从业禁止的规定。第一款是对幼儿园教职工聘任（聘用）前从业禁止的一般性规定。第二款是对已经聘任（聘用）人员从业禁止的规定。第三款是对幼儿园举办者从业禁止的规定。

本条第一款规定要在聘任（聘用）前对幼儿园教职工是否有违法犯罪记录进行查询，并对幼儿园教职工的从业禁止进行了一般性规定。本款规定了两类从业禁止情形：一类是具有虐待、性侵害、性骚扰、拐卖、暴力伤害、吸毒、赌博等违法犯罪记录的；另一类是有酗酒、严重违反师德师风行为等其他可能危害儿童身心安全情形的。

首先，幼儿园在聘任（聘用）工作人员前，必须向教育、公安有关部门查询应聘者是否具有虐待、性侵害、性骚扰、拐卖、暴力伤害、吸毒、赌博等违法犯罪记录。《教育部关于推开教职员工准入查询工作的通知》《关于建立教职员工准入查询性侵违法犯罪信息制度的意见》《关于落实从业禁止制度的意见》等都对教职工从业禁止进行了规定。本款是教职工从业禁止制度在学前教育领域的细化。学前儿童是祖国的未来，从其身心发展特点来看，也是最需要保护的对象，因此教职工从业禁止制度针对学前教育儿童的特点进行了特别规定，强调具有虐待、性侵害、性骚扰、拐卖、暴力伤害、吸毒、赌博等违法犯罪记录的人员，不得聘任（聘用）为幼儿园教职工。

其次，具有酗酒、严重违反师德师风行为等其他可能危害儿童身心安全情形的，也不得聘任（聘用）为幼儿园教职工。酗酒、严重违反师德师风等行为，尽管不一定构成刑法层面的犯罪，但同样存在危害儿童身心安全的可能性，该类行为人同样不宜从事学前教育工作，因此同样被纳入禁止聘任（聘用）的情形。此外，由于实践情况复杂，考虑到前述规定可能难以枚举实践中所有危害儿童身心健康的情形，还进行了"等其他可能危害儿童身心安全情形"的兜底性规定。

本款针对学前教育的特色，完善了教育系统从业禁止制度，有利于从业禁止的执行落地，能够有效降低风险，更好地保护学前教育儿童。

第二款规定了幼儿园发现在岗人员存在第一款规定可能危害儿童身心安全情形的处置方式，包括：（1）立即停止其工作；（2）依法与其解除聘用合同或者劳动合同，并向县级人民政府教育行政部门进行报告；（3）县级人民政府教育行政部门可以将其纳入从业禁止人员名单。首先，幼儿园一旦发现在岗人员有前款规定可能危害儿童身心安全的情形，应当立即停止其工作，防范其可能存在的继续危害儿童身心安全的行为。其次，符合第一款从业禁止规定的人员，本就不应该被聘任，已经被聘任的，应当依法解除聘用合同或者劳动合同，并向县级人民政府教育行政部门进行报告，便于县级人民政府教育行政部门对从业禁止人员进行监督和管理。再次，根据《关于落实从业禁止制度的意见》第三条的规定，教职员工实施性侵害、虐待、拐卖、暴力伤害等犯罪的，应禁止其从事密切接触未成年人的工作。实践中，县级人民政府教育行政部门根据前述人员已发生行为的严重程度，可以将其纳入从业禁止人员名单，预防有不良记录的人员再次进入学前教育领域，以营造学前儿童安全有序的教育环境。

第三款是对幼儿园举办者从业禁止的规定。该款规定，存在本条第一款规定情形的个人，不得成为幼儿园的举办者；已经举办的，应当依法变更举办者。举办者作为发起举办幼儿园的主体，如果个人存在从业禁止行为，会对幼儿园整体发展运行产生极大的风险隐患，该类个人不应成为幼儿园举办者，已经举办的，应当依法变更，以确保幼儿园的举办者符合法定条件，保障学前儿童身心健康和合法权益。

【适用指南】

本条是对幼儿园教职工从业禁止的规定。幼儿园应制定明确的招聘政策，确保对相关人员在入职前进行背景查询，在聘任（聘用）工作人员时，必须向教育、公安等有关部门查询应聘者是否具有虐待、性侵害、性骚扰、拐卖、暴力伤害、吸毒、赌博等违法犯罪记录。不符合规定的人员，一律不得从事幼儿园的相关工作，从源头上预防和排除可能对幼儿身心安全构成威胁的人员进入幼儿园工作。

若未按照规定流程查询，按照学前教育法第七十九条和第八十条规定，根据不同情形，教育等部门可以责令幼儿园限期改正、警告、没收违法所得、责令停止招生，甚至吊销办学许可证等处罚。同时，按照未成年人保护法第一百二十六条规定，未履行查询义务，或者招用、继续聘用具有相关违法犯罪记录人员的，由教育、人力资源和社会保障、市场监督管理等部门按照职责分工，对幼儿园进行责令限期改正、警告，并处五万元以下罚款；拒不改正或者造成严重后果的，责令停业整顿、吊销营业执照、吊销相关许可证，并处五万元以上五十万元以下罚款，对直接负责的主管人员和其他直接责任人员依法给予处分。

已担任幼儿园教职工的，应当依法规范自己的执教行为，保护学前儿童健康、快乐、安全地成长。幼儿园或者教育部门发现幼儿园教职工有违法违规行为的，要根据情节的轻重，结合教师法、《事业单位人事管理条例》《事业单位工作人员处分规定》以及所在幼儿园的规章制度，依法依规进行处理，对于情节轻微的可以给予批评教育，对于有法律规定的从业禁止情形的，要坚决清除出教职工队伍。

【相关规定】

《中小学幼儿园安全管理办法》第三十五条；《幼儿园工作规程》第三十九条；《教育部关于推开教职员工准入查询工作的通知》；《关于建立教职员工准入查询性侵违法犯罪信息制度的意见》；《关于落实从业禁止制度的意见》；《幼儿园教师违反职业道德行为处理办法》。

> **第四十五条　【健康检查】**幼儿园应当关注教职工的身体、心理状况。幼儿园园长、教师、保育员、卫生保健人员、安全保卫人员和其他工作人员，应当在入职前和入职后每年进行健康检查。

【条文主旨】

本条规定了幼儿园要关注教职工身心健康，并要求教职工定期进行健康检查。

【条文解读】

本条内容可分为两项：一是幼儿园有关注教职工身心健康的义务；二是幼儿园教职工需进行入职前健康检查，并在入职后定期进行健康检查。

第一，本条规定幼儿园应当关注教职工的身心状况。幼儿园工作人员的身心健康直接关系到幼儿的健康成长和幼儿园的教育教学质量。一方面，教育法第三十条规定学校及其他教育机构应当履行"维护受教育者、教师及其他职工的合法权益"的义务，幼儿园教职工身心健康，不仅事关自身，而且关系到在保育教育活动中深受其行为举止影响的学前儿童，因而幼儿园应当关注教职工身体和心理健康状况。另一方面，"身心健康"是其担任幼儿园教职工的前提条件，如《幼儿园工作规程》第三十九条明确幼儿园教职工任职资格包括"身心健康"。本条明确幼儿园应当关注教职工身心健康，强调幼儿园在教职工任职前和任职中的注意义务，旨在通过关注教职工身心健康，为学前儿童身心健康发展创造必要的条件和基础。

第二，本条规定了幼儿园教职工进行健康检查的时间为入职前及入职后的每年。首先，对幼儿园教职工进行入职前健康检查，是保证其符合学前教育从教标准的必要途径和手段，此前《托儿所幼儿园卫生保健管理办法》第十四条中已经提到托幼机构工作人员上岗前必须进行健康检查。其次，幼儿园教职工身心健康事关其所保育教育的学前儿童，教师法第二十九条规定要定期对教师进行身体健康检查，旨在持续性地敦促和监督教职工注重自身身心健康，为学前教育儿童在校期间的身心健康创造必要条件。

【适用指南】

本条规定了学前教育阶段，幼儿园要关注教职工的身心健康，并要求幼儿园教职工在入职前和入职后每年进行健康检查。

入职前健康检查是查验拟入职幼儿园教职工是否符合任职资格的重要方式。对于幼儿园教职工来说，身体健康固然重要，但心理健康作为健康的重要组成部分，其同样不可被忽视。幼儿园教职工作为除家庭成员外与学前儿童接触最为密切的群体之一，其言传身教会潜移默化地影响到学前儿童，因而必须重点关注教职工的身心健康状态，避免有身心健康缺陷者进入学前教育队伍，影响学前教育儿童的培养。

身心健康状态不仅需要在入职前进行关注，更需要在任职过程中进行持续性关注，因而幼儿园教职工应当在入职后每年定期接受健康检查。同时有条件的学前教育机构，还可以建立幼儿园教职工健康档案，在每年健康检查后做好记录，对教职工身心健康进行持续性、跟踪式观察，以保障身心健康教职工更好地投入学前教育工作中，提高所在机构学前教育的工作质量和水平。

【相关规定】

《中华人民共和国教育法》第三十条；《中华人民共和国教师法》第二十九条；《幼儿园工作规程》第三十九条；《托儿所幼儿园卫生保健管理办法》第十四条；《托儿所幼儿园卫生保健工作规范》。

第四十六条　【工资福利】 幼儿园及其举办者应当按照国家规定保障教师和其他工作人员的工资福利，依法缴纳社会保险费，改善工作和生活条件，实行同工同酬。

县级以上地方人民政府应当将公办幼儿园教师工资纳入财政保障范围，统筹工资收入政策和经费支出渠道，确保教师工资及时足额发放。民办幼儿园可以参考当地公办幼儿园同类教师工资收入水平合理确定教师薪酬标准，依法保障教师工资待遇。

【条文主旨】

本条是关于幼儿园教职工工资福利的规定。

【条文解读】

本条第一款是对幼儿园及其举办者应当保障幼儿园教职工工资和福利待遇的规定,具体有四个层面的规定:一是按照国家规定,保障教职工工资福利;二是为教职工依法缴纳社会保险费;三是要努力改善教职工工作和生活条件;四是实行教职工同工同酬,保障教职工合法权益。本条第二款分别对公办幼儿园和民办幼儿园教师工资待遇进行了规定。对于公办幼儿园,该款规定县级以上地方人民政府应当将其教师工资纳入财政保障范围,统筹工资收入政策和经费支出渠道,确保教师工资及时足额发放。对于民办幼儿园,可以参考当地公办幼儿园同类教师工资收入水平合理确定教师薪酬标准,依法保障教师工资待遇。

第一款是对幼儿园教师和其他工作人员工资和福利待遇的具体规定,既包含工资福利、社会保险费用,也包含工作和生活条件,并最终实现幼儿园教职工的同工同酬。

首先,幼儿园及其举办者应当按照国家规定保障教师和其他工作人员的工资福利。教育法第三十四条第二款规定了教职工工资福利待遇的一般性规定,即依照法律、法规的规定办理教师的工资报酬、福利待遇。本条对幼儿园教职工工资福利的具体要求进行了细化。近年来,中共中央、国务院高度重视幼儿园教职工福利待遇问题,《中共中央 国务院关于学前教育深化改革规范发展的若干意见》中提到要依法保障幼儿园教师地位和待遇。《国务院关于学前教育事业改革和发展情况的报告》和《县域学前教育普及普惠督导评估办法》中都指出要落实公办园教师工资待遇保障政策。此外,地方性法规也对幼儿园教职工福利待遇问题进行了具体细化,如《上海市学前教育与托育服务条例》第四十条规定,幼儿园和托育机构应当按照国家有关规定,保障教师、保育人员及其他从业人员的工资福利和待遇。

其次,幼儿园及其举办者应当依法为教师和其他工作人员缴纳社会保险费。根据《社会保险费征缴暂行条例》第二条第一款的规定,社会保险费包含基本养老保险费、基本医疗保险费、失业保险费。幼儿园及其举办者为教师和其他工作人员及时、足量缴纳社会保险费,有利于保障幼儿园教职工福利待遇的稳定性,提升其幸福感,稳定幼儿园工作人员队伍,满足当前我国学前教育事业发展的需求。因而，《中共中央　国务院关于学前教育深化改革规范发展的若干意见》第十四条明确指出，各类幼儿园依法依规足额足项为教职工缴纳社会保险和住房公积金。《"十四五"学前教育发展提升行动计划》以及《教育部办公厅关于申报国家学前教育改革发展实验区的通知》也规定了各类幼儿园依法依规、足额足项为教职工缴纳社会保险和住房公积金。

再次，幼儿园及其举办者应当依法为教职工改善工作和生活条件。根据教育法第三十四条、教师法第四条规定，要改善教师的工作条件和生活条件。本款强调要改善幼儿园教职工的工作和生活条件，保障其合法利益，提升教职工福利水平。

最后，幼儿园及其举办者应当对幼儿园教职工实行同工同酬。教师法第三十一条规定，各级人民政府应当采取措施，改善国家补助、集体支付工资的中小学教师的待遇，逐步做到在工资收入上与国家支付工资的教师同工同酬。国务院对学前教师工资同工同酬进行了细化规定，《中共中央　国务院关于学前教育深化改革规范发展的若干意见》和《国务院关于学前教育事业改革和发展情况的报告》均提到确保教师工资及时足额发放、同工同酬，以此保障学前教育教师的合法权益，提高教师的社会地位。

本条第二款针对公办幼儿园和民办幼儿园教师工资薪酬进行了区分规定。

首先是对于公办幼儿园教师工资的规定。公办幼儿园指的是各级人民政府利用财政性经费或者国有资产等举办或者支持举办的幼儿园。中共中央、国务院高度重视公办幼儿园教职工工资待遇问题。《中共中央　国务院关于学前教育深化改革规范发展的若干意见》第十四条和《国务院关于学前教育事业改革和发展情况的报告》中均规定，各地要认真落实公办园教师工资待遇保障政策，统筹工资收入政策、经费支出渠道，确保教师工资及时足额发放。《教育部办公厅关于公办幼儿园能否承包的问题的复函》中指出，公办幼儿园属于国家举办的事业单位，是服务于社会公众的公益性组织，其资产属于国有资产。对于公办幼儿园，其性质是国家举办的事业单位，因而公办幼儿园教师工资纳入县级以上财政保障范围，确保公办幼儿园教师工资及时足额发放。

除公办幼儿园外，实践中还有大量的民办幼儿园。根据民办教育促进法第二条和第三条第一款的规定，民办幼儿园是指国家机构以外的社会组织或者个人，利用非国家财政性经费，面向社会举办的幼儿教育学校。民办幼儿教育事业属于公益性事业，是社会主义教育事业的组成部分。民办幼儿园与公办幼儿园同样重要，都在我国的学前教育事业中扮演着重要角色，对推动我国学前教育事业改革发展有着重要作用。对于民办幼儿园教师工资收入，《中共中央 国务院关于学前教育深化改革规范发展的若干意见》《国务院关于学前教育事业改革和发展情况的报告》《"十四五"学前教育发展提升行动计划》中都明确指出民办幼儿园要参照当地公办幼儿园教师工资收入水平，合理确定相应教师的工资收入。对于依法保障民办幼儿园教师工资待遇的具体方式，《民办教育促进法实施条例》第三十六条指出，民办学校应当依法保障教职工待遇，按照学校登记的法人类型，按时足额支付工资，足额缴纳社会保险费和住房公积金。《中共中央 国务院关于全面深化新时代教师队伍建设改革的意见》第二十三条也指出，民办学校应与教师依法签订合同，按时足额支付工资，保障其福利待遇和其他合法权益。保证民办幼儿园教师薪酬待遇，有助于提高民办幼儿园教师的工作积极性，保障民办幼儿园教学质量，从公办和民办两个维度推动学前教育高质量发展。

【适用指南】

本条是学前教育法对幼儿园教师工资福利的规定。本条对幼儿园教师的工资福利的规定，是对教育法和教师法中教师工资福利规定在学前教育领域的细化。教育法和教师法作为规范教育事业的一般法，都规定要保护教师的合法权益，并改善教师的工作条件和生活条件，从而提高教师的社会地位。同时明确教师的工资报酬、福利待遇，依照法律、法规的规定办理。学前教育法对教师工资福利的规定，是针对幼儿园教师的特别规定，要求幼儿园及其举办者从保障工资福利、依法缴纳社会保险费、改善工作和生活条件、实行同工同酬四个方面充分保障幼儿园教职工的合法权益。同时也要求县级以上地方人民政府应当将公办幼儿园教师工资纳入财政保障范围，统筹工资收入政策和经费支出渠道，确保教师工资及时足额发放。民办幼儿园可以参考当地公办幼儿园同类教师工资收入水平合理确定教师薪酬标准，依法保障教师工资待遇。

各级人民政府行政部门一方面要通过规定合理的工资福利制度，吸引更多人才投身于学前教育事业，提高学前教育从业者的工作积极性、专业水平和整体服务质量，激发其工作动力；另一方面要敦促和监督幼儿园教职工工资福利的足额足项发放，提高学前教育教师队伍薪资满意度，推动学前教育事业可持续发展。而幼儿园及其举办者要根据国家法律法规，切实保障幼儿园教职工工资福利待遇，维护幼儿园教职工的合法权益。

【相关规定】

《中华人民共和国教育法》第三十四条；《中华人民共和国教师法》第四条、第三十一条；《中华人民共和国民办教育促进法》第二条、第三条、第三十六条；《社会保险费征缴暂行条例》第二条；《中共中央 国务院关于学前教育深化改革规范发展的若干意见》第十四条；《国务院关于学前教育事业改革和发展情况的报告》；《县域学前教育普及普惠督导评估办法》第七条；《教育部办公厅关于申报国家学前教育改革发展实验区的通知》；《"十四五"学前教育发展提升行动计划》。

案例评析

如何认定教职工与幼儿园间的劳动关系
——刘某与 L 市 Y 教育科技有限公司劳动合同纠纷案[①]

【案情简介】

2018 年 8 月 6 日，Y 教育科技有限公司（以下简称 Y 公司）注册成立，同日，Y 艺术幼儿园开园，李某担任园长。刘某第一批入职担任教师工作，从园长李某处领取工资。其间幼儿园多次拖欠工资，且未与刘某签订劳动合同，也未为其缴纳社会保险。

2019 年 12 月 2 日，刘某向园长李某发送了离职通知书，并申请劳动仲裁，要求 Y 公司支付未签劳动合同期间双倍工资差额、支付解除劳动合同补偿等，而后仲裁裁决对刘某的申诉请求不予支持。后刘某诉至法院，Y 公司辩称该幼儿园与公司没有任何关系，公司注册后没有实际经营，与刘某不存在劳动关系。刘某提交与王某（Y 公司法定代表人）电话聊天记录，以申请法院确认其与 Y 公司存在劳动关系。Y 公司则提供了一份幼儿园托管收费专用收据，上面盖有字样为"民办 Y 艺术幼儿园"的公章，以此来证明 Y 艺术幼儿园可以独立承担法律责任，与公司无关。

法院认为，根据证据材料，可知王某参与 Y 艺术幼儿园的经营，包括

[①] 上海市宝山区人民法院（2020）沪 0113 民初 4641 号，载中国裁判文书网，https：//wenshu.court.gov.cn/website/wenshu/181107ANFZ0BXSK4/index.html？docId = p58Y +/H8HaXQL1zsHs5GDmyFkMME7WA1kqNOTXyKgL71SmTXQsv85vUKq3u + IEo4zLcqugBN9LtTr5gV382mTYHII3b97oYRU6aH7YXIjD5FGIwFyELJT5H70CmHpyxL，最后访问时间：2024 年 11 月 21 日。

餐饮和校车运营、学生离园退费经办、老师离职后情况询问、日常事务联系等，Y 公司就 Y 艺术幼儿园的违规经营行为对外承担相应行政处罚责任，且该公司的成立时间与 Y 艺术幼儿园的开园时间一致，故可以认定 Y 公司实际在经营 Y 艺术幼儿园。由于 Y 艺术幼儿园没有独立注册成立，刘某作为幼儿园的老师，应当认定与 Y 公司之间存在劳动关系。根据刘某提供的微信聊天记录和通话录音，证明了其工资被拖欠的情况，故支持 Y 公司应支付刘某工资差额的诉求。

【案例解读】

根据学前教育法第四十四条的规定，幼儿园应当与教职工签订聘用合同或劳动合同，并将合同信息予以备案。《关于全面深化新时代教师队伍建设改革的意见》也指出："维护民办学校教师权益……与教师依法签订合同，按时足额支付工资，保障其福利待遇和其他合法权益……"但实践中，不签订聘用合同或劳动合同的事件时有发生，如何认定个体与幼儿园之间存在聘用关系或劳动关系成为争议焦点。对于自然人与幼儿园等学前教育机构是否存在聘用关系或劳动关系，不能单纯依照是否签订合同来认定，而需根据劳动合同法和《事业单位人事管理条例》的规定，结合实践中具体情况，通过综合手段认定，依法保障幼儿园教职工合法权益。

> **第四十七条　【其他待遇】**幼儿园教师在职称评定、岗位聘任（聘用）等方面享有与中小学教师同等的待遇。
>
> 符合条件的幼儿园教师按照有关规定享受艰苦边远地区津贴、乡镇工作补贴等津贴、补贴。
>
> 承担特殊教育任务的幼儿园教师按照有关规定享受特殊教育津贴。

【条文主旨】

本条是关于幼儿园教师其他方面待遇的规定，包括职称评定、岗位聘任、津贴补贴等。

【条文解读】

本条是对幼儿园教师在其他待遇方面的规定。第一款是对幼儿园教师在职称评定、岗位聘任（用）等方面享有与中小学教师同等待遇的规定。第二款和三款是对符合条件的幼儿园教师享受津贴补贴的规定。包含两类不同的条件：一是符合条件的幼儿园教师，按照有关规定享受艰苦边远地区津贴、乡镇工作补贴等津贴、补贴；二是承担特殊教育任务的幼儿园教师，按照有关规定享受特殊教育津贴，落实我国的特殊教育相关政策。

第一款是关于幼儿园教职工职称评定和岗位聘任（用）方面的规定，强调幼儿园教师在职称评定、岗位聘任（用）等方面享有与中小学教师同等的待遇。教师法第四十条第三项规定中小学教师，是指幼儿园、特殊教育机构、普通中小学、成人初等中等教育机构、职业中学以及其他教育机构的教师。换言之，法律将幼儿园教师与中小学教师置于同等法律地位。本款明确幼儿园教师不仅与中小学教师享有同等的地位和待遇，还进一步明确该处的待遇包含职称评定和岗位聘任（用）。实践中，已有地方性法规在此层面有具体的规定，如《上海市学前教育与托育服务条例》第四十一条第一款规定，幼儿园教师在职称评定、岗位聘任（用）等方面享有与中小学教师同等的待遇。《广州市幼儿园条例》第三十七条第三款规定，幼儿教师在专业技术职称评聘、培养培训、表彰奖励等方面享有与中小学教师同等权利。

第二款是对符合条件的幼儿园教师享受津贴补贴的规定。教师法第二十六条规定，中小学教师和职业学校教师享受教龄津贴和其他津贴。同时该法第二十七条规定，地方各级人民政府对教师以及具有中专以上学历的毕业生到少数民族地区和边远贫困地区从事教育教学工作的，应当予以补贴。按照教师法的规定，教师的津贴和补贴是对教师在特殊劳动条件下付出的劳动消耗和生活费支出所给予的适当补偿，是工资的一种补充形式。《国家教育委员会关于〈中华人民共和国教师法〉若干问题的实施意见》第七项中指出，教师法第二十六条中所指的中小学教师和职业学校教师享受的津贴，包括教龄津贴、班主任津贴、特殊教育津贴、特级教师津贴以及根据需要设立的其他津贴。教师到艰苦边远地区、乡镇工作的地区性补贴，也是对教师到艰苦边远地区、经济文化落后的乡镇地区工作的补偿，旨在通过物质激励的方式，鼓励教师到条件艰苦地区从教，推动城乡教育一体化发展。《中共中央 国务院关于全面深化新时代教师队伍建设改革的意见》第二十二条中提到要认真落实艰苦边远地区津贴等政策。本款是针对学前教育阶段教师津贴、补贴的规定，有利于稳定艰苦边远地区和乡镇幼儿园教师队伍，推动艰苦边远地区和乡镇地区学前教育事业的发展。

第三款规定了承担特殊教育任务的幼儿园教师，按照有关规定享受特殊教育津贴。根据《国务院办公厅关于转发教育部等部门"十四五"特殊教育发展提升行动计划的通知》的规定，特殊教育主要是面向视力、听力、言语、肢体、智力、精神、多重残疾以及其他有特殊需要的儿童青少年提供的教育，是教育事业的重要组成部分，是建设高质量教育体系的重要内容，是衡量社会文明进步的重要标志。发展学前教育阶段的特殊教育，有利于帮助残疾学前儿童实现最大限度的发展，也能全面推动不同需求学前教育的高质量发展。因此，《国务院办公厅关于转发教育部等部门"十四五"特殊教育发展提升行动计划的通知》中要求，要认真落实特殊教育教师津贴标准，保障特殊教育教师待遇，促进我国学前教育领域特殊教育事业的改革和发展。

【适用指南】

本条是学前教育法对幼儿园教师在职称评定等其他待遇方面的规定，与教师法之间是特别规范和一般规范的关系。教师法对幼儿园教师、中小学教师等在职称评定、津贴补贴等方面进行了一般性规定。学前教育法一方面规定了幼儿园教师在职称评定、岗位聘任（用）等方面享有与中小学教师同等的待遇，另一方面也针对幼儿园教师享受津贴补贴以及特殊教育津贴方面进行了特别规定。学前教育法该条旨在依法维护幼儿园教职工职称评定、岗位聘任（用）、补贴津贴等方面的待遇，依法保障幼儿园教师的合法权益。

各级各类政府应当依照法律规定落实幼儿园教师在职称评定、岗位聘任（用）、津贴补贴发放等方面的福利待遇，并敦促幼儿园及其举办者落实幼儿园教师上述福利待遇，切实保障幼儿园教师职业权益，稳定学前教育师资队伍。

各类幼儿园及其举办者应当将落实幼儿园教职工法定福利待遇放在幼儿园管理和发展的重要地位，切实保障幼儿园教职工各项福利待遇，为幼儿园发展提供坚实的人力资源支撑。

【相关规定】

《中华人民共和国教师法》第二十六条、第二十七条、第四十条；《中共中央 国务院关于全面深化新时代教师队伍建设改革的意见》第二十二条；《国务院办公厅关于转发教育部等部门"十四五"特殊教育发展提升行动计划的通知》。

> **第四十八条 【专业设置与师资培养】**国务院教育行政部门应当制定高等学校学前教育专业设置标准、质量保证标准和课程教学标准体系，组织实施学前教育专业质量认证，建立培养质量保障机制。
>
> 省级人民政府应当根据普及学前教育的需要，制定学前教育师资培养规划，支持高等学校设立学前教育专业，合理确定培养规模，提高培养层次和培养质量。
>
> 制定公费师范生培养计划，应当根据学前教育发展需要专项安排学前教育专业培养计划。

【条文主旨】

本条是关于学前教育专业设置与学前教育师资培养的规定。

【条文解读】

本条第一款规定了国务院教育行政部门承担学前教育专业设置的具体职责，包含制定专业设置标准、质量保证标准、课程教学标准体系，组织实施学前教育专业质量认证，建立培养质量保障机制等方面。第二款规定了省级人民政府学前教育师资培养的职责，包括制定学前教育师资培养规划，支持高等学校设立学前教育专业，合理确定培养规模等方式，以提高培养层次和培养质量。第三款规定了公费师范生培养计划，提出应当根据学前教育发展需要，专项安排学前教育专业培养计划。

第一款规定了国务院教育行政部门学前教育专业设置的具体职责。一方面，制定高等学校学前教育专业设置标准、质量保证标准和课程教学标准体系，为制定师资培养计划提供参考标准，是保障幼儿教师培养质量的前提和基础。学前教育专业设置标准和质量保证标准关系到学前教育的人才培养质量，而课程教学标准则是实现学前教育专业人才培养质效的关键。《教育部关于规范小学和幼儿园教师培养工作的通知》中指出，要加强学前教育专业建设，严格执行教学计划，不断提高人才培养质量，加强学前教育从业人员队伍建设。另一方面，要组织实施学前教育专业质量认证，建立培养质量保障机制。《中共中央 国务院关于学前教育深化改革规范发展的若干意见》中提到要建立普通高等学校学前教育专业质量认证和保障体系。《普通高等学校师范类专业认证实施办法（暂行）》中提到要结合我国教师教育实际，分类制定学前教育专业认证标准，作为开展师范类专业认证工作的基本依据。《国务院关于学前教育事业改革和发展情况的报告》中指出要"开展师范院校学前教育专业国家认证工作"，推动提高幼儿园教师培养质量。本条对国务院教育行政部门学前教育专业设置的具体职责，为完善学前教育人才培养提供了坚实的保障。

第二款规定了省级人民政府对学前教育师资培养的职责，具体包括应当制定学前教育师资培养规划，支持高等学校设立学前教育专业，合理确定培养规模，提高培养层次和培养质量等方面。《国务院关于当前发展学前教育的若干意见》中指出，要完善学前教育师资培养培训体系、办好高等师范院校学前教育专业，其具体方式方法在《教师教育振兴行动计划（2018—2022年）》以及《学前教育督导评估暂行办法》第十一条中细化为，要完善学前教育师资培养培训体系、设立培养专业、提高培养层次、扩大培养规模。其中，制定学前教育师资培养规划是学前教育师资培养的前提，支持高校设置学前教育专业是基础。培养规模即不同教育层次的学前教育专业招生人数。培养层次包含学前教育专业的中等教育和高等教育，高等教育又包含专科和本科/研究生层次。由省级人民政府承担学前教育师资培养的职责，主要是在中等教育和高等教育专业设置和培养体系划分中，我国规定由国家进行调控、省级政府进行统筹，因而学前教育师资培养的主要职责由省级政府履行。

第三款规定了公费师范生培养计划，即国家根据学前教育发展的需要，专项安排学前教育专业培养计划。《教育类研究生和公费师范生免试认定中小学教师资格改革实施方案》中指出，本方案所指公费师范生是指入学前与培养学校以及教育行政部门签订《师范生公费教育协议》，享受国家或地方师范生公费教育政策的师范生。《中共中央 国务院关于学前教育深化改革规范发展的若干意见》中提到，根据基本普及学前教育目标，要扩大学前教育专业公费师范生招生规模。《国务院关于当前发展学前教育的若干意见》和《国务院关于学前教育事业改革和发展情况的报告》中也要求不断扩大学前教育专业公费师范生招生规模，推进学前教育教师队伍建设。建立师范生公费教育制度，有利于吸引优秀人才从事学前教育工作，为国家学前教育高质量发展提供人力支撑。

【适用指南】

教师法作为一般法在教师培训方面规定，各级人民政府教育行政部门、学校主管部门和学校应当制定教师培训规划。学前教育法本条是针对幼儿园教师培养的特别规定，本条对中央、省级政府以及各级政府在学前教育师资培养阶段的不同职责进行了具体规定，具体而言：一是要求国务院教育行政部门负责制定高等学校学前教育专业设置标准、质量保证标准和课程教学标准体系，组织实施学前教育专业质量认证，建立培养质量保障机制。二是要求省级人民政府制定学前教育师资培养规划，支持高校设立学前教育专业，合理确定培养规模，提高培养层次和培养质量。三是在公费师范生培养计划中，要根据学前教育发展的需要考虑学前教育专业的设置。

本条强调不同层级政府共同推动学前教育师资的培养和提升，通过制定规划、支持专业设立、制定培养规划以及建立质量保障机制等方式，保障学前教育师资培养质量，推动学前教育师资数量和质量的提升。学前教育对儿童的全面发展起着关键作用，通过规范师资培养，有助于提高学前教育的整体质量，能够更好地满足公民对高质量学前教育的需求，推动我国学前教育事业高质量发展。

【相关规定】

《中共中央 国务院关于学前教育深化改革规范发展的若干意见》；《中共中央 国务院关于全面深化新时代教师队伍建设改革的意见》；《国务院关于当前发展学前教育的若干意见》；《国务院关于学前教育事业改革和发展情况的报告》；《教育部 中央编办 财政部 人力资源和社会保障部关于加强幼儿园教师队伍建设的意见》；《教育部关于规范小学和幼儿园教师培养工作的通知》；《普通高等学校师范类专业认证实施办法（暂行）》。

第四十九条 【在职培训】 县级以上人民政府教育、卫生健康等有关部门应当按照职责分工制定幼儿园园长、教师、保育员、卫生保健人员等工作人员培训规划，建立培训支持服务体系，开展多种形式的专业培训。

【条文主旨】

本条是关于幼儿园教职工在职培训的规定。

【条文解读】

本条是对县级以上人民政府教育、卫生健康等有关部门对幼儿园教职工进行培训的规定，具体包括三个层面：一是制定培训规划，二是建立培训支持服务体系，三是开展多种形式的专业培训工作。

首先，县级以上人民政府教育、卫生健康等有关部门应当制定教职工培训规划。教职工培训规划是教职工在职培训的依据和参考。根据教师法第十九条规定，各级人民政府教育行政部门、学校主管部门和学校应当制定教师培训规划。根据民办教育促进法第四十条规定，教育行政部门及有关部门应当对民办学校的教师培训工作进行指导，上述是对于县级以上人民政府教育部门承担教职工培训的一般性要求。具体到学前教育领域，《幼儿园管理条例》第二十二条规定，各级教育行政部门应当负责监督、评估和指导幼儿园的保育、教育工作，组织培训幼儿园的师资。而结合本法第九条的规定，针对幼儿园内部保育员、卫生保健人员等身份和职责的特殊性，需要卫生健康等有关部门在其职责范围内共同参与培训。通过针对幼儿园教职工不同分工和职责的培训规划，能够有效促进园长、教师、保育员、卫生保健人员等工作人员接受专业化的培训，从而提高学前教育工作人员队伍的质量。

其次，县级以上人民政府教育、卫生健康等有关部门应当建立培训支持服务体系。建立学前教育教职工培训支持服务体系有利于确保幼儿教育工作者在培训方面获得更加全面的支持，提高幼儿园工作人员专业水平。例如，实践中，《深圳经济特区学前教育条例》第三十六条就曾专门强调，教育部门应当针对幼儿园保育教育工作人员"建立培训支持服务体系"。

最后，县级以上人民政府教育、卫生健康等有关部门应当对幼儿园教职工开展多种形式的专业培训。教师法第十九条规定各级人民政府教育行政部门、学校主管部门和学校应当"对教师进行多种形式的思想政治、业务培训"。这是对教师业务培训的一般性规定。《国务院关于当前发展学前教育的若干意见》中指出，各地五年内对幼儿园园长和教师进行一轮全员专业培训，对予以幼儿园园长和教师专业培训进行了明确。此外，也有地方性法规明确了专业培训的有关事项，如根据《深圳经济特区学前教育条例》第三十六条规定，教育部门应当对幼儿园保育教育工作人员开展多种形式的专业培训。开展多种形式的专业培训，有助于满足幼儿园保育员、卫生保健人员等不同教职工的学习需求，使得学前教育培训覆盖面更广，更具有专业性和针对性，能够有效促进我国学前教育事业的改革创新，提升学前教育质量。

【适用指南】

本条是学前教育法对幼儿园工作人员在职培训的规定。本条对幼儿园工作人员在职培训的规定，是对教育法和教师法规定教育行业从业人员尤其是教师应当参加培训的特殊规定。教育法以及教师法作为一般法，对教育行业从业人员特别是教师应当参加培训作了一般性规定。本条针对学前教育的特殊性，对幼儿园教职工包括园长、教师、保育员、卫生保健人员参与专业培训的规定，是针对幼儿园教职工在职培训方面的细化规定，有助于提高学前教育工作者的专业水平。

本条强调县级以上人民政府教育、卫生健康等有关部门作为推动我国学前教育事业发展的主要部门，应当承担制定有针对性的幼儿园教职工培训规划，建立培训支持服务体系，开展多种形式的专业培训等义务。由县级以上人民政府教育、卫生健康等不同部门负责幼儿园教职工在职培训，能够结合幼儿园教职工不同的职业需求，有针对性地开展对本辖区幼儿园在职人员的专业培训，加强学前教育从业人员队伍建设。

此外，根据教育法第四十一条规定，教育行业从业人员有依法接受职业培训的权利和义务。各类幼儿园及其举办者要积极组织并监督督促幼儿园教职工依法参加职业培训，以更好地保障幼儿合法权益，以及促进幼儿全面发展，适应学前教育事业的长远发展。

【相关规定】

《中华人民共和国教育法》第四十一条；《中华人民共和国教师法》第十九条；《中华人民共和国学前教育法》第九条；《中华人民共和国民办教育促进法》第四十条；《幼儿园管理条例》第二十二条；《国务院关于当前发展学前教育的若干意见》。

第五章　保育教育

※ **本章导读** ※

保育是指精心照管幼儿，使其健康成长，因此需要向幼儿提供生存与发展所必需的环境和物质条件，给予精心照顾和培养，以帮助其能够获得良好的身心发育，并逐渐增强其独立生活的能力，保育更为关注幼儿物理上的身体发展；广义上的教育是指能够增进人们的知识、技能，影响人们思想品德的活动，相较于幼儿保育而言，幼儿教育更为关注幼儿知识、思想、素质和品德等非物理意义上的良好发展。"保育教育"同儿童在学前教育机构获得良好呵护、照顾以及受教育权利的良好保障紧密相关，"保育教育"事关幼儿基本权利保障、民族族群繁衍、儿童身心健康和社会的良性发展。本章"保育教育"章节共计10条，分别从身心发展、人身安全、危害防范、生活制度、康复设备、学业指导、素质教育、教学资源、科学育儿、学业衔接方面全方位确保幼儿在园期间能够获得良好的保育教育服务，以促进幼儿身心的良好健康发展。

> **第五十条**　【身心发展】幼儿园应当坚持保育和教育相结合的原则，面向全体学前儿童，关注个体差异，注重良好习惯养成，创造适宜的生活和活动环境，有益于学前儿童身心健康发展。

【条文主旨】

本条是关于保障学前儿童在园期间身心健康发展的规定。

【条文解读】

　　本条是关于规范幼儿园合理实施幼儿保育和教育活动的规定，该条规定在注重学前儿童教育活动实施普遍性的同时，也关注到学前儿童个体的差异性，并给予足够重视，该规范在关注学前儿童良好生活习惯养成的同时，也要求幼儿园为学前儿童创造适宜的生活和活动环境，为学前儿童身心的健康发展创造有益的环境。本条规范要求学前儿童的教育应当坚持保育和教育相结合的原则，保育是指精心照管幼儿，使其身体健康成长，因此需要向幼儿提供良好生存与发展所必需的环境和物质条件，给予精心照顾和培养，以帮助其身心能够得到有益发展，并逐渐增强其独立生活的能力，保育更为关注幼儿物理上的身体发展；广义上的教育是指能够增进人们的知识、技能，影响人们思想品德的活动，相较于幼儿保育而言，幼儿教育更为关注幼儿知识、思想、素质和品德等非物理意义上的健康发展。该条款不仅要求幼儿园的基本教育原则应当是保育和教育相结合原则，而且要求学前教育的举办在关注幼儿身体健康发育的同时也应当保持幼儿知识、技能、思想、素质和道德等方面的协调发展，还应当重视幼儿个体的差异性，要着重培养幼儿良好的生活习惯，为幼儿创造适宜其生活和活动的环境，以促进幼儿身心的健康发展。

　　首先，教育法第三十条规定，学校及其他教育机构应当履行贯彻国家的教育方针，执行国家教育教学标准，保证教育教学质量的义务。这为国家各个级别学校教育活动的开展指明了方向。本条要求幼儿园应当坚持保育和教育相结合的原则，关注儿童个体差异，注重良好习惯的养成，进而促进儿童身心的健康发展。本条规定不仅承接了教育法第三十条的基本要求，同时也对幼儿在园期间的教育提出了更为细化的要求，以确保幼儿在园期间身心能够得到良好的发展。

　　其次，《中共中央　国务院关于学前教育深化改革规范发展的若干意见》第一条中的"认真落实立德树人根本任务，遵循学前教育规律，牢牢把握学前教育正确发展方向"和第二条中的"遵循幼儿身心发展规律"明确要求幼儿教育要严格遵循幼儿教育的自身规律、特点和幼儿的身心发展规律，同时，也应当将立德树人作为培养的根本任务，以牢牢遵循幼儿学前教育的正确发展方向。

　　最后，《幼儿园管理条例》第三条规定，幼儿园的保育和教育工作应当促进幼儿在体、智、德、美诸方面和谐发展。该条规定对于幼儿在园期间的整体、全面和协调发展所提出的要求，无疑将在确保幼儿接受良好教育的同时，也能够确保其身心健康和素质良好。本条的颁布和实施无疑是对该项要求的明确和强化，将会为幼儿保育和教育活动的顺利开展奠定坚实的规范基础。

【适用指南】

本条同教育法中关于贯彻国家教育方针、执行国家教育教学标准的规定属于特别法与一般法的关系。教育法关于学校及其他教育机构应当贯彻国家教育方针，执行国家教育教学标准的规定是针对我国各个层次的学校和教育机构所作的具有普遍性的规定。《中共中央　国务院关于学前教育深化改革规范发展的若干意见》第一条和第二条关于遵循学前教育规律、遵循幼儿身心发展规律，认真落实立德树人根本任务的意见要求，对我国学前教育机构办学活动的开展都具有积极的指导意义。

本条要求幼儿园在进行日常幼儿教育的过程中应当坚持保育和教育相结合的原则，关注幼儿个体自身的差异性，在确保幼儿身体良好发展的同时也要确保幼儿知识的有序增长、心灵的健康、道德的良好，以及为素质的提升奠定相应的基础，进而为幼儿创造良好的生活和活动环境，以促进幼儿的良好发展。

本条对幼儿园开展幼儿教育的基本原则进行了相应的规定，在日常的适用中不仅要保证幼儿的身体良好发展，同时也要关注幼儿心灵、知识、素质等全方位的平衡发展，并要求幼儿园在幼儿日常教育的过程中既要关注幼儿个体发展的差异性，同时也应当为幼儿创造良好的生活和学习环境，以促进幼儿的良好发展。

【相关规定】

《中华人民共和国教育法》第三十条；《幼儿园管理条例》第三条。

第五十一条　【人身安全】幼儿园应当把保护学前儿童安全放在首位，对学前儿童在园期间的人身安全负有保护责任。

> 幼儿园应当落实安全责任制相关规定，建立健全安全管理制度和安全责任制度，完善安全措施和应急反应机制，按照标准配备安全保卫人员，及时排查和消除火灾等各类安全隐患。幼儿园使用校车的，应当符合校车安全管理相关规定，保护学前儿童安全。
>
> 幼儿园应当按照国家有关规定投保校方责任保险。

【条文主旨】

本条是关于幼儿在园期间人身安全保障的规定。

【条文解读】

本条第一款是关于儿童在园期间安全责任保障的规定，即幼儿园应当将学前儿童在园期间的安全保障放在首要位置，并且对儿童在园期间的人身安全负有相应的保护职责；第二款是关于幼儿园基于保障儿童在园期间人身安全的现实需要，所应当构建的相应安全保障的规定，相关安全保障主要包括安全管理制度、安全责任制度的建立和完善，安全措施和应急反应机制的完善，安全保卫人员的配备，火灾等各类安全隐患的排查和消除，以及幼儿园校车的使用应当符合校车安全管理规范标准的要求等，以达成确保儿童安全的目标；第三款是关于幼儿园校方责任保险投保的规定，即幼儿园应当按照国家有关规定，就校方责任购买相应的保险。

本条第一款是关于儿童在园期间安全责任保障的规定。

首先，我们国家历来十分重视校园安全的保障，尤其是儿童在园期间的安全保障。1989年《儿童权利公约》第六条明确规定，缔约国确认每个儿童均有固有的生命权，缔约国应最大限度地确保儿童的存活与发展。党的十八大以来，我国儿童在园期间安全保障责任制度的构建、完善都得到了极大的推进，儿童在园期间的安全保障体系更加完善，安全成长环境更加优化。

其次，宪法第四十九条第一款规定"婚姻、家庭、母亲和儿童受国家的保护"，即涵盖国家为了保障儿童安全所采取的诸多措施，包括有关幼儿园对于儿童在园期间安全保障方面的责任规定。

最后，《国务院办公厅关于加强中小学幼儿园安全风险防控体系建设的意见》第二部分明确规定，完善学校安全风险预防体系，该部分即涵盖了儿童在园期间人身安全保障方面相关责任和制度等的建构和完善。《国务院办公厅关于加强中小学幼儿园安全风险防控体系建设的意见》第二部分分别从安全教育机制的构建、安全保障的国家标准体系和认证制度的构建、学生安全区域的建立、安全预警和风险评估制度的构建以及安全风险防控专业服务机制的构建等方面，为儿童在园期间安全的保障构建起一套全面、牢固又极具操作性的保障机制。

第二款是关于幼儿园安全责任制度落实和校车使用要求的规定。

首先，《中小学幼儿园安全管理办法》第四条要求学校安全管理工作主要包括构建学校安全工作保障体系、健全学校安全预警机制、建立校园周边整治协调工作机制等。儿童在园期间人身安全的保障如何强调、如何细化都不为过，儿童是祖国的花朵，更是祖国的未来。《中小学幼儿园安全管理办法》对于幼儿园校园安全管理的细化规定，不仅涵盖校园安全工作保障体系的构建，安全预警机制的完善，同时将幼儿在园期间安全保障的空间范围延伸至校园周边区域，进而为儿童在园期间的安全创造了足够的空间范围，同时也为儿童在园期间人身安全的保障提供了规范性依据和相应的参考标准。

其次，《最高人民检察院关于依法惩治侵害幼儿园儿童犯罪全面维护儿童权益的通知》第一款明确规定要严厉惩治侵害幼儿安全的行为，保护幼儿在校安全。儿童处于人生对抗外界不法侵害最为柔弱的阶段，对于来自外界的非法侵害，其几乎没有抵抗能力，也不知如何进行抵抗。社会中针对在园儿童的非法侵害行为，不仅是对儿童自身的伤害，同时也是对公权力所确立以及维护的秩序的极为恶劣的破坏，并且会在社会中形成极为恶劣的示范效应。因此，对于发生在儿童身上的不法侵害，尤其是针对在园儿童所发生的非法侵害应当予以严厉打击，以确保儿童人身安全，维护良好、有序的社会秩序。

再次，《最高人民法院关于充分发挥审判职能作用切实维护学校、幼儿园及周边安全的通知》第一款明确规定要切实维护和保障幼儿园及周边地区的安全，以保护幼儿自身安全。法院作为维护儿童合法权益的最后一道司法屏障，肩负着维护和保障儿童自身合法权益的重要责任和义务，应积极运用和发挥自身的审判职能，依法、依规严厉打击针对儿童的不法侵害行为，会为儿童的人身安全提供极为重要的保障。

最后，《校车安全管理条例》第十条至第十三条就校车安全标准、规范使用以及为保护儿童安全而划定的各方责任进行了规定，以规范校车使用、保护幼儿乘车安全。儿童因其年龄小、自身防范意识和辨认意识薄弱，再加上多数儿童父母工作较为繁忙，往往缺乏足够的时间送儿童入园学习。因此，校车的使用对于儿童正常入园接受教育就极为重要，又鉴于儿童自身防范意识和辨认意识的薄弱，使得儿童在离家至入园期间其自身安全对校车产生了严重的依赖。因此，落实幼儿园校车使用安全方面的相关规定，是确保儿童人身安全的重要一环，无论如何重视和规范都是应当的。

第三条是关于幼儿园校方责任保险投保的规定。

儿童在园期间人身安全保障不仅涉及幼儿园的正常有序运转，同时也与儿童家庭的幸福生活息息相关。《教育部 财政部 中国保险监督管理委员会关于推行校方责任保险完善校园伤害事故风险管理机制的通知》明确要求建立和完善校园意外伤害事故风险管理机制。幼儿园为在园儿童购买相应的校方责任保险，是市场经济条件下对幼儿园进行风险管理和控制的基本路径，该路径充分发挥了保险在幼儿园日常管理过程中的积极作用，有利于最大限度防范和化解各类幼儿园安全事故责任，有利于最大限度解除幼儿园和家长的后顾之忧，有利于积极推动幼儿园素质教育的顺利实施，有利于幼儿园开展正常的教育、教学活动，有利于保障广大儿童在园期间的合法、正当权益，以减少或避免相关经济纠纷，减轻幼儿园办学的经济负担，促进儿童素质教育的顺利实施和儿童身体的健康成长。

该条所列"在园期间"应当从时间和空间两个维度来进行限定，时间维度应当以幼儿园所明确制定的规范条款（该条款应当以园方签字时在职主管责任人签字并递交至家长手中的规范为准，非危害人身安全等重大特殊原因，该条款在该学期结束前不得更改）为准，若无明确时间节点规范，则以该园所在区中小学统一入校授课时间为准；空间维度应当以幼儿进入该园通常所辖公共区域为准。"安全责任制"不仅应当包括相关法律、法规、规章所列安全职责，同时也应当包括该园自身规范所列安全职责和对入园幼儿家长所作安全承诺。

【适用指南】

本条是关于儿童在园期间为保障儿童人身安全所进行的专业规范，对于儿童在园期间人身安全的保障具有极为重要的现实意义；《中小学幼儿园安全管理办法》作为针对中小学幼儿园安全管理的专业性规范文件，对幼儿园安全事务的管理和规范而言是重要的遵循依据；《校车安全管理条例》是关于教育机构校车使用的专业性规范文件，其关于校车安全使用的相关规范对于幼儿园在接送儿童过程中校车的规范使用具有重要的现实意义。

本条规定为幼儿园保障幼儿在园期间的人身安全提供了重要的制度依据。这在很大程度上有利于促进儿童在园期间的安全制度建设，为幼儿园保障儿童在园期间的安全提供了制度建构蓝本，同时也对儿童在园期间可能产生的潜在危险进行了责任方面的划分，对于我国儿童在园期间的安全保障具有极为重要的现实意义。

【相关规定】

《中小学幼儿园安全管理办法》第四条；《国务院办公厅关于加强中小学幼儿园安全风险防控体系建设的意见》；《最高人民检察院关于依法惩治侵害幼儿园儿童犯罪全面维护儿童权益的通知》；《最高人民法院关于充分发挥审判职能作用切实维护学校、幼儿园及周边安全的通知》；《校车安全管理条例》第十条、第十一条、第十二条、第十三条；《教育部　财政部　中国保险监督管理委员会关于推行校方责任保险完善校园伤害事故风险管理机制的通知》。

> **第五十二条　【危害防范】**幼儿园发现学前儿童受到侵害、疑似受到侵害或者面临其他危险情形的，应当立即采取保护措施，并向公安、教育等有关部门报告。
>
> 幼儿园发生突发事件等紧急情况，应当优先保护学前儿童人身安全，立即采取紧急救助和避险措施，并及时向有关部门报告。
>
> 发生前两款情形的，幼儿园应当及时通知学前儿童父母或者其他监护人。

【条文主旨】

本条是关于儿童在园期间危害防范的规定。

【条文解读】

本条第一款是关于儿童在园期间面临危害时幼儿园应当采取相关措施

的规定，幼儿园对于儿童在园期间面临的侵害、疑似侵害或者其他危险情形时，应当按照先后顺序，首先应当采取措施，尽快遏制侵害行为的发生，其次应当尽快向公安机关、教育行政部门等进行报告；第二款是关于幼儿园面对突发事件等紧急情况时应当如何应对的规定，幼儿园在面对突发事件时，应当将儿童的人身安全放在首要位置，同时应当马上采取相应的紧急救助和避险措施，最大程度降低危险，并及时向有关部门进行报告；第三款是关于儿童在园期间面临前两款所发生的危险情况时幼儿园应当及时告知儿童父母或者其他监护人的规定，作为儿童父母或监护人，理应享有相应的知情权，这不仅是法律上的权利，同时也是人性化在立法中的生动呈现。

本条第一款是关于儿童在园期间面临危害时幼儿园应当采取相关措施的规定。

根据《中小学幼儿园安全管理办法》第四条第一项规定，学校安全管理工作包括构建学校安全工作保障体系；第五条规定，学校应当按照本办法履行安全管理和安全教育职责；第十五条规定，学校应当遵守有关安全工作的法律、法规和规章，建立健全校内各项安全管理制度和安全应急机制，及时消除隐患，预防发生事故；第二十八条规定，学校以及接受学生参加教育教学活动的单位必须采取有效措施，为学生活动提供安全保障。儿童在园期间尚处于幼年阶段，对于外来侵害并不具备相应的反抗和自我保护能力，当面对儿童在园期间所发生的侵害或者疑似侵害以及其他危险情形时，幼儿园应当负有第一责任，其应当立即采取相应的保护措施，为儿童提供最大程度的安全保障，同时也应当及时向公安机关、教育行政部门等进行报告，以尽快争取更多力量，共同为儿童提供全面的保护。全面、完善的儿童在园安全保障体系不仅事关幼儿园自身的健康、良性和长远有序发展，同时也事关众多家庭的幸福生活，更与良好社会秩序的形成息息相关。因此，应当从各个方面、综合各方力量，共同为儿童在园期间的安全保驾护航。

第二款是关于幼儿园面对突发事件等紧急情况时应当如何应对的规定。

儿童人身安全保障是幼儿园办学过程中应当放在首位的，更是幼儿园办学工作中的重中之重。保障儿童在园期间的人身安全，积极采取安全措施，及时应对、处理好各种突发情况，不仅事关社会的长治久安，更与儿童的健康、良好成长息息相关。因此，积极采取各种措施，优先保护儿童人身安全，并及时向有关部门进行报告以最大限度争取来自社会各方面的帮助是营造良好的儿童在园环境、保护儿童人身安全的必然要求。

第三款是关于儿童在园期间面临前两款所发生的危险情况时幼儿园应当及时告知儿童父母或者其他监护人的规定。

作为儿童的父母或者其他监护人，理应享有相应的知情权，这不仅是法律上的权利，同时也是人性化在立法中的生动呈现。《中小学幼儿园安全管理办法》第二十四条第一款规定："学校应当建立学生安全信息通报制度，将学校规定的学生到校和放学时间、学生非正常缺席或者擅自离校情况、以及学生身体和心理的异常状况等关系学生安全的信息，及时告知其监护人。"监护人作为儿童安全保障的重要提供者，其经常同儿童接触，对于发生在儿童身边的各类侵害、危险以及突发情况，均具有丰富的应对经验和处置措施，幼儿园及时将发生在儿童身边的侵害、危险和突发情况等告知父母或其他监护人，对于儿童人身安全的保障具有极为重要的现实意义，同时这也是保障父母或者其他监护人关于儿童在园期间相关事项知情权的重要措施。

【适用指南】

本条是关于儿童在园期间危险防范的特别法规定。本法同《中小学幼儿园安全管理办法》之间是上位法与下位法的关系。《中小学幼儿园安全管理办法》作为规范中小学幼儿园校内安全管理的一般性立法，其涵盖范围相对广泛，主要包括中学、小学和幼儿园的校内安全管理。学前教育法对幼儿园在园儿童安全保障的规定，属于专业保障在园儿童安全的特殊立法，对在园儿童的安全保障问题进行了全面规范、指引，这无疑将会推动我国在园儿童安全保障事业迈上一个更高的台阶。

本条规定强调学前儿童在园期间，如果遭受侵害、疑似侵害或者面临其他危险情形时，幼儿园有义务、有责任立即采取相应的保护措施，并按规定向公安、教育等有关部门进行报告。

本条规定强调当儿童在园期间面对突发紧急情况时，幼儿园应当将学前儿童的人身安全保障放在首位，同时应当立即采取紧急措施和避险措施，并按照相应的规定要求，及时向有关部门进行汇报。

本条规定强调当儿童在园期间如果遭受侵害、疑似侵害，面临其他危险情形或者突发紧急情况时，幼儿园应当立即按照相应的规定要求，及时将儿童在园期间所遭受或者面临的上述情况向儿童的父母或者其他监护人进行通知，且该通知应当包括遭遇上述情况的概况、儿童身体情况和心理情况、幼儿园应对措施的种类、措施实施基本情况以及后续的预防措施等。

【相关规定】

《中小学幼儿园安全管理办法》第四条、第五条、第十五条、第二十四条、第二十八条。

第五十三条 【生活制度】 幼儿园应当建立科学合理的一日生活制度，保证户外活动时间，做好儿童营养膳食、体格锻炼、全日健康观察、食品安全、卫生与消毒、传染病预防与控制、常见病预防等卫生保健管理工作，加强健康教育。

【条文主旨】

本条是关于幼儿园建立科学合理一日生活制度的规定。

【条文解读】

本条是关于幼儿园如何建立科学合理的一日生活制度的规定。科学合理的生活制度是儿童在幼儿园期间健康生活和学习的基础，是儿童在幼儿园学习和生活规范的重要组成部分，该条文将儿童在幼儿园科学合理的一日生活制度以列举和概括的方式进行了明示，主要包括适当的户外活动时间、良好恰当的营养膳食、适度的体格锻炼、恰当的全日健康观察、严格的食品安全、清洁的卫生与严格的消毒、对传染病的预防与控制以及对常见疾病的预防等卫生管理工作，以综合实现对儿童健康教育予以加强的目标。

首先，体育法第三十四条规定，幼儿园应当为学前儿童提供适宜的室内外活动场地和体育设施、器材，开展符合学前儿童特点的体育活动。良好、适当且合理的户外活动和体育锻炼，是确保儿童在园期间有一个良好体魄和健康心理的必然组成部分，是增进儿童身心健康的必然要求，在综合考量儿童自身身体素质条件的基础上，合理、适当地安排好儿童在园期间的日常生活锻炼是幼儿园建构合理一日生活制度的重要组成部分和必然要求，这也是落实健康教育的必然要求。

其次，食品安全法第四条规定，食品生产经营者对其生产经营食品的安全负责。食品生产经营者应当依照法律、法规和食品安全标准从事生产经营活动，保证食品安全，诚信自律，对社会和公众负责，接受社会监督，承担社会责任。第六条第一款规定，县级以上地方人民政府对本行政区域的食品安全监督管理工作负责，统一领导、组织、协调本行政区域的食品安全监督管理工作以及食品安全突发事件应对工作，建立健全食品安全全程监督管理工作机制和信息共享机制。第八条第一款规定，县级以上人民政府应当将食品安全工作纳入本级国民经济和社会发展规划，将食品安全工作经费列入本级政府财政预算，加强食品安全监督管理能力建设，为食品安全工作提供保障。第二十四条规定，制定食品安全标准，应当以保障公众身体健康为宗旨，做到科学合理、安全可靠。政府作为食品安全重要的监督者、食品卫生的引领者以及规范者，无疑应当将幼儿园为儿童提供的食物纳入监督范围之内，应对幼儿园营养膳食进行严格的监管，对幼儿园的卫生、消毒进行严格监管，以确保儿童在园期间食品食用的安全性。

最后，传染病防治法第九条规定，国家支持和鼓励单位和个人参与传染病防治工作。幼儿园作为儿童在园期间日常生活的实际管理者，疾病预防、卫生保健工作的实施者，无疑对于疾病的预防、监督和控制负有极其重要的责任。因此，幼儿园应当严格按照国家有关疾病、传染病等卫生保健方面的规定要求，为儿童在园期间提供一个良好、健康和稳定的生活和学习环境。

【适用指南】

本条是关于幼儿园如何建立科学合理的一日生活制度的规定。本条关于幼儿园建立科学合理的一日生活制度的规定同体育法第三十四条规定、食品安全法第四条规定以及传染病防治法第九条规定属于特别规范与一般规范的关系。体育法第三十四条规定、食品安全法第四条规定以及传染病防治法第九条规定分别从体格锻炼、食品卫生安全以及疾病传染防控等方面，为幼儿园确保儿童在园期间的锻炼、食品食用安全以及卫生疾病的防控提供规范性的遵循和指引；本条规定则是专门针对幼儿园建构科学合理的一日生活制度所进行的规范，其涉及儿童在园期间生活的各个方面，包括户外活动、营养膳食、体格锻炼、健康观察、食品安全、卫生消毒、疾病防控、卫生保健以及健康教育等方面，该条规定无疑将为幼儿园建构科学合理的一日生活制度提供规范指引，也必然会推动我国幼儿园儿童教育事业的规范、健康和有序发展。

【相关规定】

《中华人民共和国体育法》第三十四条；《中华人民共和国食品安全法》第四条、第六条、第八条、第二十四条；《中华人民共和国传染病防治法》第九条。

> 第五十四条 【康复设备】招收残疾儿童的幼儿园应当配备必要的康复设施、设备和专业康复人员，或者与其他具有康复设施、设备和专业康复人员的特殊教育机构、康复机构合作，根据残疾儿童实际情况开展保育教育。

【条文主旨】

本条是关于招收残疾儿童幼儿园康复设备、人员配备的规定。

【条文解读】

本条是关于招收残疾儿童幼儿园康复设备、人员配备的规定。残疾儿童在生活、学习、自我服务等诸多方面都存在劣势和不足，可以招收残疾儿童的幼儿园作为残疾儿童教育的提供者，应当为残疾儿童提供有利于康复、学习和健康成长的相关设施、设备、人员，如必要的康复设施、设备，专业的康复人员，以确保残疾儿童在园期间不仅能够健康成长和生活，同时也能够掌握必要的生活和学习技能，以促进残疾儿童健康、良好成长。

首先，《国务院关于建立残疾儿童康复救助制度的意见》第一条第一款规定，着力保障残疾儿童基本康复服务需求，努力实现残疾儿童"人人享有康复服务"，使残疾儿童家庭获得感、幸福感、安全感更加充实、更有保障、更可持续。残疾儿童不但是弱势群体，同时也是祖国的花朵和未来，党的十八大以来，一系列残疾儿童康复项目使得我国残疾儿童的康复状况得到了极大的改善。幼儿园作为残疾儿童在园期间康复训练和生活学习的主要场所，在残疾儿童的健康恢复、生活学习等诸多方面扮演着重要角色，发挥着重要作用。因此，招收残疾儿童的幼儿园应当及时配备必要的康复设施、设备和专业的康复人员，而其他招收残疾儿童的特殊教育机构、康复合作机构更应当及时配备相应的康复设施、设备和专业的康复人员，在立足于残疾儿童生活和学习实际需要的同时，展开相应的保育和教育工作。

其次，《儿童福利机构管理办法》第四条第一款规定，儿童福利机构应当坚持儿童利益最大化，依法保障儿童的生存权、发展权、受保护权、参与权等权利，不断提高儿童生活、医疗、康复和教育水平。残疾儿童因其自身能力，在权益诉求、利益维护等诸多方面都受到限制，招收残疾儿童的幼儿园应当立足于残疾儿童利益最大化的原则，依法保障残疾儿童的生存权、发展权、受保护权和参与权等，及时配备残疾儿童在园期间学习生活所必需的设备，不断提高残疾儿童在园期间的生活、医疗、康复和教育水平。

【适用指南】

本条是关于招收残疾儿童幼儿园配备康复设备、人员的特别规定。本条与《国务院关于建立残疾儿童康复救助制度的意见》第一条第一款规定和《儿童福利机构管理办法》第四条规定属于上位法与下位法的关系。《国务院关于建立残疾儿童康复救助制度的意见》作为顺应新时代残疾儿童康复保障现实需要的规范性文件，致力于关注全国范围内残疾儿童的康复工作，关注全国范围内残疾儿童的切身利益和健康成长，关注健康中国的全面建成，以促进残疾儿童的全面发展，减轻残疾儿童的家庭负担，完善残疾儿童的社会保障体系；《儿童福利机构管理办法》以民法典、未成年人保护法等有关法律法规为依据，致力于加强全国范围内儿童福利机构的管理，维护儿童的合法权益，以促进全国范围内儿童福利机构的健康、有序和长远发展，有助于我国残疾儿童的健康成长和学习生活；本条规定专门针对幼儿园所招收的残疾儿童，就残疾儿童在园期间相关康复设施、设备和康复人员的配备进行了规范，这无疑将会极大地促进我国残疾儿童教育事业的长远、健康和稳定发展。

【相关规定】

《国务院关于建立残疾儿童康复救助制度的意见》第一条；《儿童福利机构管理办法》第四条。

> **第五十五条 【学业指导】** 国务院教育行政部门制定幼儿园教育指导纲要和学前儿童学习与发展指南，地方各级人民政府教育行政部门依据职责组织实施，加强学前教育教学研究和业务指导。
>
> 幼儿园应当按照国家有关规定，科学实施符合学前儿童身心发展规律和年龄特点的保育和教育活动，不得组织学前儿童参与商业性活动。

【条文主旨】

本条是关于儿童在园期间学业指导的规定。

【条文解读】

本条是关于儿童在园期间学业指导的规定。国务院教育行政部门作为负责全国范围内教育开展工作的部门，有权力、有责任、有义务指导全国范围内幼儿园日常幼儿教育的开展；地方各级人民政府教育行政部门作为国务院教育行政部门的下级单位，应当严格按照职责要求，积极贯彻国务院教育行政部门的要求，加强对幼儿园学前教学业务的研究和指导；幼儿园作为国家学前教育政策的最终落实者，应当严格按照国家关于学前教育的政策要求实施，科学开展和落实国家保育和教育活动开展的要求，不得违背学前儿童身心发展规律实施学前教育或者实施同学前儿童年龄不相符合的保育和教育活动，并且不得组织学前儿童参与具有商业性质的活动。

本条第一款是关于各级教育行政部门加强对幼儿园学前教育教学研究和业务指导工作的要求。

首先，教育法第十四条第一款规定，国务院和地方各级人民政府根据分级管理、分工负责的原则，领导和管理教育工作。我国整体教育工作实行分级管理、分类负责的管理原则，既确保了全国范围内整体教育工作开展的规范性和协调性，又明确了不同级别各个教育行政主管部门的施教职责。第十五条规定，国务院教育行政部门主管全国教育工作，统筹规划、协调管理全国的教育事业。县级以上地方各级人民政府教育行政部门主管本行政区域内的教育工作。县级以上各级人民政府其他有关部门在各自的职责范围内，负责有关的教育工作。国务院教育行政部门负责全国范围内教育工作的整体开展和施教指导工作，地方各级教育行政部门负责本区域范围内贯彻和落实上级教育行政部门关于教育工作的开展和落实，包括学前教育工作的开展和落实。

其次，《中共中央　国务院关于学前教育深化改革规范发展的若干意见》第一条第二款规定，落实各级政府在学前教育规划、投入、教师队伍建设、监管等方面的责任，完善各有关部门分工负责、齐抓共管的工作机制。我国各级政府作为各级地方全面行政工作的主抓者、领导者和负责者，有责任、有义务落实我国关于学前教育的整体规划，加大学前教育的投入、教师队伍建设以及加强监督等，进而形成各级教育行政部门分工负责、齐抓共管的教育工作机制。

第二款是关于幼儿园应当严格按照国家有关政策要求，科学实施保育和教育活动的规定。

首先，教育法第二十六条第四款规定，以财政性经费、捐赠资产举办或者参与举办的学校及其他教育机构不得设立为非营利性组织。教育应当贯彻公益性和普惠性原则，不得以利益为导向开展教育工作，因此我国各级教育工作的开展应当以财政性经费和捐赠资产作为举办经费，学校及其他教育机构不得以营利为目的开展教育工作，幼儿园作为学前儿童的施教机构，更应当积极贯彻该原则和要求。

其次，《幼儿园工作规程》第三条第一款规定，幼儿园的任务是：贯彻国家的教育方针，按照保育与教育相结合的原则，遵循幼儿身心发展特点和规律，实施德、智、体、美等方面全面发展的教育，促进幼儿身心和谐发展。幼儿园作为学前儿童的施教机构应当积极贯彻国家关于教育包括学前教育的方针，在尊重和遵循学前儿童身心发展特点和发展规律的基础上，积极推动、落实德、智、体、美等全面发展的教育方针，以积极促进学前儿童身心的健康和谐发展。

【适用指南】

本条是关于儿童在园期间学业指导的规定。本条规定同教育法第十四条和二十六条规定是特殊法与普通法的关系，同《中共中央　国务院关于学前教育深化改革规范发展的若干意见》第一条第二款规定是法律与法规的关系，同《幼儿园工作规程》第三条规定是上位法与下位法的关系；教育法第十四条是适用于全国范围内针对各个级别教育工作规划的立法，其对学前教育在全国范围内的开展具有统筹规划和协调管理的效力，第二十六条是关于全国范围内学校及其他教育机构经费来源的普遍性规定，是确保学前教育免受资本市场不利影响的必然要求；《中共中央　国务院关于学前教育深化改革规范发展的若干意见》第一条第二款规定从党组织和政府角度明确落实了各级政府在学前教育的规划、投入、教师队伍建设以及监管等方面责任，有助于学前教育的发展更加健康、有序和长远；《幼儿园工作规程》第三条是关于幼儿园日常教育工作中国家教育方针贯彻的规定，其要求将保育和教育相结合，并遵循幼儿身心发展规律和特点，从宏观上为我国幼儿教育的发展提供指引，以促进幼儿的身心健康和谐发展；本条是关于我国幼儿园学前教育学业指导工作开展的细化规定，其不仅明确了各级教育行政部门的职责，同时对幼儿园落实学前教育的政策提出了明确的要求，即严格按照国家有关规定，科学实施保育和教育工作，不得违背学前儿童身心发展规律和年龄特点，不得组织儿童参与商业性活动，以最大限度确保我国学前教育工作的开展能够始终处于正确的轨道。

本条规定首先就我国各个级别的教育行政部门关于学前教育规划和发展指导明确了责任和义务，要求其严格履行职责，要积极推动、不断加强对学前教育教学工作的研究和业务指导，以促进我国学前教育行业的健康、有序和长远发展。

本条还要求全国范围内幼儿园工作的开展，应当严格按照国家关于学前教育发展的有关规定，科学实施保育和教育活动，不得开展违背学前儿童身心发展规律和与学前儿童年龄阶段不相符合的活动，同时为了避免学前教育的发展过度受资本导向的不利影响，其明确要求不得组织学前儿童参与商业性活动，以确保我国学前教育的发展能够始终处于正确的发展轨道。

【相关规定】

《中华人民共和国教育法》第十四条、第十五条、第二十六条；《中共中央　国务院关于学前教育深化改革规范发展的若干意见》第一条；《幼儿园工作规程》第三条。

> **第五十六条 【素质教育】** 幼儿园应当以学前儿童的生活为基础,以游戏为基本活动,发展素质教育,最大限度支持学前儿童通过亲近自然、实际操作、亲身体验等方式探索学习,促进学前儿童养成良好的品德、行为习惯、安全和劳动意识,健全人格、强健体魄,在健康、语言、社会、科学、艺术等各方面协调发展。
>
> 幼儿园应当以国家通用语言文字为基本保育教育语言文字,加强学前儿童普通话教育,提高学前儿童说普通话的能力。

【条文主旨】

本条是关于规范幼儿园素质教育标准设定的规定。

【条文解读】

本条第一款是关于幼儿在园期间素质教育标准设定的规定。素质教育的实施应当以尊重儿童身心发展规律和发展特点为基本前提,儿童在幼儿阶段,身心发展尚处于初级阶段,在园期间应当以生活为基础,以游戏为基本活动,要积极鼓励、支持和引导儿童通过亲近自然、实际操作以及亲身体验等方式进行探索和学习,积极引导学前儿童养成良好的生活和学习习惯、安全和劳动意识,同时应当具备健全的人格、强健的体魄,以确保其能够在健康、语言、社会、科学和文艺等方面得以全面而协调地发展;本条第二款是关于幼儿园在实施保育和教育活动中,通用语言文字使用的要求,以增强和培养儿童使用普通话的能力。

第一款是关于素质教育基本内容的规定。

《幼儿园管理条例》第十六条第一款规定,幼儿园应当以游戏为基本活动形式。该条对幼儿园在开展实施素质教育过程中的基本活动形式进行了规范,即应当以游戏为基本的活动形式,该条规定是在充分尊重儿童身心发展规律和年龄特点的基础上进行的规范,有助于儿童良好身心健康的养成。

第二款是关于幼儿教学语言和文字使用的规定。

国家通用语言文字法第十条规定:"学校及其他教育机构以普通话和

规范汉字为基本的教育教学用语用字……"语言文字的使用关乎一个国家、一个民族文化的传承和发展，关乎一个国家和民族的团结和长远发展，该条就学校和其他教育机构在教学工作开展过程中语言文字的使用进行了规定，有利于教育、科研工作的顺利开展，幼儿园作为儿童启蒙教育的初始阶段，更应当严格按照要求，规范使用语言和文字，为儿童今后的学习和成长奠定良好的基础。

【适用指南】

本条是关于规范幼儿园素质教育标准设定的规定。本条规定同《幼儿园管理条例》第十六条规定属于上位法与下位法的关系，同国家通用语言文字法第十条规定属于同位法的关系。《幼儿园管理条例》作为推动我国幼儿园管理更加专业化和规范化的立法，对儿童在园期间素质教育的基本内容进行了规范，即幼儿园教育应当以游戏为基本内容，该规定最大限度尊重了儿童的成长和发展规律，有助于儿童的健康、良好成长和发展，有助于儿童良好身心健康的培养；国家通用语言文字法第十条就全国范围内各类学校和教育机构在语言和文字的使用方面进行了基本规定，进而为我国各种形式教育活动的开展奠定了坚实的语言文字基础，同时也为我国素质教育的开展和贯彻落实奠定了坚实的语言文字基础，这也为我国幼儿园教育在语言和文字的使用上提供了最为基本的规范要求，为我国儿童教育的开展奠定了坚实的基础；本条规定就幼儿园实施素质教育的基本内容和语言文字的使用提出了明确的要求，同时也提供了最为基本的遵循，即儿童在园期间应当以生活为基础，以游戏为基本活动，要发展素质教育，要积极引导儿童以亲近大自然、实际操作和亲身体验等方式进行探索和学习，要培养儿童良好的品德、行为习惯、安全和劳动意识，培养儿童健全的人格、强健的体魄，要促进儿童在健康、语言、社会、科学、文艺等诸多方面全面、协调发展，同时也要加强儿童的普通话教育和文字的应用能力，为素质教育的开展和落实奠定坚实的基础。

【相关规定】

《幼儿园管理条例》第十六条；《中华人民共和国国家通用语言文字法》第十条。

> **第五十七条 【教学资源】** 幼儿园应当配备符合相关标准的玩教具和幼儿图书。
>
> 在幼儿园推行使用的课程教学类资源应当经依法审定，具体办法由国务院教育行政部门制定。
>
> 幼儿园应当充分利用家庭、社区的教育资源，拓展学前儿童生活和学习空间。

【条文主旨】

本条是关于教学资源配备的规定。

【条文解读】

本条第一款是关于幼儿园教具和图书配备的规定，该条款明确要求幼儿园应当配备符合国家标准的玩教具和幼儿图书，在确保玩教具和幼儿图书符合标准的前提下，尽可能为儿童创造更好的学习和生活条件，以便儿童在园期间能够健康、快乐和顺利地成长；第二款是关于幼儿园教学类资源审定的规定，该条款明确要求幼儿园在儿童教学中所使用的课程教学类资源应当符合相应的规范标准，应当严格按照相关规范的要求，依法进行相应的审定，并且具体审定应当以国务院教育行政部门出台的相关标准为准；第三款是关于学前儿童生活和学习空间扩展的规定，该条款明确提倡、鼓励积极拓展学前儿童的生活和学习空间，鼓励、支持充分利用家庭和社区的教育资源，以最大程度为幼儿提供充足、宽裕的生活和学习空间，促进儿童快乐、健康、茁壮地成长。

本条第一款是关于幼儿园教具和图书配备的规定。

儿童对于玩具和图书的选取并不具备相应的优劣识别能力，其对图书内容也不具备相应的优劣辨别能力，幼儿园作为儿童的学习教育单位，对于幼儿玩教具和图书的选取和甄别负有相应的责任，其有责任和义务选取符合儿童身心发展规律的玩教具和图书，本条第一款规定即将幼儿园在该方面的责任和义务进行了明确。

第二款是关于幼儿园教学类资源审定的规定。

本条规定在课程教学类资源的选取方面明确了幼儿园的法定责任，即幼儿园使用的教学类资源应当经过依法审定，并且应当严格按照国务院教育行政部门制定的标准进行选取和使用，以确保儿童在园期间所学习或者接触到的内容是健康的、积极的和阳光的。

第三款是关于学前儿童生活和学习空间扩展的规定。

儿童良好教育的推行和实践需要家庭、社区以及社会的广泛参与，儿童良好教育的推行也是全社会共同的责任和义务。儿童教育需要家庭、幼儿园、社区以及社会之间相互配合、共同努力，以便为儿童提供更为丰富的教育资源和教育空间，为儿童提供更加美好的生活环境和更为开阔的学习环境，为儿童的健康成长创造良好的学习和成长空间。

【适用指南】

本条规定强调幼儿园作为儿童学习的"第一站"，对于儿童的学习和成长具有极其重要的作用。幼儿园在推行儿童教育的过程中应当严格把控施教资源的选取，儿童玩教具和图书在儿童的学习和生活中扮演着重要的角色，幼儿园作为儿童教育机构，应当配备相应完善且符合标准的玩教具和幼儿图书，为儿童的学习和生活创造相应的条件。

本条规定强调，对儿童玩教具和图书的选取应当严格依法进行，应当严格按照国务院教育行政部门所制定的标准进行选取，以确保儿童玩教具和图书的质量符合相应的法定标准和要求，为儿童的学习创造良好、健康和向上的环境。

本条关于幼儿园在家庭、社区教育资源的整合运用方面的规范，为幼儿园在整合运用家庭和社区教育资源的过程中提供了明确的指引和规范，积极拓展儿童的学习资源和空间是全社会的共同责任，将家庭和社区的教育资源进行整合，不但可以实现对儿童教育资源的节约，同时也可以最大程度拓展儿童的学习空间，改善儿童的学习环境，进而为儿童的成长和发展创造良好的环境。

> **第五十八条　【科学育儿】**幼儿园应当主动与父母或者其他监护人交流学前儿童身心发展状况，指导家庭科学育儿。
>
> 父母或者其他监护人应当积极配合、支持幼儿园开展保育和教育活动。

【条文主旨】

本条是关于幼儿园和父母或其他监护人相互配合以科学育儿的规定。

【条文解读】

本条第一款是关于幼儿园对家庭科学育儿负有指导责任的规定。幼儿园作为专业的儿童教育机构，在科学育儿方面的研究相较于儿童父母或者其他监护人更为深入，同时在科学育儿技巧的把握方面也较父母或其他监护人更为擅长，该条规定明确要求幼儿园应当主动与儿童父母或者其他监护人就儿童身心发展的日常状况进行交流，并指导家庭的日常科学育儿活动，有助于儿童身心的健康成长和发展。

本条第一款是关于幼儿园对家庭科学育儿负有指导责任的规定。

首先，《幼儿园管理条例》第十三条第一款规定，幼儿园应当贯彻保育与教育相结合的原则，创设与幼儿的教育和发展相适应的和谐环境，引导幼儿个性的健康发展。幼儿园作为儿童的专业施教机构，有能力、有责任指导儿童父母或者其他监护人进行科学育儿，幼儿园应当主动承担起指导儿童父母或其他监护人的育儿职责，以便为儿童创造一个更为良好的学习和成长环境。

其次，《国务院办公厅关于促进3岁以下婴幼儿照护服务发展的指导意见》第二条第一款规定，加强对家庭的婴幼儿早期发展指导，通过入户指导、亲子活动、家长课堂等方式，利用互联网等信息化手段，为家长及婴幼儿照护者提供婴幼儿早期发展指导服务，增强家庭的科学育儿能力。幼儿园积极运用自己的专业职能和技术，为家庭的科学育儿提供指导，不仅有助于幼儿园自身教育、教学工作的开展，同时也有助于家庭科学育儿技能的提升，进而有助于全社会科学育儿水平的提升，为幼儿的成长和发展创造一个良好的环境和基础条件。

最后，《幼儿园工作规程》第三条第二款规定，幼儿园同时面向幼儿家长提供科学育儿指导。幼儿园面向社会为儿童家长提供科学育儿的指导，是履行幼儿园自身职责和义务的要求，同时也是幼儿园应尽的社会义务，家长应当及时跟进幼儿园的步伐，努力学习科学育儿的技能，积极配合幼儿园，共同为儿童的健康、茁壮成长创造一个良好的家庭环境和教育环境。

本条第二款是关于家庭应当积极配合幼儿园开展保育和教育的规定。保育和教育工作的顺利开展和推进实施需要来自家庭、儿童施教机构等诸多方面的相互配合、彼此努力，以促进幼儿的健康成长和顺利发展，该款规定明确要求父母或者其他监护人对于幼儿园所开展的日常保育和教育活动，应当予以积极配合和支持，彼此之间只有相互配合、共同努力，才能够为儿童的健康、茁壮成长创造良好的条件。

【适用指南】

本条是关于幼儿园、父母或其他监护人在幼儿保育和教育过程中所应当各自担负的职责的规定。本条规定同《幼儿园管理条例》第十三条、《国务院办公厅关于促进3岁以下婴幼儿照护服务发展的指导意见》第二条第一款和《幼儿园工作规程》第三条之间是上位法与下位法的关系。《幼儿园管理条例》第十三条对幼儿园在对儿童施教过程中的基本原则进行了明确，即幼儿园应当坚持保育和教育相结合的基本原则，并且幼儿园作为儿童的施教机构应当积极创设与儿童的教育和发展相互适应的和谐环境，以最大限度引导和促进儿童个性的健康发展。《国务院办公厅关于促进3岁以下婴幼儿照护服务发展的指导意见》第二条第一款规定应当加强对家庭科学育儿行为的指导和科学育儿能力的培养。家庭儿童的培养主要依赖于家长，家长由于各方面原因，总体上在科学育儿方面的能力相较于幼儿园存在诸多不足。因此，该条规定要求加强对家庭科学育儿的指导，增强其科学育儿的能力，进而实现全社会科学育儿能力提升的目标。《幼儿园工作规程》第三条规定基于幼儿园科学育儿能力的现实情况，明确要求幼儿园要面向儿童家长，为儿童家长提供科学育儿的指导，这无疑将会在很大程度上提升全社会科学育儿的能力。

本条对幼儿在学前教育期间，幼儿园、父母或其他监护人所各自应当承担的职责进行了明确规定，为幼儿园、父母或其他监护人在科学育儿、保障幼儿身心良好发展方面提供了可供遵循的规范化指引，有助于全面提升我国科学育儿水平和科学育儿能力，同时在很大程度上提升我国素质教育的水平。

本条对儿童在进行学前教育期间，父母或者其他监护人对于幼儿园所开展的保育和教育指导活动应积极配合的义务进行了规定，这不仅能从整体上提升我国全社会科学育儿能力，同时也是推进我国科学育儿方针、政策落实的必然要求，进而有助于促进儿童的健康、茁壮成长。

【相关规定】

《幼儿园管理条例》第十三条；《国务院办公厅关于促进3岁以下婴幼

儿照护服务发展的指导意见》第二条；《幼儿园工作规程》第三条。

> **第五十九条　【学业衔接】** 幼儿园与小学应当互相衔接配合，共同帮助儿童做好入学准备和入学适应。
> 　　幼儿园不得采用小学化的教育方式，不得教授小学阶段的课程，防止保育和教育活动小学化。小学坚持按照课程标准零起点教学。
> 　　校外培训机构等其他任何机构不得对学前儿童开展半日制或者全日制培训，不得教授学前儿童小学阶段的课程。

【条文主旨】

本条是关于幼儿园和小学进行学业衔接的规定。

【条文解读】

本条是关于幼儿园课程内容与小学授课内容相互衔接的规定。儿童正处于身心发展的初始阶段，无论是身体还是心灵都处于需要正确引导和规范的年龄阶段，立足于儿童身心健康发展的现实情况和现实需要，幼儿园和小学应当在儿童学习教育方面加强彼此之间的配合和衔接，以确保在促进儿童科学成长的同时，也不会给儿童自身的成长和发展造成过重的负担和压力，进而为儿童的健康成长创造良好的环境和条件。

本条第一款是关于幼儿园与小学应当相互衔接和配合的规定。《教育部关于大力推进幼儿园与小学科学衔接的指导意见》规定，全面推进幼儿园和小学实施入学准备和入学适应教育，减缓衔接坡度，帮助儿童顺利实现从幼儿园到小学的过渡。儿童在不同的年龄段，其身体和心理的发育阶段和发育水平都存在不同程度的差异，幼儿园和小学在课程设计、教学目标、教学任务以及培养方案等诸多方面也存在着不同程度的差异，因此，应当立足于儿童在不同成长阶段差异化的现实情况，合理、科学地设定适合于儿童不同年龄阶段的课程方案、教学目标、教学任务以及培养方案等，以实现因材施教、因年龄和成长阶段不同而差异化施教的目标，以真正贯彻落实科学育儿标准。

本条第二款是关于禁止幼儿园教育小学化的规定。

幼儿园和小学在儿童教育方面承担的职责以及教学目标的设定都存在不同程度的差异，幼儿园和小学在儿童教育的不同阶段应当基于儿童自身成长阶段的差异性，设定差异化的目标，这也是幼儿园和小学在职能承担方面存在差异的重要原因。因此，基于儿童自身成长不同年龄段在身体发展和心灵成熟度方面的差异，幼儿园和小学应当实施差异化的教学方式，以实现科学育儿的目标。

本条第三款是关于校外培训机构等其他机构教授内容的规定。

校外培训机构等其他机构在我国儿童培养、素质教育的落实以及儿童全面发展等方面都扮演着重要的角色，发挥着重要作用。基于诸多原因，校外培训机构等其他机构往往会对学前儿童开展半日制或全日制培训，会对学前儿童过早地教授小学阶段的课程，这无疑与学前儿童的身心发展阶段和年龄不相适应，也会加重儿童自身成长和发展的负担。因此，应当禁止校外培训机构等其他机构对学前儿童开展半日制或全日制培训，禁止校外培训机构等其他机构对学前儿童提前进行小学阶段课程内容的教授，进而为学前儿童创造一个良好的成长和发展环境。

【适用指南】

本条是关于幼儿园课程内容与小学授课内容相互衔接的规定。本条规定同《教育部关于大力推进幼儿园与小学科学衔接的指导意见》第一条第三款规定是上位法和下位法的关系。《教育部关于大力推进幼儿园与小学科学衔接的指导意见》作为对幼儿园与小学学科衔接进行规范的专门化部门规范文件，在立足于幼儿园与小学的课程方案、教学目标、教学任务以及培养方案等存在诸多现实差异的基础上，明确规定要做好幼儿园与小学的课程衔接，努力减缓两者之间的衔接坡度和衔接难度，这将会在很大程度上实现学前儿童从幼儿园到小学阶段的顺利过渡。本条规定从幼儿园与小学的相互衔接、禁止幼儿园提前教授小学课程以及校外培训等机构不得提前教授学前儿童小学课程等方面，确保学前儿童能够顺利地实现幼儿园与小学阶段的衔接。

本条规定强调幼儿园应当与小学之间相互配合、彼此衔接，共同努力帮助学前儿童实现从幼儿园到小学的入学准备和入学适应，以确保学前儿童在完成幼儿园教育后，能够顺利过渡到小学阶段，以确保儿童能够适应小学阶段的生活、学习等。

本条规定明确禁止幼儿园采用小学化的教育方式，不得提前教授小学阶段的课程，防止幼儿园保育和教育活动的小学化。幼儿园教育的小学化不仅严重违背儿童自身身体成长和心理发展的客观规律，同时也严重不利于儿童自身良好心理健康的培养。因此，幼儿园在儿童教育中应当坚持课程标准零起点的教学规定。

本条规定明确禁止对学前儿童开展半日制或全日制培训，禁止教授学前儿童小学阶段的课程内容，这将在很大程度上确保儿童在幼儿园阶段所接受的教育课程、教学内容、生活习惯的培养等诸多方面是符合儿童自身发展规律和发展需要的，这无疑也是我国大力推进素质化教育的现实要求，同时还是确保儿童身体健康成长、发展以及心理素质提升的应然要求。

【相关规定】

《教育部关于大力推进幼儿园与小学科学衔接的指导意见》第一条。

案例评析

幼儿在园期间损害结果责任判定是否适用推定过错责任
——T市Y区F幼儿园、芦某1生命权、健康权、身体权纠纷[1]

【案情简介】

芦某1系F幼儿园学生，2019年1月2日上午，芦某1在教室内活动时将下巴磕碰到出口处操作台前的桌子拐角，当时三位老师围坐在教室中间桌子边背对着学生聊天，芦某1摔倒后自行起身找到老师，老师经过仔细查看后立即通知了家长，一行人随后将芦某1送至医院进行治疗。2019年7月23日，芦某1父亲向A公立司法鉴定所申请对芦某1的"三期"进行鉴定，A公立司法鉴定所2019年7月29日作出皖公立司鉴[2019]法临鉴字536号司法鉴定意见。一审法院认为F幼儿园对于无民事行为能力人芦某1的奔跑未及时注意、制止，疏于管理、保护，未尽到教育、管理职责，是导致损害后果发生的主要原因，存在过错，根据《中华人民共和国侵权责任法》第三十八条规定，判决幼儿园应当对此承担责任。F幼儿园认为原告没有充分证据证明幼儿园对芦某1的损害结果发生存在过错

---

[1] 安徽省高级人民法院（2021）皖民申621号民事裁定书，载中国裁判文书网，https://wenshu.court.gov.cn/website/wenshu/181107ANFZ0BXSK4/index.html？docId＝zWwP3sOYntzvtXXL0wEvZKOK6PGRf2JhhNexv9/49zgbBDNjFMmWRvUKq3u＋IEo4zLcqugBN9LtTr5gV382mTYHII3b97oYRU6aH7YXIjD5FGIwFyELJT4YiRkzar0Ou，最后访问时间：2024年11月21日。

行为，随后向 A 省高级人民法院申请再审。

本案争议的核心问题在于无民事行为能力人在幼儿园、学校或者其他教育机构学习、生活期间受到的人身损害，如幼儿园未能证明自身已尽到教育管理职责，是否应当适用推定过错责任规则。

法院认为：首先，芦某 1 作为一名不满五周岁的幼儿，属于无民事行为能力人，尚不能对危险行为的发生作出相应的预判及防范；其次，该损害结果发生于芦某 1 在园期间，幼儿园应当对芦某 1 的行为承担相应的注意、防范、保护和管理义务；再次，该损害结果发生时，幼儿园三位老师正围坐在教室中间桌子边背对着学生聊天，未尽到相应的注意、防范、保护和管理义务；最后，该三位老师作为幼儿园工作人员，在芦某 1 损害结果发生期间未尽到相应的义务是导致损害后果发生的主要原因，存在过错责任，且未能拿出充分证据证明其没有过错。因此，安徽省高级人民法院根据《中华人民共和国侵权责任法》第三十八条推定过错责任的规定，认为再审申请人没有充分证据证明 F 幼儿园对损害的发生已尽到了教育管理职责，再审申请不符合《中华人民共和国民事诉讼法》第二百条第二项、第六项规定的再审情形，依照《中华人民共和国民事诉讼法》第二百零四条第一款，《最高人民法院关于适用〈中华人民共和国民事诉讼法〉的解释》第三百九十五条第二款规定，裁定驳回 T 市 Y 区 F 幼儿园的再审申请。

【案例解读】

侵权责任法（已失效）第三十八条（对应民法典第一千一百九十九条）规定："无民事行为能力人在幼儿园、学校或者其他教育机构学习、生活期间受到人身损害的，幼儿园、学校或者其他教育机构应当承担责任，但能够证明尽到教育、管理职责的，不承担责任。"本案中 T 市 Y 区 F 幼儿园没有充分证据证明其没有过错，因此根据侵权责任法（已失效）第三十八条规定，推定 T 市 Y 区 F 幼儿园存在过错，应当承担相应责任。学前教育法对该情况下发生损害结果责任的划定也有规定。

案例评析

幼儿园提供服务时限未达协议要求是否应当如数返还未服务时限所收费用
——S 市 N 区 Z 幼儿园与林某某等教育培训合同纠纷[①]

【案情简介】

原告于 2017 年将其子女送入被告幼儿园进行学前教育，双方签订了入园协议，原告按要求缴纳了保育费用。被告突然将幼儿园关闭，现余款项由于被告不予返还，故，原告依法提出诉讼。

本案争议的核心问题在于 Z 幼儿园是否应当承担举证不能的责任。

一审法院开庭前已经依法向 Z 幼儿园送达了开庭传票，Z 幼儿园无正当理由拒不到庭参加诉讼，一审法院遂依照法律规定缺席审理并作出判决，程序并无不当。Z 幼儿园提出的"原审程序违法，剥夺了幼儿园的辩论权利"的主张不符合民事诉讼法第二百条第九项及《最高人民法院关于适用〈中华人民共和国民事诉讼法〉的解释》第三百九十一条规定的情形。林某某在一审、二审期间提供的幼儿档案情况明细等证据能够证明其主张的事实，Z 幼儿园一审期间无正当理由拒不到庭参加诉讼，不利后果应由其自行承担，二审及本院再审立案审查期间幼儿园亦未提供充足证据否定一审结论，该幼儿园提出的"一审法院违法冻结孟某个人账户"主张亦不属于民事诉讼法第二百条规定的应当进入再审的法定事由。二审法院依据民事诉讼法第二百零四条第一款、《最高人民法院关于适用〈中华人民共和国民事诉讼法〉的解释》第三百九十五条第二款规定，裁定驳回 S 市 N 区 Z 幼儿园的再审申请。

【案例解读】

现行《最高人民法院关于适用〈中华人民共和国民事诉讼法〉的解释》第九十条第二款规定："在作出判决前，当事人未能提供证据或证据

[①] 吉林省高级人民法院（2021）吉民申 3589 号民事裁定书，载中国裁判文书网，https://wenshu.court.gov.cn/website/wenshu/181107ANFZ0BXSK4/index.html?docId = OnIOBZEKwc + MqWxp9YqwkpoG7DNh/M7WEqsULvwF + YUWEaztOQMR2PUKq3u + IEo4zLcqugBN9LtTr5gV382mTYHII3b97oYRU6aH7YXIjD5FGIwFyELJTzfqlmAhwmUG，最后访问时间：2024 年 11 月 21 日。

不足以证明其事实主张，由负有举证证明责任的当事人承担不利的后果。"第三百八十九条规定："原审开庭过程中有下列情形之一的，应当认定为民事诉讼法第二百零七条第九项规定的剥夺当事人辩论权利：（一）不允许当事人发表辩论意见的；（二）应当开庭审理而未开庭审理的；（三）违反法律规定送达起诉状副本或者上诉状副本，致使当事人无法行使辩论权利的；（四）违法剥夺当事人辩论权利的其他情形。"本案中，二审法院裁定驳回 S 市 N 区 Z 幼儿园的再审申请。学前教育法对该种情况下不合理费用收取的返还也有规定。

第六章　投入保障

※ **本章导读** ※

本章是关于学前教育投入保障机制的规定。党的十八大以来，我国各级人民政府不断提高对学前教育的财政投入水平，学前教育资源不断丰富，管理制度不断完善，同时积累了大量保障普惠性学前教育良性发展的有益经验。学前教育法结合《中共中央　国务院关于学前教育深化改革规范发展的若干意见》提出的"拓宽途径扩大资源供给""健全经费投入长效机制"等要求，形成了包括政府投入为主、家庭合理负担、社会多元参与的学前教育投入保障制度体系，从立法层面明确了各级人民政府在学前教育领域中的财政支出责任，同时扩大了对农村地区、革命老区、民族地区、边疆地区和欠发达地区的学前教育财政扶持力度，最大程度保障普惠性学前教育均衡、可持续和高质量发展。

> **第六十条　【投入机制】**学前教育实行政府投入为主、家庭合理负担保育教育成本、多渠道筹措经费的投入机制。
>
> 各级人民政府应当优化教育财政投入支出结构，加大学前教育财政投入，确保财政性学前教育经费在同级财政性教育经费中占合理比例，保障学前教育事业发展。

【条文主旨】

本条是关于学前教育成本负担和经费投入机制的规定。

【条文解读】

本条第一款是对学前教育成本负担和经费投入机制的总括性规定，明确学前教育的经费投入由政府和家庭合理承担，同时规定了多元化的学前教育的经费筹措机制。本条第二款着重规定了各级人民政府在学前教育经费投入与保障中的具体要求，通过确定财政性学前经费在同级财政教育经费中占比的方式，提高了学前教育在政府教育财政投入支出中的地位，为学前教育政府投入为主的目标提供制度保障。

第一款是对政府和家庭在学前教育中投入责任以及经费筹措方式的原则性规定。

首先，宪法在国家根本法层面确立了儿童教育过程中的国家和家庭应承担的责任。宪法第四十六条第一款规定了"公民有受教育的权利和义务"，同时宪法第四十六条第二款规定"国家培养青年、少年、儿童在品德、智力、体质等方面全面发展"，宪法第四十九条第三款规定了"父母有抚养教育未成年子女的义务……"，学前教育是未成年教育的重要组成部分，也是儿童受教育权的重要内容，这就为国家和家庭负担学前保育教育成本提供了国家根本法上的规范依据。

其次，本条也为《幼儿园管理条例》第二十四条中幼儿园可以向幼儿家长收取保育费、教育费的相关规定提供了法律依据。此外，以往社会各界偏重对义务教育、高等教育等阶段的投入，对学前教育的投入相对欠缺，在学前教育专门立法中明确学前教育成本的负担机制，体现了国家对新时代学前教育的重视，也为稳定学前教育经费保障奠定基础。

最后，加强学前教育经费筹措与投入是学前教育事业高质量发展的重要保障，本条款为社会多元主体共同投入学前教育提供了法律依据。2018年11月中共中央、国务院联合发布了《中共中央 国务院关于学前教育深化改革规范发展的若干意见》，其中明确提出"充分利用腾退搬迁的空置厂房、乡村公共服务设施、农村中小学闲置校舍等资源，以租赁、租借、划转等形式举办公办园""鼓励支持街道、村集体、有实力的国有企事业单位，特别是普通高等学校举办公办园，在为本单位职工子女入园提供便利的同时，也为社会提供普惠性服务"等，目的都在于拓宽现有的学前教育经费筹措渠道，充分发挥社会多元主体的力量加强学前教育经费投入，保障学前教育事业持续发展。

第二款是对政府加大学前教育财政投入支出的具体要求。

各级人民政府在学前教育投入水平的高低，具体表现为学前教育投入在本级人民政府教育财政预算中的占比。预算法第四条第二款规定政府的全部收入和支出都应当纳入预算。预算法第二十七条第二款规定一般公共预算支出按照其功能分类，包括一般公共服务支出，外交、公共安全、国防支出，农业、环境保护支出，教育、科技、文化、卫生、体育支出，社会保障及就业支出和其他支出。我国各级政府在学前教育中的投入和支出都应列入本级政府的财政预算中，目前我国各级政府教育财政支出一般包括学前教育、义务教育、高中阶段教育、高等教育和其他教育。从总体上提高我国教育支出整体在一般公共支出中的占比，同时优化学前教育在教育支出中的占比，是落实"学前教育政府投入为主"目标的根本保障。

【适用指南】

本条是关于学前教育成本负担和经费投入机制的特别法规定。我国在教育法中也对投入机制进行了一般性规定，相较于教育法关于教育投入机制的一般性规定，学前教育法更加突出了家庭在学前教育投入中的辅助地位，这使得学前教育经费投入显著区别于义务教育阶段的经费投入机制。此外，学前教育法提高了多渠道筹措经费的要求，因此各级人民政府应倡导社会各界关注并积极支持学前教育事业。

各级人民政府在编制本级政府预算中，应按照学前教育法的要求，积极调整教育财政支出结构。按照教育法第五十六条第一款的规定，各级人民政府的教育经费支出均应在本级财政预算中单列，未来需要按照各级地方各阶段教育的实际情况，优化调整各阶段教育支出在全部教育支出中的占比，防止其他阶段教育支出挤占学前教育支出的情况。

【相关规定】

《中华人民共和国宪法》第四十六条；《中华人民共和国教育法》第五十四条、第五十六条；《中华人民共和国预算法》第三条、第二十七条；《幼儿园管理条例》第五条、第二十四条。

> **第六十一条　【财政分担机制】**学前教育财政补助经费按照中央与地方财政事权和支出责任划分原则，分别列入中央和地方各级预算。中央财政通过转移支付对地方统筹给予支持。省级人民政府应当建立本行政区域内各级人民政府财政补助经费分担机制。

【条文主旨】

本条是关于学前教育中央财政和地方财政在学前教育投入中的责任分担机制及具体落实机制的规定。

【条文解读】

本条是对学前教育政府投入为主原则的进一步细化，主要根据我国政府预算构成，重申了在学前教育经费承担方面中央财政和地方财政的分担原则和具体的落实机制，并明确了在学前教育领域中由省级人民政府确立本行政区域内各级人民政府财政补助的经费分担机制。

本条首先规定了中央财政与地方财政分别负担学前教育的财政补助经费。根据预算法的规定，我国已经实行中央和地方分税制，对中央政府和地方政府的财权和事权进行了重新分配，作为财政收入占比最高的税收收入被区分为中央税、地方税、共享税等，同时中央政府和地方政府根据财政收入分配情况承担不同的国家职能。我国各级政府财政预算包括中央，省、自治区、直辖市，设区的市、自治州，县、自治县、不设区的市、市辖区，乡、民族乡、镇五级预算，根据国务院办公厅 2019 年发布的《教育领域中央与地方财政事权和支出责任划分改革方案》的规定，学前教育总体上属于中央与地方共同财政事权，学前教育所需的财政补助经费要按照隶属关系等由中央财政和地方财政共同承担，中央财政主要通过财政转移支付的方式将相关经费下拨到各级地方政府。

此外，本条也将学前教育领域内地方各级人民政府财政补助经费分担机制的制定权明确到省级人民政府。早在 2019 年国务院办公厅出台的《教育领域中央与地方财政事权和支出责任划分改革方案》中，关于"明确地方权责，加强省级统筹"部分就已经明确各省、自治区、直辖市及计划单列市人民政府要根据本方案精神，结合实际合理划分省以下教育领域财政事权和支出责任，学前教育法的出台明确要求省级人民政府要明确本行政区域内各级人民政府财政补助经费的分担机制。事实上，近年来诸多省份已经通过规范性文件的方式明确省、市、县共同财政事权的支出责任，如河南省在 2021 年出台了《省与市县共同财政事权支出责任省级分担办法》，其中就对义务教育领域公用经费保障事项的省级财政分担办法予以明确。

【适用指南】

各级地方政府需要进一步厘清学前教育地方财政的支出事项，科学编制学前教育相关预算。例如，根据《教育领域中央与地方财政事权和支出责任划分改革方案》明确要求现阶段由地方政府负责落实幼儿资助政策并承担相应的支出责任，由中央财政给予相应的奖补支持，未来要探索建立国家幼儿资助制度，相应的财政支持将由地方财政承担支出责任转变为由中央财政和地方财政共同分担支出责任，各级地方政府特别是教育行政主管部门、民政部门等相关部门应摸排梳理在学前教育领域中央和地方的事权、财权划分情况，科学编制本级学前教育财政预算，并严格执行相关预算。

各省级人民政府如果已经出台教育领域省、市、县等共同财政事权支出责任分担的相关规范性文件，应该尽快根据学前教育法中的规定，修订相关规范性文件，一是尽快将学前教育法领域的财政补助纳入各省级人民政府出台的相关规范性文件；二是明确各级地方人民政府在学前教育领域承担的财政支出责任比例；三是明确上级人民政府承担财政支出责任的方式。

【相关规定】

《中华人民共和国预算法》第三条、第六条、第十五条、第十六条；《教育领域中央与地方财政事权和支出责任划分改革方案》。

第六十二条　【重点扶持】国务院和省级人民政府统筹安排学前教育资金，重点扶持农村地区、革命老区、民族地区、边疆地区和欠发达地区发展学前教育。

【条文主旨】

本条是关于学前教育重点扶持对象的规定。

【条文解读】

本条是对学前教育经费投入重点扶持对象的规定，同时明确学前教育重点扶持对象的财政扶持责任由中央财政和省级财政承担。

本条规定学前教育重点扶持对象以及扶持责任的承担。首先，明确了学前教育重点扶持对象的财政扶持责任属于中央财政和地方财政。近年来，各级地方财政相对紧张，《教育领域中央与地方财政事权和支出责任划分改革方案》中也明确提出要加强省级财政在教育领域的统筹均衡能力，需要由更高一级地方政府承担教育领域基本公共服务支出责任，避免基层政府承担过多责任。事实上，包括学前教育在内的教育领域财政支出是纯粹的社会公共品供给范畴，重点扶持对象所属地方财政相较于一般地方财政面临更大的财政支出缺口，由中央财政和省级财政在学前教育中承担更多的扶持责任，能够更好地保障贫困地区等特殊群体学前教育倾斜保护目标的实现，避免学前教育重点扶持条款无法实现。其次，《中共中央 国务院关于学前教育深化改革规范发展的若干意见》提出中央财政应继续安排支持学前教育发展资金，重点向中西部农村地区和贫困地区倾斜；财政部、教育部2021年印发的《支持学前教育发展资金管理办法》第十条规定重点向农村地区、革命老区、边疆地区、民族地区和脱贫地区倾斜；学前教育法中关于重点扶持对象的规定，基本延续了过去财政部规范性文件中的内容，充分考虑了我国学前教育地域发展不平衡、不充分的特点，加大了中央财政和地方财政对特殊群体学前教育的倾斜补助力度，有助于实现全国学前教育事业的平衡发展，为提升中西部地区学前教育水平提供财政资金保障。

【适用指南】

学前教育财政重点扶持对象各级政府及教育行政主管部门、民政部门等收到专项财政补贴后应严格按照下拨财政资金用途使用，不得将相关财政资金挪作他用。

【相关规定】

《教育领域中央与地方财政事权和支出责任划分改革方案》；《中共中

央 国务院关于学前教育深化改革规范发展的若干意见》;《支持学前教育发展资金管理办法》第十条。

> **第六十三条 【补助标准】** 地方各级人民政府应当科学核定普惠性幼儿园办园成本,以提供普惠性学前教育服务为衡量标准,统筹制定财政补助和收费政策,合理确定分担比例。
>
> 省级人民政府制定并落实公办幼儿园生均财政拨款标准或者生均公用经费标准,以及普惠性民办幼儿园生均财政补助标准。其中,残疾学前儿童的相关标准应当考虑保育教育和康复需要适当提高。
>
> 有条件的地方逐步推进实施免费学前教育,降低家庭保育教育成本。

【条文主旨】

本条是关于普惠性幼儿园成本核算和财政补助标准的规定。

【条文解读】

本条第一款是关于普惠性幼儿园各类保障标准的规定。本条首先明确了由地方各级人民政府核算普惠性幼儿园办园成本以及教育服务的标准、收费标准、财政补助标准等各项标准。2010年国务院下发的《国务院关于当前发展学前教育的若干意见》提出了普惠性幼儿园的概念,其本质是将学前教育和幼儿园建设纳入教育公共服务体系,要求在学前教育阶段形成政府主导、社会参与的供给模式,着力解决"入园难"的问题。随后,普惠性幼儿园逐渐形成享受财政补助、面向社会大众、价格收费合理、教育质量统一等基本特征,普惠性幼儿园的学费相较于传统民办幼儿园大幅降低,不足的部分一般由各级财政进行补助。未来普惠性幼儿园是我国幼儿园的主要类型,以往虽然规范层面也曾陆续提出以普惠性服务为衡量标准,统筹制定财政补助和收费政策等规定,但规范供给相对零散,且在立法层面缺乏关于普惠性幼儿园各类补助标准的规定,包括《幼儿园工作规程》《幼儿园管理条例》均未提及普惠性幼儿园相关财政补助和费用标准。

此外，大量地方性规范对于普惠性幼儿园收费标准、财政补助标准等核算范围也不统一。

普惠性幼儿园由于其自身特殊的公益性服务性质，按照价格法第十八条的规定，政府可以实行指导价或者政府定价。本条第一款将普惠性幼儿园的办园成本、收费标准等核定权限下放至地方各级人民政府，有利于地方各级人民政府根据各地实际情况，因地制宜形成科学合理的普惠性幼儿园经费相关标准和分担方式。

本条第二款是关于公办园财政拨款标准和普惠性民办园财政补助标准的规定。本条延续了2018年《中共中央　国务院关于学前教育深化改革规范发展的若干意见》中确定的由省级人民政府确定公办园生均财政拨款标准或生均公用经费标准和普惠性民办园收费标准的规定。稳定的财政补助是普惠性幼儿园延续的关键保障，为了防止各级地方政府在确定财政补助标准过程中出现学前教育财政补助"洼地"现象，本条明确由省级人民政府统一确定普惠性幼儿园的财政补助标准。此外，财政部、教育部《支持学前教育发展资金管理办法》第四条明确规定国家支持学前教育发展资金专项支持残疾儿童接受学前教育。过去在学前教育相关规范性文件中，虽然一般通过资助环节实现对残疾学前儿童的倾斜保护，但通过资助环节实现对残疾学前儿童的倾斜保护需要资助申请等程序，增加了残疾学前儿童接受学前教育的困难程度。将对残疾学前儿童倾斜保护方式由资助环节前移至办园的财政补助环节，将程序性事项的承担由残疾学前儿童转移至各级政府和幼儿园，体现了最大程度便利和保障残疾学前儿童享有同等的学前教育公共服务的立法初衷。

国家鼓励各级人民政府在学前教育领域承担更多公共服务职能。2019年国务院办公厅出台的《教育领域中央与地方财政事权和支出责任划分改革方案》提出地方在确保国家基础标准全部落实到位的前提下，如需制定高于国家基础标准的地区标准，应事先按程序报上级备案后执行，高出部分所需资金自行负担。此前该条款主要适用于义务教育、学生资助等基本公共服务相关事项，学前教育法对地方各级人民政府可以根据本地区财政状况逐步探索免费学前教育进行了立法确认，为未来义务学前教育的地方实践留下了制度空间。

【适用指南】

地方各级政府应依法加强对普惠性幼儿园办园成本和收费标准的核定。地方各级政府应依法履行学前教育法赋予的相关标准核定职责，特别应加强对民办园收费的价格监管，坚决抑制普惠性幼儿园过高收费，防止出现以普惠性幼儿园名义套取财政补助资金的违法行为。

公办幼儿园和普惠性民办园应当严格按照核算的办园成本，合理使用财政拨款或财政补助，严禁骗取、套取或挪用财政资金。探索义务学前教育的地方各级政府，应由本级财政承担相应财政支出责任。

【相关规定】

《中华人民共和国价格法》第十八条；《支持学前教育发展资金管理办法》第四条；《国务院关于当前发展学前教育的若干意见》。

> **第六十四条 【支持方式】**地方各级人民政府应当通过财政补助、购买服务、减免租金、培训教师、教研指导等多种方式，支持普惠性民办幼儿园发展。

【条文主旨】

本条是关于地方各级政府对普惠性幼儿园支持方式的规定。

【条文解读】

本条要求地方各级人民政府形成包括财政补助在内的普惠性民办幼儿园多元支持体系。早在2018年的《中共中央 国务院关于学前教育深化改革规范发展的若干意见》中就提出要通过购买服务、综合奖补、减免租金、派驻公办教师、培训教师、教研指导等多种方式支持普惠性民办幼儿园发展。

财政补助是政府扶持最常用的经济手段，是指各级政府通过直接支付财政资金的方式支持特定行业或产业发展，目前国家对普惠性民办园实行生均财政补助模式，按照普惠性民办园在园幼儿人数和省级人民政府核定的补贴标准进行财政补助。2021年财政部、教育部下发了《支持学前教育发展资金管理办法》，其中明确了中央财政通过专项的支持学前教育发展资金，并以中央财政转移支付的方式支持学前教育发展，其中就包括中央财政对普惠性民办幼儿园的支持。此外，各级地方政府大多也出台了相应的规范性文件，专门明确普惠性民办幼儿园的财政补助，如《浙江省学前教育条例》就明确规定对非营利性民办幼儿园和提供普惠性学前教育服务的民办幼儿园，县级以上人民政府应当采取生均经费补贴的方式予以扶持。

政府购买服务是政府采购的特定类型，根据政府采购法第九条的规定，政府采购的目标在于落实国家经济和社会发展的各项政策，政府可以通过购买服务的方式探索政府支持民办幼儿园发展的新模式，如浙江省教育厅和浙江省财政厅曾联合下发《政府向社会力量购买学前教育服务实施方案》，其中明确规定浙江省县（市、区）人民政府教育行政部门可以通过政府购买服务的方式，以生均经费补助的形式，向普惠性民办园、符合条件的企事业单位和其他组织举办的幼儿园购买学前教育学位资源。以政府购买服务方式进行补助的优势在于依托相对成熟的政府采购法律法规体系，形成公开透明、绩效考核、社会监督等在内的完整普惠性民办园财政支持体系，提高财政资金使用效率。

减免租金一般是指产权移交辖区政府的居民住宅项目配套建设幼儿园成为普惠性民办幼儿园后，政府通过减免租金的方式予以扶持。培训教师、教研指导主要是要求教育行政机关等积极开展普惠性民办幼儿园师资专题培训等活动，提高普惠性民办园师资水平。

【适用指南】

地方各级政府应主动履行对普惠性幼儿园的财政补助义务。学前教育法颁布实施之后，地方各级政府对普惠性民办幼儿园的财政补助由过去的政策措施上升为法定义务，成为地方各级人民政府必须履行的职责，地方各级政府需要通过列入本级财政预算、制定普惠性幼儿园财政补助方案、研究通过政府购买服务的方式充分利用普惠性民办幼儿园学位资源等。此外，地方各级人民政府应当制定普惠性民办幼儿园认定标准，目前我国尚未制定全国统一的普惠性民办幼儿园认定标准，但部分地方出台了相关规定，如《内蒙古自治区普惠性民办幼儿园认定及管理办法》《宁夏回族自治区关于扶持和规范普惠性民办幼儿园发展的指导意见》等。目前普惠性民办幼儿园一般应符合利用非国家财政经费举办、符合幼儿园相关建设标准、取得民办学校办学许可证、达到"两教一保"标准、提供普惠性服务等。各级地方政府应及时制定、动态调整本地普惠性民办幼儿园认定标准，实现普惠性民办幼儿园财政补贴规范化。

普惠性民办幼儿园在办学过程中应及时、真实申领财政补助。普惠性民办幼儿园应及时关注各级人民政府教育行政主管部门发布的相关信息，并如实申领财政补贴，不得虚报、瞒报相关信息，同时应严格按照财政资金使用要求将财政补助用于幼儿园办学，不得挪用专项财政补助。普惠性民办幼儿园以政府购买服务方式提供学前教育学位资源的，应严格按照政府采购法相关要求参与相关招投标，同时按照政府购买服务内容提供相应的学前教育服务。普惠性民办幼儿园享受财政补助的同时，应严格遵守普惠性幼儿园在办学标准、收费标准等方面的规定。

【相关规定】

《中华人民共和国政府采购法》第九条；《政府购买服务管理办法》第二条；《支持学前教育发展资金管理办法》第二条；《浙江省学前教育条例》第四十三条；《浙江省政府向社会力量购买学前教育服务实施方案》；《内蒙古自治区普惠性民办幼儿园认定及管理办法》；《宁夏回族自治区关于扶持和规范普惠性民办幼儿园发展的指导意见》。

> **第六十五条　【学前教育资助】** 国家建立学前教育资助制度，为家庭经济困难的适龄儿童等接受普惠性学前教育提供资助。

【条文主旨】

本条是关于国家学前教育资助制度的规定。

【条文解读】

国家建立学前教育资助制度是公民实现宪法规定的受教育权的制度保障。我国宪法第四十六条第二款规定了国家培养少年儿童全面发展的义务，党的十九大报告提出办好学前教育，努力让每一个孩子都能享有公平而有质量的教育，党的二十大提出办好人民满意的教育，构建学前教育资助制是党中央重大决策部署的具体落实。

国家学前教育资助制度是我国教育资助制度的重要组成部分。《教育领域中央与地方财政事权和支出责任划分改革方案》指出，学生资助是相对独立完整的政策体系，我国的学生资助体系涵盖了学前教育、普通高中教育、职业教育、高等教育等，学前教育资助制度是教育资助制度的重要组成部分。学前教育法颁布实施以前，学前教育资助一般由地方人民政府负责落实并承担相应的财政支出责任，中央财政在学前教育资助中一般仅承担奖补支持。本条事实上将学前教育资助从地方政府的财政支出责任上升为中央财政支出范围，是对《教育领域中央与地方财政事权和支出责任划分改革方案》中提出的"适时研究探索建立国家幼儿资助制度"的立法确认。经立法确认的学前教育国家资助制度将大大提高学前教育资助水平以及制度存续的稳定性，有利于保障经济困难适龄儿童接受学前教育。

本条同时设定了申请学前教育资助的限定性基本条件。学前教育资助制度主要用于家庭经济困难的适龄儿童，特别是建档立卡家庭儿童、低保家庭儿童、特困救助供养儿童、孤儿、残疾儿童及残疾家庭儿童、因疾病或灾难等导致特殊困难家庭儿童等。学前教育资助经费仅用于资助家庭经济困难的适龄儿童接受普惠性学前教育，而接受非普惠性民办幼儿园学前教育或高收费幼儿园学前教育的，不属于学前教育资助对象。

【适用指南】

国家建立学前教育资助制度的首要问题是明确学前教育资助制度中央财政和地方财政的分担比例，财政部门需尽快出台配套的规范性文件。此外，具体负责学前教育资助制度的基层教育行政机关也应尽快出台配套的学前教育资助的实施办法或实施细则。学前教育资助的程序一般应包括主动申请、材料审查、结果公示、资金拨付等环节，确保学前教育资助制度透明公开。

【相关规定】

《中华人民共和国宪法》第四十六条；《教育领域中央与地方财政事权和支出责任划分改革方案》。

第六十六条　【社会投入】国家鼓励自然人、法人和非法人组织通过捐赠、志愿服务等方式支持学前教育事业。

【条文主旨】

本条是关于鼓励通过多种形式向普惠性学前教育捐赠的倡导性规定。

【条文解读】

本条是教育法第六十条国家鼓励捐资助学条款在学前教育领域的具体体现。社会捐赠是构建学前教育长效经费保障机制的重要补充，虽然学前教育法明确规定我国构建以政府投入为主的学前教育体系，并将学前教育支出列入各级人民政府财政预算，但我国学前教育体系的快速稳定高质量发展也有赖于社会各界的关注和支持，因此国家鼓励向普惠性学前教育捐赠。

国家鼓励学前教育捐赠具有相对应的配套保障机制。根据我国公益事业捐赠法的相关规定，公司或企业捐赠财产用于公益事业的享受企业所得税方面的优惠、自然人和个体工商户捐赠财产用于公益事业的享受个人所得税方面的优惠、境外捐赠用于公益事业的物资免征进口关税和进口环节的增值税，同时对于捐赠工程项目也给予支持和优惠。普惠性学前教育同样属于我国公益事业捐赠法中的公益事业，向普惠性学前教育捐赠同样享受上述法律规定的财政优惠措施。

国务院 2017 年出台的《志愿服务条例》规定，志愿服务是指志愿者、志愿组织和其他组织自愿、无偿向社会或者他人提供的公益服务。志愿者和志愿服务组织均可在学前教育领域开展志愿服务。

【适用指南】

向普惠性学前教育捐赠应符合相关法律规定。首先，捐赠人向普惠性学前教育捐赠应是自愿捐赠。其次，捐赠人应确保捐赠的财产是其有权处分的财产。最后，捐赠双方可以就捐赠事项订立相关协议，双方应按照捐赠协议的内容履行权利义务。

接受捐赠的普惠性学前教育机构应按照相关法律规定或与捐赠人之间订立的捐赠协议保管、使用捐赠财产。受赠人应当公开接受捐赠的情况和受赠财产的管理、使用情况，建立健全财务会计制度，接受政府有关部门的财务审计。挪用、侵占或者贪污捐赠财产的，应承担相应的法律责任。

各类学前教育举办者在接受志愿服务时，需要严格审查志愿者或志愿服务组织是否具备开展学前教育领域相关服务或其他工作的资质，如开展课程类志愿服务的志愿者或志愿服务组织，应符合学前教育法中对学前教育机构教职工的强制性规定。

【相关规定】

《中华人民共和国教育法》第六十条；《中华人民共和国公益事业捐赠法》第三条、第十二条、第十九条、第二十二条、第二十四条至第二十七条、第二十九条；《财政部 税务总局 民政部关于公益性捐赠税前扣除有关事项的公告》；《财政部 税务总局关于通过公益性群众团体的公益性捐赠税前扣除有关事项的公告》。

案例评析

伪造证件骗取学前教育奖励补助的法律责任
——Z省X县人民检察院督促追缴学前教育专项经费行政公益诉讼案①

【案情简介】

2015年至2018年，Z省X县人民检察院13所民办幼儿园27名不具备教师资格的幼儿园教师经幼儿园园长及其他教师介绍联系，从他人处购得伪造的教师资格证书，在幼儿园从事幼儿教学工作。其中22人利用伪造的教师资格证书，向X县教育体育局申报领取幼儿园在职自聘教师奖励补助合计人民币122510元（注：幼儿园在职自聘教师奖励补助系学前教育专项经费项目资金之一，以下简称奖励补助）。截至2019年12月，仍有21人在幼儿园从事幼儿教学工作。X县人民检察院刑事检察部门办理他人伪造、买卖国家机关证件刑事案件过程中发现学前教育专项经费被骗取的情况，并通过行政公益诉讼方式立案查处。

通过任何方式骗取学前教育专项财政补助都是严重违法行为。本案涉及多人通过伪造证件的方式骗取学前教育专项财政奖助经费，在本案处理过程中骗取的学前教育专项奖励补助被全部收缴、27本伪造的教师资格证书被依法没收，相关幼儿园中不具备教师资格的21名教师被责令辞退或转岗，同时对涉嫌骗取学前教育专项财政奖助的部分人员提起刑事公诉。

学前教育经费被骗取，相关单位、个人都需承担相应法律责任。本案涉案的幼儿园举办者、伪造和出卖虚假教师资格证的行为人、通过购

---

① 《国有财产保护、国有土地使用权出让领域行政公益诉讼典型案例》，载最高人民检察院网站，https://www.spp.gov.cn/spp/xwfbh/wsfbt/202012/t20201217_489171.shtml#2，最后访问时间：2024年11月21日。

买虚假教师资格证申领学前教育经费的行为人以及教育行政机关均应对骗取学前教育经费的行为承担刑事责任、行政处罚责任等相应的法律责任。

【案例解读】

根据学前教育法第六十四条的规定,通过财政补助的方式支持普惠性民办幼儿园发展是地方各级人民政府的法定责任,但学前教育专项资金既是国有财产,也事关学前教育事业的持续健康发展。完善学前教育财政补助的各项配套规范,才能从根本上防止国有财产损失,有效遏制骗取学前教育专项经费的乱象,真正贯彻落实学前教育中的财政补助制度。

第七章　管理监督

※ 本章导读 ※

本章是关于学前教育管理监督的规定，主要包括安全监管、收费监管、收费公示制度、财务会计制度、经费管理、信息管理、教育督导、质量评估等方面的内容。

> **第六十七条　【安全监管】** 县级以上人民政府及其有关部门应当建立健全幼儿园安全风险防控体系，强化幼儿园周边治安管理和巡逻防控工作，加强对幼儿园安全保卫的监督指导，督促幼儿园加强安全防范建设，及时排查和消除安全隐患，依法保障学前儿童与幼儿园安全。
>
> 禁止在幼儿园内及周边区域建设或者设置有危险、有污染的建筑物和设施设备。

【条文主旨】

本条是关于学前教育安全管理的规定，要求政府及其有关部门加强监督指导，依法保障学前儿童与幼儿园安全。

【条文解读】

保护学前儿童与幼儿园的安全，是学前教育的首要工作。首先，本条明确了学前教育安全监管的职责主体，即县级以上人民政府及其有关部门。其次，对幼儿园的安全监管工作提出了具体要求，主要包括建立幼儿园安全风险防范体系和加强幼儿园周边安全管理两个方面。

本条第一款包含两方面内容：第一，规定了幼儿园安全监管的职责主体；第二，规定了幼儿园安全监管工作的基本要求。该条规定县级人民政府及相关部门是幼儿园安全监管的职责主体。根据《中小学幼儿园安全管理办法》规定，相关部门主要包括地方各级人民政府及其教育、公安、司法行政、建设、交通、文化、卫生、工商、质检、新闻出版等部门，各部门应合理分工共同构筑幼儿园的安全监管屏障。《国务院关于当前发展学前教育的若干意见》对学前教育安全监管提出了全面的要求。学前教育安全问题往往涉及卫生、消防、住建、交通等多个领域，各职能部门应在分工协作的基础上加强信息共享，形成安全监管合力。

本条第二款专门规定了对幼儿园周边安全的监管，体现了立法对幼儿园周边安全的重视。根据《中小学幼儿园安全管理办法》第六章规定，幼儿园周边安全需要建设、公安、交通、文化、卫生、工商、质检、新闻出版等相关主管部门的协作配合。具体而言，幼儿园周边安全监管工作主要有：建筑安全，禁止任何单位或者个人违反有关法律、法规、规章、标准，在学校围墙或者建筑物边建设工程，在校园周边设立易燃易爆、剧毒、放射性、腐蚀性等危险物品的生产、经营、储存、使用场所或者设施以及其他可能影响学校安全的场所或者设施。治安安全，公安等部门应当加强对幼儿园周边的巡逻，及时发现和消除安全隐患。交通安全，交通主管部门会同规划等部门合理设置幼儿园周边的交通标志，在上下学高峰时段和重点路段增加交通疏导力量。文化安全，幼儿园周边 200 米内禁止设立上网服务营业场所，对幼儿园周边影响幼儿身心健康的书刊、报纸、广告等传播信息进行管控。食品安全，市场监督管理部门负责对幼儿园周边餐饮服务场所和流动摊贩的管理，排查损害幼儿食品安全的风险。部分地方在《中小学幼儿园安全管理办法》的指引下，因地制宜地制定了地方性法规、地方政府规章或者规范性文件，对中小学及幼儿园周边的安全管理进行了更为具体明确的规定。

【适用指南】

本条主要被视为行政机关对幼儿园安全监管的职权依据，并通过细化幼儿园安全要求，对行政机关、幼儿园管理人员、幼儿园周边营业机构等主体维护幼儿园安全设置了相应的责任。行政机关是幼儿园安全监管的责任主体，当出现危害幼儿园安全的违法行为时，行政机关应当在职责范围内进行处理，同时也要加强日常巡查等安全风险防范工作，把幼儿园安全隐患消除在未然阶段。对于幼儿园管理者而言，保障幼儿园安全是其首要责任，因此幼儿园安全应作为幼儿园质量监测的指标之一。幼儿园管理者在发现影响幼儿园安全的情形时应及时采取消除风险措施，必要时及时上报给行政机关。本条第二款对幼儿园周边安全提出了更高的要求，这意味着幼儿园周边的营业主体必须尽到合理的注意义务，部分商业活动如上网营业场所是严格禁止的，其他的商业活动如餐饮、文化等也都被严格监管，相关营业主体应考虑本条规定，避免因营业活动危害幼儿园安全而承担法律责任。

【相关规定】

《中小学幼儿园安全管理办法》第四十七条至第五十四条；《国务院关于当前发展学前教育的若干意见》第六条。

> **第六十八条　【收费监管】**省级人民政府或者其授权的设区的市级人民政府根据办园成本、经济发展水平和群众承受能力等因素，合理确定公办幼儿园和非营利性民办幼儿园的收费标准，并建立定期调整机制。
>
> 　　县级以上地方人民政府及有关部门应当加强对幼儿园收费的监管，必要时可以对收费实行市场调节价的营利性民办幼儿园开展成本调查，引导合理收费，遏制过高收费。

【条文主旨】

本条是关于学前教育收费监管的规定，要求合理确定公办园和非营利性民办园收费标准，加强收费监管，引导合理收费。

【条文解读】

本条规定了公办幼儿园、非营利性民办幼儿园和营利性幼儿园收费的监管主体与方式。本条分为两款，根据幼儿园性质不同，分别规定了两种不同的收费监管主体与方式。整体而言，对公办幼儿园和非营利性民办幼儿园的收费，政府监管更为严格，而对营利性幼儿园的收费监管则以政府指导和适当干预为主。首先，本次学前教育法制定明确了公办幼儿园、非营利性民办幼儿园和营利性民办幼儿园的分类标准，并取消了对其他非营利性民办幼儿园收费实行政府指导价的规定；其次，改变了对非营利性民办幼儿园的成本审核规定，对营利性民办幼儿园收费的监管由审核式的主动监管变为备案式的被动监管。在监管方式与效果方面，突出监管的透明度与宣示效应。

本条第一款是关于公办幼儿园和非营利性民办幼儿园的收费监管。公办幼儿园和非营利性民办幼儿园的收费标准由省、自治区、直辖市人民政府或者其授权的设区的市级人民政府确定，收费标准一经确定，幼儿园必须遵守。实践中，各地政府普遍采用制定收费管理办法的方式确定公办幼儿园和非营利性民办幼儿园的收费标准，如《河北省幼儿园收费管理办法》《辽宁省幼儿园收费管理办法》等。

相对而言，政府对营利性民办幼儿园收费的监管主要表现为在必要情形下引导其合理收费。民办教育促进法赋予了民办学校自主决定收费标准的权利，本条第二款规定营利性民办幼儿园的收费标准实行市场调节，由幼儿园自主决定。通过以上对比可以发现，政府对公办幼儿园和非营利性民办幼儿园收费的监管力度大于营利性民办幼儿园。当然，这并不意味着营利性民办幼儿园可以随意提高收费标准，政府对明显过高的收费行为有权进行合理引导。

关于监管主体，公办幼儿园和非营利性民办幼儿园收费标准的确定主体为省级人民政府或者其授权的设区的市级人民政府。一般情况下，只有省级人民政府才有权力制定公办幼儿园和非营利性民办幼儿园的收费标准，授权对象也只能是设区的市级人民政府。除此之外，县级以下人民政府和各级人民政府职能部门均无权制定公办幼儿园和非营利性民办幼儿园的收费标准。省级人民政府制定和调整幼儿园收费标准的程序也有严格规定，须由教育行政部门、价格主管部门和财政部门三部门共同报省级人民政府审定。县级以上地方人民政府及有关部门作为所有类别幼儿园的收费监管主体，负责幼儿园收费行为的监管，其中包括引导营利性民办幼儿园合理收费，营利性民办幼儿园的收费标准虽然由幼儿园根据市场调节自主决定，但仍应报当地价格主管部门、教育行政部门备案后执行，以便行政机关对其收费标准实行动态监测与指导。

【适用指南】

本条是对幼儿园收费标准，以及行政机关监管幼儿园收费活动的特别规定，是贯彻落实教育法"教育公益性"以及民办教育促进法赋予民办教育自主空间等一般法律规范的特别法。

本条对行政机关的指引，主要表现为明确了行政机关对不同类型幼儿园制定或调整收费标准的职权依据和范围。公办幼儿园和非营利性民办幼儿园的收费标准由省级人民政府综合考量各种因素后确定。这就要求省级人民政府及其授权的市级人民政府把核算办园成本、当地经济发展水平、群众承受能力等因素的工作做在确定收费标准前面，确保收费标准的科学合理性；而对于由市场自主调整收费标准的营利性民办幼儿园，其收费监管部门级别相对较低，县级以上人民政府及有关部门不能对这种类型幼儿园的收费标准进行提前干预，对这类幼儿园的收费监管是一种事后、被动监管，监管方式也以备案、指导等柔性措施为主。

本条对幼儿园的指引。由于公办幼儿园和非营利性民办幼儿园的收费标准是由省级人民政府合理确定的，一般不会出现收费标准过高影响幼儿正常入园或者收费标准过低导致幼儿园亏损的情形。对营利性民办幼儿园而言，虽然法律赋予其确定和调整收费标准的自主决定权，但是当收费标准明显偏高，县级以上人民政府及有关部门会启动调查程序，引导营利性民办幼儿园合理收费。虽然法律并未针对营利性民办幼儿园收费偏高或不服从行政机关收费引导设定相应的罚则，但是营利性民办幼儿园的收费标准以及接受行政机关引导的情况会被纳入质量监测范围，收费过高或拒不服从行政机关的引导调整收费标准将会影响营利性民办幼儿园的质量评估结果。因此，营利性民办幼儿园虽然可以自主决定收费标准，但仍应遵守教育公益性原则，承担相应的社会责任，避免收费标准过高。

【相关规定】

《中华人民共和国教育法》第八条；《中华人民共和国民办教育促进法》第三十八条；《幼儿园收费管理暂行办法》第五条、第九条。

第六十九条 【收费公示制度】 幼儿园收取的费用应当主要用于保育和教育活动、保障教职工待遇、促进教职工发展和改善办园条件。学前儿童伙食费应当专款专用。

幼儿园应当执行收费公示制度，收费项目和标准、服务内容、退费规则等应当向家长公示，接受社会监督。

> 幼儿园不得违反有关规定收取费用，不得向学前儿童及其家长组织征订教学材料，推销或者变相推销商品、服务等。

【条文主旨】

本条是关于幼儿园收费公示制度的规定，要求幼儿园规范费用使用行为并向家长公开收费信息，接受社会监督，同时设定了幼儿园收费的禁止性规定。

【条文解读】

本条分为三款，第一款规定幼儿园收费的主要用途，强调了学前儿童伙食费应专款专用。第二款确立了幼儿园收费公示制度，即幼儿园应当将其收费的项目、标准、用途等事项如实全面向家长公示，这是教育法对包括幼儿园在内的学校等教育机构的要求，也是幼儿园接受社会监督的重要途径。第三款是幼儿园收费的禁止性规定。对收费用途与收费公示进行强制规定，补全了幼儿园收费监管的链条，也有利于充分运用社会监督力量加强对幼儿园的收费监管。明确并细化关于幼儿园收费的禁止性规定，有利于进一步规范并遏制几类问题比较突出、性质比较恶劣的违法收费现象。

本条第一款规定了幼儿园收费的主要用途，幼儿园收取的费用主要用于保育和教育活动等公益用途，是保障幼儿园公益性质的方式之一。即便是营利性民办幼儿园，也应当遵循该规定，在满足保育和教育活动、保障教职工待遇等公益用途之外，才能将剩余费用用于收益。本条对学前儿童伙食费的使用作了专门规定，要求伙食费专款专用，对违反伙食费专款专用规定的幼儿园，本法第七十九条规定了相应的法律责任。

本条第二款规定的幼儿园收费公示制度主要包含以下四个方面要求：第一，公示责任主体为幼儿园，幼儿园不得将公示义务转移给教师、家长代表等个人，必须以幼儿园名义在显著位置通过设立公示栏、公示牌、公示墙等形式向家长公示收费信息。第二，公示内容为收费项目和标准、服务内容、退费规则等信息，公示信息应当全面、准确并具有指导性。未经公示不得收费，收费政策有变化的，应及时公示并主动接受社会监督。第三，公示的对象为家长，其中包括已经收取费用的家长和受收费行为潜在影响的家长，这就要求幼儿园以显著方式充分公开收费信息，确保家长的知情权。第四，收费公示的目的在于接受社会监督，对按规定应当公示而未公示的收费，或公示内容与规定政策不符的收费，幼儿家长有权拒绝缴纳，并对不规范的收费行为向有关部门投诉举报，督促幼儿园合理、规范行使收费行为。

本条第三款规定了幼儿园违法违规收费的具体情形，包括向学前儿童及其家长征订教学材料和推销商品或服务等。幼儿园组织征订教材，一方面说明幼儿园存在"小学化"的倾向，另一方面也会助长幼儿园违法违规收费的不良风气，因此需要遏制这种现象。幼儿园推销商品或服务，违背了幼儿园普惠性的办学宗旨，即便是民办幼儿园，也应以保育教育为核心任务，而不能借办学之便利实施经营性活动。

【适用指南】

本条主要适用于指引幼儿园合理使用收费并建立健全收费公示制度。在确立了幼儿园收费标准之后，本条规定了收费的适用范围，即幼儿园收取的费用主要用于保育教育活动等与幼儿园工作相关的支出，这也与我国教育的公益性相呼应，禁止幼儿园以收取费用之名行商业经营之实。其中伙食费专款专用是强制性要求，如果幼儿园在收费时单列了伙食费的项目，则该项费用只能用于支付伙食费，不得挪作他用，任何单位和个人不得通过截留等方式干扰幼儿园收费的正常使用。这就要求幼儿园在健全财务制度时，注意对伙食费项下的财务收支进行单列。

幼儿园收费信息公示制度要求幼儿园主动接受包括家长在内的社会监督，家长有权对幼儿园违规收费的行为进行投诉、举报。幼儿园应如实全面公示其收费信息，并严格按照收费公示信息规范收费行为，否则将会因违规收费等行为受到本法第八章规定的相应处罚。

第三款对幼儿园收费行为的禁止性规定，既对幼儿园收费行为进行了明确的限制，也为广大家长拒绝幼儿园违法违规收费提供了法律依据。

【相关规定】

《中华人民共和国教育法》第三十条；《幼儿园收费管理暂行办法》第十七条、第二十条。

> **第七十条 【财务会计制度】** 幼儿园应当依法建立健全财务、会计及资产管理制度，严格经费管理，合理使用经费，提高经费使用效益。
>
> 幼儿园应当按照有关规定实行财务公开，接受社会监督。县级以上人民政府教育等有关部门应当加强对公办幼儿园的审计。民办幼儿园每年应当依法进行审计，并向县级人民政府教育行政部门提交经审计的财务会计报告。

【条文主旨】

本条是关于幼儿园财务会计管理的规定，幼儿园通过建立健全财务会计制度规范经费使用行为，接受社会与教育行政部门的监督。

【条文解读】

建立健全财务会计制度是会计法对国家机关、社会团体、公司、企业、事业单位等单位的强制性要求，本条重申了幼儿园的此项义务，强调幼儿园对于经费使用、管理的责任。本条第二款规定幼儿园的财务按规定公开，接受审计和社会监督，此处并未特指某类幼儿园，应当理解为不管是公办幼儿园、非营利性民办幼儿园还是营利性民办幼儿园，都应当按照法律规定实行财务公开，接受审计和社会监督。除此之外，民办幼儿园每年应当向县级人民政府教育行政部门提交经审计的财务会计报告，这是对民办幼儿园的特殊要求。提交财务会计报告是为了方便教育行政部门对民办幼儿园财务状况进行监管，本条规定的"提交"在性质上应理解为行政备案，教育行政部门不得对民办幼儿园提交的财务会计报告进行实体审查或将其作为相关行政许可的前置条件。

需要强调的是，虽然本条款只规定了民办幼儿园每年向教育行政部门提交财务会计报告，但这并不意味着公办幼儿园财务会计制度的监管力度相较民办幼儿园小。公办幼儿园属于事业单位，应当按照审计法、《事业单位财务规则》等规定履行财务管理义务。

【适用指南】

本条对幼儿园建立健全财务会计制度具有引导意义。根据本条第一款规定，幼儿园应当就经费使用情况建立健全财务会计制度，建立健全财务会计制度的表现是设置财务会计账簿，记录经费来源与去向，幼儿园作为建立健全财务会计制度的义务人，应当确保财务会计账簿的真实性与有效性，保证经费使用情况有据可查。考虑到财会工作的专业性，幼儿园可以聘用专业的财会人员记账，并为幼儿园经费的合理使用制订预算与结算计划。

该条第二款从两个方面监督幼儿园合理使用经费。第一，财务公开，即幼儿园在建立健全财务会计制度后有义务按规定向社会公开，并接受审计监督。第二，政府监督，即民办幼儿园应当每年向县级人民政府教育行政部门提交经审计的财务会计报告，县级人民政府教育行政部门对所提交财务会计报告进行保管，便于检查各幼儿园的财务会计制度。

【相关规定】

《中华人民共和国会计法》第二条、第三条；《中华人民共和国审计法》第二条、第二十一条；《事业单位财务规则》第四条。

> **第七十一条 【经费管理】** 县级以上人民政府及其有关部门应当建立健全学前教育经费预算管理和审计监督制度。
> 任何单位和个人不得侵占、挪用学前教育经费，不得向幼儿园非法收取或者摊派费用。

【条文主旨】

本条是关于幼儿园经费管理的规定，要求县级以上人民政府及其有关部门积极履行预算管理和审计监督职能，并对影响教育经费正常使用的行为作出了禁止性规定。

【条文解读】

行政机关对于学前教育经费的监管，不仅体现在县级以上人民政府及其有关部门建立健全预算管理和审计监督制度的积极作为义务方面，还要求任何单位与个人不得实施侵占、挪用教育经费等禁止性行为。

本条第一款是对行政机关建立健全教育经费预算管理审计制度的正面

要求。根据财政部和教育部印发的《支持学前教育发展资金管理办法》的要求，县（区）级财政、教育部门应当落实资金管理主体责任，加强区域内相关教育经费的统筹安排和使用，指导和督促本地区幼儿园健全财务、会计、资产管理制度。加强幼儿园预算管理，细化预算编制，硬化预算执行，强化预算监督；规范幼儿园财务管理，确保资金使用安全、规范和高效。各级财政、教育部门要按照全面实施预算绩效管理的要求，建立健全全过程预算绩效管理机制。此外，根据审计法的规定，审计机关应对其他法律、行政法规规定由审计机关进行审计的事项按照法律规定进行审计监督。学前教育经费作为国家财政经费支出，必然要接受审计机关的全面审计或专项审计监督。

本条第二款是对行政机关建立健全教育经费预算管理审计制度的禁止事项规定。非法摊派费用是指在国家法律、法规和有关规定之外，要求有关单位或个人无偿地、非自愿地提供财力、物力和人力的行为。侵占、挪用学前教育经费，以及向幼儿园非法收取或摊派费用，都是损害学前教育经费依法、合理使用的禁止性行为，不仅会给学前教育事业的发展造成危害，行为人也会因其违法行为承担行政责任或刑事责任。

【适用指南】

本条主要适用于规范行政机关对幼儿园财务的监管职责。本条第一款是县级以上人民政府及其有关部门对幼儿园实施财务监管与审计的职权依据，本法实施以后各地可以制定实施办法，细化县级以上人民政府及其有关部门的监管职能。对于监管部门而言，尤其需要注意本条第二款。监管部门属于公权力机关，当权力无法得到有效制约与监督时就容易引发滥用风险。任何单位与个人不得侵占、挪用学前教育经费，也要求监管部门不得利用公权力使用者的优势地位侵占、挪用甚至截留、贪污学前教育经费。

【相关规定】

《中华人民共和国预算法》第二十七条；《中华人民共和国审计法》第四条。

> **第七十二条　【信息管理】**县级人民政府教育行政部门应当建立健全各类幼儿园基本信息备案及公示制度，利用互联网等方式定期向社会公布并更新政府学前教育财政投入、幼儿园规划举办等方面信息，以及各类幼儿园的教师和其他工作人员的资质和配备、招生、经费收支、收费标准、保育教育质量等方面信息。

【条文主旨】

本条是关于县级人民政府教育行政部门对幼儿园信息备案及公示的规定，明确了幼儿园信息备案及公示的责任主体、公开内容与公示方式。

【条文解读】

建立健全基本信息备案与公示制度有利于完善幼儿园过程监管，强化对幼儿园教职工配备、收费行为、卫生保健、保教质量等方面的动态管理，同时也是主动接受社会监督的主要方式。各类幼儿园基本信息备案与公示的主体是县级人民政府教育行政部门，将基本信息备案与公示职能集中于县级人民政府教育行政部门，可以避免基本信息的重复收集与二次加工，提高信息公示的效率。本条所列举的应当公开的幼儿园基本信息包括政府学前教育财政投入、幼儿园规划举办等方面信息，以及各类幼儿园教师和其他工作人员的资质和配备、招生、经费收支、收费标准、保育教育质量等方面信息，基本上涵盖了幼儿园的各类基本信息。各地方为了便利幼儿园主动向教育行政部门进行基本信息备案，通常会列明幼儿园基本信息备案与公示的内容，如《德江县幼儿园信息备案公示制度》，并对各类幼儿园基本信息备案工作提出具体要求。关于公示方式，应充分发挥互联网等科技手段，实现信息公开高效和透明，为社会公众获取相关信息提供便利。

【适用指南】

本条对于行政机关建立健全信息备案及公示系统具有指引作用。信息备案与公示制度是依托于数字政府而形成的便民服务措施，大量关于幼儿园规划、经费、质量等信息的备案与公示，需要强大的数字平台作为支撑。这就要求县级人民政府教育行政部门充分利用数字技术助力信息备案与公示制度的建立健全。本条已经明确规定县级以上人民政府教育行政部门负有建立健全信息备案与公示制度的职责，学前教育财政投入、幼儿园规划举办等信息属于政府应当主动公开的政府信息。县级以上人民政府教育行政部门拒不履行公开职责的，将会因此承担相应责任。

> **第七十三条　【教育督导】**县级以上人民政府教育督导机构对学前教育工作执行法律法规情况、保育教育工作等进行督导。督导报告应当定期向社会公开。

【条文主旨】

本条是关于学前教育督导制度的规定，要求县级以上人民政府作为责任主体履行教育督导职责。

【条文解读】

教育督导是我国教育法规定的一项基本教育制度，学前教育督导是教育督导制度中的重要环节。根据《教育督导条例》规定，教育督导包括以下两个方面内容：（一）县级以上人民政府对下级人民政府落实教育法律、法规、规章和国家教育方针、政策的督导；（二）县级以上地方人民政府对本行政区域内的学校和其他教育机构教育教学工作的督导。各地方出台的教育督导规定，普遍把教育督导内容扩充到对本行政区域内教育发展状况、办学水平和教育质量组织开展评估监测，如《河南省教育督导条例》《江苏省教育督导条例》和《青岛市教育督导条例》。学前教育法在本条之后单独规定了幼儿园质量评估制度，可见本条规定的教育督导主要是指县级以上人民政府依据《教育督导条例》第二条规定实施的两项督导行为。

但这并不意味着县级以上人民政府的教育督导内容仅限于对法律规定落实情况和对保育教育工作的监督，本条在"执行法律法规情况、保育教育工作等"中的"等"字，表明了县级以上人民政府教育督导内容的非限定性。尤其是在学前教育领域，"入园难""入园贵""学前教育小学化倾向"及不规范等问题较为集中，政府应不断丰富监督方式，提高监督水平，以适应民众对高质量学前教育的需求。教育督导报告是县级以上人民政府履行教育督导职责的直接表现，也是将教育督导结果与被督导单位及其主要负责人考核、奖惩挂钩的重要联结。

【适用指南】

本条对于县级以上人民政府教育督导机构实施学前教育督导具有指引意义。首先，县级以上人民政府在本法实施后应当为学前教育督导制度提供组织保障，即设立教育督导机构，专门负责学前教育督导工作。鉴于我国教育督导工作早在教育法颁布实施时期就已经建立，部分地方教育督导组织机构已经相对完善，可以满足学前教育督导的组织要求。其次，县级以上人民政府对下级人民政府落实教育法律、法规、规章和国家教育方针、政策的督导，属于行政机关内部监督。督导机构可以依据《学前教育督导评估暂行办法》的规定，从政府职责、经费投入、园所建设等方面对下级政府开展督导评估。再次，县级以上地方人民政府对本行政区域内幼儿园保育教育工作的督导，应当遵循依法行政原则和比例原则等行政法基本原则，依法开展，并尊重学前教育的特殊性，制定符合学前教育特点的督导细则。在督导方式方面，可以参考各地的优秀经验，采取经常性督导、专项督导、综合督导等多种督导手段相结合的模式。最后，在保障教育督导发挥应有作用方面，行政机关应当制定考核标准，将督导结果与人事任免、考核、奖惩等事项挂钩，加强教育督导在促进学前教育发展中的作用。

【相关规定】

《中华人民共和国教育法》第二十五条；《教育督导条例》第十一条。

第七十四条 【质量评估】 国务院教育行政部门制定幼儿园保育教育质量评估指南。省级人民政府教育行政部门应当完善幼儿园质量评估标准，健全幼儿园质量评估监测体系，将各类幼儿园纳入质量评估范畴，并向社会公布评估结果。

【条文主旨】

本条是关于教育质量评估的规定，要求教育行政部门根据幼儿园保育教育质量评估指南完善幼儿园质量评估标准，对幼儿园质量进行监测，并保障社会公众对幼儿园质量评估结果的知情权。

【条文解读】

制定幼儿园保育教育质量评估指南是对幼儿园进行质量评估的前提条件，2022 年教育部印发了《幼儿园保育教育质量评估指南》，并制定了《幼儿园保育教育质量评估指标》，标志着学前教育质量评估有了依据。教育部制定的《幼儿园保育教育质量评估指标》包含五个方面：办园方向、保育与安全、教育过程、环境创设、教师队伍，共 15 项关键指标和 48 个考查要点，几乎涵盖了学前教育的方方面面。在教育部《幼儿园保育教育质量评估指标》的基础上，省、自治区、直辖市人民政府教育行政部门应当继续完善评估标准，制定符合当地实际情况的幼儿园质量评估指标。

本条并未进一步明确幼儿园质量评估监测的具体程序，但是从实践来看，各地普遍采用"幼儿园自评+评估机构考查"的方式实施质量评估。这种评估方式通常与督导工作相结合，由督导机构定期对幼儿园质量进行评估监测。为了实现"以评促建"的目的，评估结果往往以划分评估等级为主要内容，不同的评估等级对应不同级别的补贴、奖惩，以此激励幼儿园重视提高保育教育质量。

【适用指南】

本条对于国务院和省级人民政府教育行政部门完善学前教育质量监测体系具有指导意义。国务院和省级人民政府教育行政部门是学前教育质量监测体系上层建筑的构建者，负责制定和调整质量评估标准。2022 年教育部制定《幼儿园保育教育质量评估指标》之后，各地也相继制定了具体的质量评估指标。目前，全国学前教育质量评估监测指标已经相对完善，为学前教育质量评估监测工作提供了依据。本条并未对实施学前教育质量评估监测的职责主体、工作方式、工作内容、法律责任等作出具体规定，学前教育质量评估监测在法律层面只体现为评估标准的制定与完善，尚未延伸至具体工作层面。然而，学前教育质量评估实践并未随之而停滞，各地方在现有制度基础上已经开展了具体的质量评估监测工作。因此，建议本条在实践基础上进一步完善，各地方也可以大胆创新，为立法、修法提供行之有效的经验补给。

【相关规定】

《中华人民共和国教育法》第三十条。

案例评析

某幼儿园未按规定公布伙食费实际收支账目
——Y县市场监督管理局行政处罚决定[①]

【案情简介】

Y县市场监督管理局和教育体育局组成检查组，随机抽取5家教育机构进行检查，主要检查教育机构2020年以来发生的教育收费行为。2022年6月7日至6月13日期间，检查组人员进驻Y县某幼儿园，对该幼儿园2020年1月1日至2022年4月30日期间教育收费进行检查。在检查期间，发现该幼儿园未按照相关规定每月月初向家长公布上月的伙食费实际收支账目。经执法人员核实，幼儿园门口两侧未设立公示栏、公示牌等，楼内过道有校内文化长廊、教职工工作展示台、证照公示栏等，没有发现对家长公布上月的伙食费实际收支账目。执法机关依据价格法第四十二条等规定，责令该幼儿园整改，并罚款2600元。

【案例解读】

学前教育法第六十九条规定幼儿园应当执行收费公示制度，向家长公开收费项目和标准、服务内容、退费规则等收费信息，该条款也成为幼儿园负有收费信息公示义务的法律依据。但是在学前教育法中并未针对幼儿园违反收费信息公示义务设置直接的责任承担条款，幼儿园不履行收费公示义务的违法行为在学前教育法中没有相对应的罚则。目前，实践中监管部门是以价格法为依据，把幼儿园视为经营者去规制其价格违法行为。本案就是对幼儿园违反价格法规定实施的"未明码标价行为"进行处罚的案例。

[①] 《盐池县市场监督管理局行政处罚决定书》（盐市监处罚〔2022〕30号），载盐池县人民政府网站，http://www.yanchi.gov.cn/xxgk/zfxxgkml/ssjygk/202208/t20220824_3683500.html，最后访问时间：2024年11月21日。

第八章　法律责任

※ **本章导读** ※

本章是关于法律责任的规定，包括地方各级政府及有关部门应承担的单位责任，地方各级政府及教育等有关部门的工作人员的个人责任，居住区建设单位违法行为法律责任，单位和个人擅自举办幼儿园或者招收学前儿童实施半日制、全日制培训违法行为法律责任，幼儿园违法行为法律责任，幼儿园教师或者其他工作人员违法行为法律责任，以及对学前儿童、幼儿园、教职工的侵权行为法律责任等。

学前教育法专门设立"法律责任"一章，明确了违反法律规定等违法行为的法律后果，能够保障权利行使，督促义务履行，进而推动学前教育立法目的的实现，具有重要的实践意义。

第七十五条　【政府责任】 地方各级人民政府及有关部门有下列情形之一的，由上级机关或者有关部门按照职责分工责令限期改正；情节严重的，对负有责任的领导人员和直接责任人员依法给予处分：

（一）未按照规定制定、调整幼儿园布局规划，或者未按照规定提供普惠性幼儿园建设用地；

（二）未按照规定规划居住区配套幼儿园，或者未将新建居住区配套幼儿园举办为普惠性幼儿园；

（三）利用财政性经费、国有资产、集体资产或者捐赠资产举办或者参与举办营利性民办幼儿园，或者改变、变相改变公办幼儿园性质；

> （四）未按照规定制定并落实公办幼儿园生均财政拨款标准或者生均公用经费标准、普惠性民办幼儿园生均财政补助标准；
> （五）其他未依法履行学前教育管理和保障职责的情形。

【条文主旨】

本条是关于地方各级人民政府及有关部门未履行学前教育管理和保障职责的法律责任的规定。

【条文解读】

地方各级人民政府作为学前教育的责任主体，在规划、举办、拨款等多个领域负有管理和保障职责。本条采用部分列举加兜底条款的形式，对地方各级人民政府及有关部门在学前教育管理行为中出现的未履行职责的情形进行了梳理，明确了上级机关或者按照职责分工负有相关监督管理职责的部门为监管主体，以及责令限期改正和给予处分两种处理方式。行政处罚法第九条列举的处罚种类中不包含责令限期改正，但第二十八条第一款规定，行政机关实施行政处罚时，应当责令当事人改正或者限期改正违法行为。可见行政处罚法将责令改正或者限期改正违法行为作为行政处罚附随的一项义务，而非处罚的一种。由于本条并未规定对地方各级人民政府及有关部门实施行政处罚，故本条规定的责令限期改正不宜理解为行政处罚附随的义务，而应理解为行政机关上下级之间实施的监督行为，其目的是纠正违法和不当的行政行为，以确保行政管理职能的实现。本条规定的给予处分是给予行政处分。行政处分是行政机关、企业事业单位或者其他组织按照行政隶属关系，对因违反法律、法规、规章以及本单位决定和命令应当承担纪律责任的对象采取的处罚措施，包括警告、记过、记大过、降级、撤职、开除。根据本条规定，地方各级人民政府及有关部门出现未履行学前教育管理和保障职责时，由上级机关或者有关部门按照职责分工责令限期改正；同时应从违法行为的方式、手段、后果、影响等方面对情节严重程度进行评估，属于情节严重的，给予负有责任的领导人员和直接责任人员处分。直接责任人员是指直接实施违法行为或者根据分工负有相应职责的人员。公务员法第六十条规定，公务员执行公务时，认为上级的决定或者命令有错误的，可以向上级提出改正或者撤销该决定或者命令的意见；上级不改变该决定或者命令，或者要求立即执行的，公务员应当执行该决定或者命令，执行的后果由上级负责，公务员不承担责任；但是，公务员执行明显违法的决定或者命令的，应当依法承担相应的责任。应注意，违法行为情节严重、对违法行为负有责任是给予领导人员和直接责任人员处分的两个前提条件，可结合公务员法等法律规定予以认定。

根据本条规定，地方各级人民政府及有关部门应承担法律责任的情形如下：一是未按照规定制定、调整幼儿园布局规划，或者未按照规定提供普惠性幼儿园建设用地的情形。根据本法第二十五条的规定，县级以上地方人民政府应当以县级行政区划为单位制定幼儿园布局规划，将普惠性幼儿园建设纳入城乡公共管理和公共服务设施统一规划，并按照非营利性教育用地性质依法以划拨等方式供地，不得擅自改变用途。县级以上地方人民政府应当按照国家有关规定，结合本地实际，在幼儿园布局规划中合理确定普惠性幼儿园覆盖率。尽管该条仅规定了"制定"幼儿园布局规划，而未直接规定"调整"幼儿园布局规划的情形，但为确保布局规划始终保持科学合理，赋予地方各级政府随客观情势变迁进行调整的职权是应有之义，故本条中将违法情形表述为"未按照规定制定、调整幼儿园布局规划"是合理的。二是未按照规定规划居住区配套幼儿园，或者未将新建居住区配套幼儿园举办为普惠性幼儿园的情形。根据本法第二十六条第一款规定，新建居住区等应当按照幼儿园布局规划等相关规划和标准配套建设幼儿园。配套幼儿园应当与首期建设的居住区同步规划、同步设计、同步建设、同步验收、同步交付使用。建设单位应当按照有关规定将配套幼儿园作为公共服务设施移交地方人民政府，用于举办普惠性幼儿园。由于政府责任导致新建居住区未配套建设幼儿园，或者收到建设单位移交的配套幼儿园后未举办普惠性幼儿园的，政府及有关部门应承担本条规定的法律责任。三是利用财政性经费、国有资产、集体资产或者捐赠资产举办或者参与举办营利性民办幼儿园，或者改变、变相改变公办幼儿园性质的情形。根据本法第三十四条第一款、第二款规定，任何单位和个人不得利用财政性经费、国有资产、集体资产或者捐赠资产举办或者参与举办营利性民办幼儿园，公办幼儿园不得转制为民办幼儿园，公办幼儿园不得举办或者参与举办营利性民办幼儿园和其他教育机构。其中，公办幼儿园转制为民办幼儿园的，属于本条规定的"改变"公办幼儿园性质的情形；公办幼儿园举办或参与举办营利性民办幼儿园和其他教育机构的，属于本条规定的"变相改变"公办幼儿园性质的情形。四是未按照规定制定并落实公办幼儿园生均财政拨款标准或者生均公用经费标准、普惠性民办幼儿园生均财政补助标准的情形。根据本法第六十三条第二款的规定，省、自治区、直辖市人民政府应制定并落实公办幼儿园生均财政拨款标准或者生均公用经费标准，以及普惠性民办幼儿园生均财政补助标准。其中，残疾学前儿童的相关标准应当考虑保育教育和康复需要适当提高。省级政府未按照规定制定、各级政府未落实公办幼儿园生均财政拨款标准或者生均公用经费标准、普惠性民办幼儿园生均财政补助标准的，应当承担本条规定的法律责任。五是其他未依法履行学前教育管理和保障职责的情形，该款属于兜底条款。

【适用指南】

《国务院关于当前发展学前教育的若干意见》指出，学前教育是终身学习的开端，是国民教育体系的重要组成部分，是重要的社会公益事业。必须坚持政府主导，社会参与，公办民办并举，落实各级政府责任，充分调动各方面积极性。《中共中央 国务院关于学前教育深化改革规范发展的若干意见》进一步明确，要坚持政府主导，落实各级政府在学前教育规划、投入、教师队伍建设、监管等方面的责任，完善各有关部门分工负责、齐抓共管的工作机制。本法第五条第二款也规定，发展学前教育坚持政府主导，以政府举办为主。可见，地方各级政府作为发展学前教育事业的主要力量，承担着确保大力发展学前教育的各项举措落到实处、取得实效的管理保障职责。本法作为学前教育领域首次制定的法律，其多个章节、多个条款均规定了地方各级政府及其相关部门、建设单位、幼儿园及教职工等主体的权利义务。本法设立"法律责任"这一章节，明确违反法律规定、不履行法定职责等违法行为的法律后果，能够保障权利行使，督促义务履行，进而推动学前教育立法目的的实现，具有重要的实践意义。

除本法外，其他法律也有对政府及有关部门违法行为法律责任的规定。教育法第七十一条规定，不按照预算核拨教育经费的，由同级人民政府限期核拨；情节严重的，对直接负责的主管人员和其他直接责任人员，依法给予处分。违反国家财政制度、财务制度，挪用、克扣教育经费的，由上级机关责令限期归还被挪用、克扣的经费，并对直接负责的主管人员和其他直接责任人员，依法给予处分；构成犯罪的，依法追究刑事责任。教育法第七十四条规定，违规向学校或者其他教育机构收取费用的，由政府责令退还所收费用；对直接负责的主管人员和其他直接责任人员，依法给予处分。民办教育促进法第六十三条规定，县级以上人民政府教育行政部门、人力资源社会保障行政部门或者其他有关部门有下列行为之一的，由上级机关责令其改正；情节严重的，对直接负责的主管人员和其他直接责任人员，依法给予处分；造成经济损失的，依法承担赔偿责任；构成犯罪的，依法追究刑事责任：（一）已受理设立申请，逾期不予答复的；（二）批准不符合本法规定条件申请的；（三）疏于管理，造成严重后果的；（四）违反国家有关规定收取费用的；（五）侵犯民办学校合法权益的；（六）其他滥用职权、徇私舞弊的。法律适用方面，由于本法为新法，且系调整学前教育领域法律关系的特别法，而教育法系调整教育领域的一般法，民办教育促进法仅调整民办教育领域，故，地方各级人民政府及有关部门未依法履行学前教育管理和保障职责的，应优先适用本法规定。

【相关规定】

《中华人民共和国教育法》第七十一条、第七十四条；《中华人民共和国民办教育促进法》第六十三条；《中华人民共和国行政处罚法》第九条、第二十八条。

> **第七十六条　【行政责任】**地方各级人民政府及教育等有关部门的工作人员违反本法规定，滥用职权、玩忽职守、徇私舞弊的，依法给予处分。

【条文主旨】

本条是关于地方各级政府及教育等有关部门的工作人员渎职行为法律责任的规定。

【条文解读】

地方各级政府及教育等有关部门的工作人员违反本法规定，存在滥用职权、玩忽职守、徇私舞弊行为，尚不构成犯罪的，根据公务员法、《行政机关公务员处分条例》等规定给予行政处分，处分分为警告、记过、记大过、降级、撤职、开除。

【适用指南】

适用本条规定时，应注意与本法第七十五条规定予以区分，两者的责任主体不同，第七十五条的责任主体为地方各级政府及有关部门，系单位责任，尽管同时规定了违法行为情节严重时给予负有责任的领导人员和直接责任人员处分，但审查的重点是单位行为的合法性和个人对单位行为是否负有责任；而本条的责任主体为地方各级政府及教育等有关部门的工作人员，系个人责任，审查的重点是个人是否存在滥用职权、玩忽职守、徇私舞弊的渎职行为。

【相关规定】

《中华人民共和国公务员法》第五十九条、第六十一条、第六十二条；《中华人民共和国刑法》第一百九十七条。

> **第七十七条　【建设责任】**居住区建设单位未按照规定建设、移交配套幼儿园，或者改变配套幼儿园土地用途的，由县级以上地方人民政府自然资源、住房和城乡建设、教育等有关部门按照职责分工责令限期改正，依法给予处罚。

【条文主旨】

本条是关于居住区建设单位违法行为法律责任的规定。

【条文解读】

本条中，执法主体是县级以上地方人民政府自然资源、住房和城乡建设、教育等部门，按照职责分工对土地利用、建设、移交等行为进行监督管理。执法对象是居住区建设单位。违法行为包括以下两种：一是未按照规定建设、移交配套幼儿园。根据本法第二十六条第一款规定，新建居住区等应当按照幼儿园布局规划等相关规划和标准配套建设幼儿园。配套幼儿园应当与首期建设的居住区同步规划、同步设计、同步建设、同步验收、同步交付使用。建设单位应当按照有关规定将配套幼儿园作为公共服务设施移交地方人民政府，用于举办普惠性幼儿园。居住区建设单位未按照上述规定进行建设、移交的，应当承担本条规定的法律责任。二是改变配套幼儿园土地用途。根据本法第二十五条第一款规定，县级以上地方人民政府应当以县级行政区划为单位制定幼儿园布局规划，将普惠性幼儿园建设纳入城乡公共管理和公共服务设施统一规划，并按照非营利性教育用地性质依法以划拨等方式供地，不得擅自改变用途。建设单位在该土地上建设幼儿园以外的其他建筑物、构筑物，或者用于绿化、道路、景观等其他用途的，属于擅自改变土地用途的行为，应当承担本条规定的法律责任。

本条规定的处罚措施属于行政处罚。行政处罚法第九条对行政处罚的种类进行了列举，包括警告、通报批评，罚款、没收违法所得、没收非法财物，暂扣许可证件、降低资质等级、吊销许可证件，限制开展生产经营活动、责令停产停业、责令关闭、限制从业，行政拘留以及法律、行政法规规定的其他行政处罚。建设单位出现本条规定的两类违法行为时，首先责令其限期改正，同时根据其违法行为的方式、手段、后果、影响等进行综合判断，决定予以行政处罚的种类和幅度。

【适用指南】

本条旨在规范居住区建设单位对配套幼儿园的建设、移交、使用等行为。《中共中央　国务院关于学前教育深化改革规范发展的若干意见》规定，要规范小区配套幼儿园建设使用。2019年6月底前，各省（自治区、直辖市）要制定小区配套幼儿园建设管理办法，健全发展改革、自然资源、住房城乡建设、教育等部门联动管理机制，做好配套幼儿园规划、土地出让、园舍设计建设、验收、移交、办园等环节的监督管理。各省（自治区、直辖市）要对小区配套幼儿园规划、建设、移交、办园等情况进行专项治理，2019年年底前整改到位。老城（棚户区）改造、新城开发和居住区建设、易地扶贫搬迁应将配套建设幼儿园纳入公共管理和公共服务设施建设规划，并按照相关标准和规范予以建设，确保配套幼儿园与首期建设的居民住宅区同步规划、同步设计、同步建设、同步验收、同步交付使用。配套幼儿园由当地政府统筹安排，办成公办园或委托办成普惠性民办园，不得办成营利性幼儿园。对存在配套幼儿园缓建、缩建、停建、不建和建而不交等问题的，在整改到位之前，不得办理竣工验收。本法以法律的形式对《中共中央　国务院关于学前教育深化改革规范发展的若干意见》的要求予以明确。目前，全国多地以管理办法、指导意见、实施方案等形式对城镇小区配套幼儿园建设予以规范，对城镇住宅小区配套幼儿园的定义、范围、规模、位置、标准等作出了具体规定。

【相关规定】

《中华人民共和国行政处罚法》第九条、第二十八条；《中共中央 国务院关于学前教育深化改革规范发展的若干意见》。

> 第七十八条 【非法举办】擅自举办幼儿园或者招收学前儿童实施半日制、全日制培训的，由县级人民政府教育等有关部门依照《中华人民共和国教育法》、《中华人民共和国民办教育促进法》的规定予以处理；对非法举办幼儿园的单位和个人，根据情节轻重，五至十年内不受理其举办幼儿园或者其他教育机构的申请。

【条文主旨】

本条是关于单位和个人擅自举办幼儿园或者招收学前儿童实施半日制、全日制培训违法行为法律责任的规定。

【条文解读】

本条规定，执法主体是县级人民政府教育等有关部门，执法对象是单位和个人。违法行为包括以下两种：一是擅自举办幼儿园。本法第三十条规定，设立幼儿园经县级人民政府教育行政部门依法审批、取得办学许可证后，依照有关法律、行政法规的规定进行相应法人登记。未履行依法审批并取得办学许可证、完成相应法人登记等手续即开办幼儿园的，属于擅自举办幼儿园。二是招收学前儿童实施半日制、全日制培训。本法第五十九条第三款规定，校外培训机构等其他任何机构不得对学前儿童开展半日制或者全日制培训，不得教授学前儿童小学阶段的课程。单位和个人招收学前儿童实施半日制、全日制培训的，不论是以幼儿园的名义、校外培训机构的名义、其他机构的名义，还是以个人的名义，均属于非法举办。根据本条规定，存在以上两种违法情形的，应依照教育法、民办教育促进法的规定予以处理。适用法律时注意区分学校公办、民办的性质，公办学校不应适用民办教育促进法。教育法第七十五条规定，违反国家有关规定举办学校或者其他教育机构的,由教育行政部门或者其他有关行政部门予以撤销;有违法所得的,没收违法所得;对直接负责的主管人员和其他直接责任人员,依法给予处分。该条中的"撤销"是指撤销举办的学校或者其他教育机构。故该条规定的法律责任包括撤销、没收违法所得两项行政处罚措施,以及给予处分一种行政处分措施。民办教育促进法第六十四条规定,违反国家有关规定擅自举办民办学校的,由所在地县级以上地方人民政府教育行政部门或者人力资源社会保障行政部门会同同级公安、民政或者市场监督管理等有关部门责令停止办学、退还所收费用,并对举办者处违法所得一倍以上五倍以下罚款;构成违反治安管理行为的,由公安机关依法给予治安管理处罚;构成犯罪的,依法追究刑事责任。该条规定以下三种法律责任:一是责令停止办学并处罚款的行政处罚措施,同时要求退还所收费用,由所在地县级以上地方人民政府教育行政部门或者人力资源社会保障行政部门会同同级公安、民政或者市场监督管理等有关部门联合执法;二是在违反治安管理规定时由公安机关给予行政处罚;三是在构成犯罪时依法追究刑事责任。

同时,本条还增加了限制从业的处罚类型,对非法举办幼儿园的单位和个人,根据其违法行为的方式、手段、后果、影响等对其情节轻重进行综合判断,五年至十年内不受理其举办幼儿园或者其他教育机构的申请。

【适用指南】

《中共中央 国务院关于学前教育深化改革规范发展的若干意见》指出,要严格幼儿园准入管理,幼儿园审批严格执行"先证后照"制度,由县级教育部门依法进行前置审批,取得办园许可证后,到相关部门办理法人登记。对符合条件的幼儿园,按照国家相关规定进行事业单位登记。教育法第二十八条规定,学校及其他教育机构的设立、变更和终止,应当按照国家有关规定办理审核、批准、注册或者备案手续。民办教育促进法第十二条规定,举办实施学历教育、学前教育、自学考试助学及其他文化教育的民办学校,由县级以上人民政府教育行政部门按照国家规定的权限审批;举办实施以职业技能为主的职业资格培训、职业技能培训的民办学校,由县级以上人民政府劳动和社会保障行政部门按照国家规定的权限审批,并抄送同级教育行政部门备案。除上文列举的教育法第七十五条、民办教育促进法第六十四条规定外,《幼儿园管理条例》第二十七条规定:"违反本条例,具有下列情形之一的幼儿园,由教育行政部门视情节轻重,给予限期整顿、停止招生、停止办园的行政处罚:(一)未经登记注册,擅自招收幼儿的……"在法律适用方面，本法为法律，《幼儿园管理条例》为行政法规，故应优先适用本法。

此外，本法是第一部包含学前教育限制从业规定的法律，加大了对学前教育领域严重违法行为的处罚力度，增强了处罚的持续性和震慑力。除本条外，本法第四十四条还规定，幼儿园聘任（聘用）园长、教师、保育员、卫生保健人员、安全保卫人员和其他工作人员时，应当向教育、公安等有关部门查询应聘者是否具有虐待、性侵害、性骚扰、拐卖、暴力伤害、吸毒、赌博等违法犯罪记录；发现其有前述行为记录，或者有酗酒、严重违反师德师风行为等其他可能危害儿童身心安全情形的，不得聘任（聘用）。幼儿园发现在岗人员有前款规定可能危害儿童身心安全情形的，应当立即停止其工作，依法与其解除聘用合同或者劳动合同，并向县级人民政府教育行政部门进行报告；县级人民政府教育行政部门可以将其纳入从业禁止人员名单。有本条第一款规定可能危害儿童身心安全情形的个人不得举办幼儿园；已经举办的，应当依法变更举办者。此前的教育法、民办教育促进法虽有对违法举办学校或者其他教育机构进行处罚的条款，但仅限于撤销、关闭现有机构，没收违法所得，罚款和对相关责任人员的处分，未对违法单位和个人未来申请举办学校或者其他教育机构的权利进行限制。2021年施行的《民办教育促进法实施条例》第六十二条、第六十四条规定了对民办学校举办者及实际控制人、决策机构或者监督机构组成人员，学校决策机构负责人、校长限制从业的情形。但该条例为行政法规，其效力低于法律。此外，2022年最高人民法院、最高人民检察院、教育部印发《关于落实从业禁止制度的意见》，明确对实施性侵害、虐待、拐卖、暴力伤害等违法犯罪的人员，终身禁止从事密切接触未成年人的工作。教职员工实施前款规定以外的其他犯罪，人民法院可以根据犯罪情况和预防再犯罪的需要，依照刑法第三十七条之一第一款的规定，判决禁止其自刑罚执行完毕之日或者假释之日起从事相关职业，期限为三年至五年；或者依照刑法第三十八条第二款、第七十二条第二款的规定，对其适用禁止令。本法实施后，限制从业制度必将发挥更为积极的作用。

【相关规定】

《中华人民共和国教育法》第七十五条；《中华人民共和国民办教育促进法》第六十四条；《中华人民共和国民办教育促进法实施条例》第六十二条、第六十四条。

案例评析

非法举办幼儿园，依法进行行政处罚
——王某诉K市教育局、S市教育局行政处罚、行政复议案①

【案情简介】

2013年9月，王某未经批准开办X幼儿园。江苏省K市教育局与Z市镇政府于2014年8月下达了关停通告，要求主动关闭该幼儿园，但王某拒绝关闭。2015年8月，K市教育局作出行政处罚决定，认为王某未经批准非法办学的行为违反法律规定，决定给予幼儿园举办者王某"立即停止招生、停止办园；退回招收的315名幼儿，退回所收的费用"的行政处罚。王某不服行政处罚决定，向S市教育局申请行政复议。S市教育局于2015年10月作出行政复议决定，维持K市教育局的行政处罚。王某不服提起行政诉讼，请求撤销案涉行政处罚决定及复议决定。

本案经Z市人民法院一审，判决驳回原告王某的诉讼请求，王某不服提起上诉，S市中级人民法院二审判决驳回上诉，维持原判。生效判决认为，K市教育局作为本辖区内教育行政部门，具有作出本案被诉行政处罚决定的职权。王某主张其开办的是看护点而非幼儿园，但幼儿园未按照《S市学前儿童看护点建设管理暂行办法》进行备案，故不属于该暂行办法中所指看护点的范畴。王某开办幼儿园未经过备案，擅自招收幼儿，属于非法办学，违反教育法第二十七条、民办教育促进法第十一条、《幼儿园管理条例》第二十七条、《教育行政处罚暂行实施办法》第十条的规定，K市教育局对其进行处罚并无不当，S市教育局作出维持处罚决定的复议决定正确。

【案例解读】

本案是教育行政管理部门对非法举办幼儿园的行为进行行政处罚的典型案例。根据教育法第二十八条规定，学校及其他教育机构的设立、变更和终止，应当按照国家有关规定办理审核、批准、注册或者备案手续。民办教育促进法第十二条规定，举办实施学历教育、学前教育、自学考试助

---

① 江苏省苏州市中级人民法院（2016）苏05行终96号，载中国裁判文书网，https://wenshu.court.gov.cn/website/wenshu/181107ANFZ0BXSK4/index.html?docId=OlI+Y2Cz/TpuoQjZksLZMdi8owz8jJvj0K/RSotkm12W6/BpW111pvUKq3u + IEo4V5aeVBAdDkGvDSxZO27umZJaBzJX1e7tpCCdV0XpcNBkInxGP92D7cCHs6MQdAd6，最后访问时间：2024年11月21日。

学及其他文化教育的民办学校，由县级以上人民政府教育行政部门按照国家规定的权限审批；举办实施以职业技能为主的职业资格培训、职业技能培训的民办学校，由县级以上人民政府劳动和社会保障行政部门按照国家规定的权限审批，并抄送同级教育行政部门备案。《幼儿园管理条例》第二十七条规定，违反本条例，具有下列情形之一的幼儿园，由教育行政部门视情节轻重，给予限期整顿、停止招生、停止办园的行政处罚：（一）未经登记注册，擅自招收幼儿的……《教育行政处罚暂行实施办法》第十条规定，幼儿园在实施保育教学活动中具有下列情形之一的，由教育行政部门责令限期整顿，并视情节轻重给予停止招生、停止办园的处罚：（一）未经注册登记，擅自招收幼儿的……根据上述规定，举办学前教育的民办学校，应当按照规定办理审核、批准、注册或者备案手续。本案中原告未按照法律规定办理相关手续即擅自开办幼儿园，属于非法办学。学前教育法第七十八条规定，擅自举办幼儿园或者招收学前儿童实施半日制、全日制培训的，由县级人民政府教育等有关部门依照教育法、民办教育促进法的规定予以处理；对非法举办幼儿园的单位和个人，根据情节轻重，五年至十年内不受理其举办幼儿园或者其他教育机构的申请。学前教育法施行后，可适用该条作为处理依据，除依照教育法、民办教育促进法的规定予以处理外，还可根据情节轻重，对非法举办幼儿园的单位和个人予以一定期限的从业限制。

第七十九条　【机构责任】 幼儿园有下列情形之一的，由县级以上地方人民政府教育等有关部门按照职责分工责令限期改正，并予以警告；有违法所得的，退还所收费用后没收违法所得；情节严重的，责令停止招生、吊销办学许可证：

（一）组织入园考试或者测试；

（二）因管理疏忽或者放任发生体罚或者变相体罚、歧视、侮辱、虐待、性侵害等危害学前儿童身心安全的行为；

（三）未依法加强安全防范建设、履行安全保障责任，或者未依法履行卫生保健责任；

（四）使用未经审定的课程教学类资源；

（五）采用小学化的教育方式或者教授小学阶段的课程；

> （六）开展与学前儿童身心发展规律、年龄特点不符的活动，或者组织学前儿童参与商业性活动；
> （七）未按照规定配备幼儿园教师或者其他工作人员；
> （八）违反规定收取费用；
> （九）克扣、挪用学前儿童伙食费。
> 依照前款规定被吊销办学许可证的幼儿园，应当妥善安置在园儿童。

【条文主旨】

本条是关于幼儿园违法行为法律责任的规定。

【条文解读】

本条中，执法主体是县级以上地方人民政府教育等有关部门，执法对象是幼儿园。本条共有两款规定，第一款对违法行为进行了穷尽式列举，未设置兜底条款；第二款强调被吊销办学许可证的幼儿园，负有妥善安置在园儿童的义务。本条规定的基本处罚种类为警告，出现本条第一款列举的违法行为时，根据职责分工，有监督管理职权的教育等关部门即应予以警告，并责令限期改正；有违法所得的，退还所收取费用后没收违法所得；对违法行为的严重程度进行评估后，情节严重的，可处以责令停止招生、吊销办学许可证的处罚。

第一款列举了以下九种违法行为：一是组织入园考试或者测试。根据本法第十五条第二款规定，学前儿童入幼儿园接受学前教育，除必要的身体健康检查外，幼儿园不得对其组织任何形式的考试或者测试。幼儿园在任何时间、地点，以任何形式组织学前儿童考试或者测试的，应当承担本条规定的法律责任。二是因管理疏忽或者放任发生体罚或者变相体罚、歧视、侮辱、虐待、性侵害等危害学前儿童身心安全的行为。作为学前儿童的学习、生活场所，幼儿园负有保证学前儿童不受侵害、身心健康发展的职责和义务，应加强对教师及其他工作人员的管理和监督。因管理疏忽或者放任导致发生体罚或者变相体罚、歧视、侮辱、虐待、性侵害等损害学前儿童身心安全的行为的，视为幼儿园未尽到教育、管理职责，应当承担本条规定的法律责任。三是未依法加强安全防范建设、履行安全保障责任，或者未依法履行卫生保健责任。本法第五十一条规定，幼儿园对学前儿童在园期间的人身安全负有保护责任，应当建立健全安全管理制度和安全责任制度，完善安全措施和应急反应机制，按照标准配备安全保卫人员，及时排查和消除火灾等各类安全隐患，同时确保使用的校车符合校车安全管理相关规定。第五十三条规定，幼儿园应当建立科学合理的一日生活制度，保证户外活动时间，做好儿童营养膳食、体格锻炼、全日健康观察、食品安全、卫生与消毒、传染病预防与控制、常见病预防等卫生保健管理工作，加强健康教育。幼儿园未履行上述安全防范建设、安全保障责任，或者未依法履行卫生保健责任的，应当承担本条规定的法律责任。四是使用未经审定的课程教学类资源。本法第五十七条第二款规定，在幼儿园推行使用的课程教学类资源应当经依法审定。幼儿园违规使用未经审定的课程教学类资源的，应当承担本条规定的法律责任。五是采用小学化的教育方式或者教授小学阶段的课程。本法第五十九条第二款规定，幼儿园不得采用小学化的教育方式，不得教授小学阶段的课程，防止保育和教育活动小学化。幼儿园存在上述教育行为的，应当承担本条规定的法律责任。六是开展与学前儿童身心发展规律、年龄特点不符的活动，或者组织学前儿童参与商业性活动。本法第十九条规定，任何单位和个人不得组织学前儿童参与违背学前儿童身心发展规律或者与年龄特点不符的商业性活动、竞赛类活动和其他活动。幼儿园实施学前教育应当从学前儿童身心发展特点和利益出发，存在此类不当教育行为的，应当承担本条规定的法律责任。七是未按照规定配备幼儿园教师或者其他工作人员。本法第二十九条第一款规定，设立幼儿园，应当具备下列基本条件：……（二）有符合规定的幼儿园园长、教师、保育员、卫生保健人员、安全保卫人员和其他工作人员……本法第四章"教职工"中对上述人员的从业要求作了具体规定，如担任幼儿园教师应当取得相应的教师资格，幼儿园园长应当具有本法第三十七条规定的教师资格、大学专科以上学历、五年以上幼儿园教师或者幼儿园管理工作经历，保育员应当具有国家规定的学历，并经过幼儿保育职业培训，卫生保健人员包括医师、护士和保健员，医师、护士应当取得相应执业资格，保健员应当具有国家规定的学历，并经过卫生保健专业知识培训等。幼儿园未按照规定配备上述工作人员的，应当承担本条规定的法律责任。八是违反规定收取费用的。本法第六十九条第三款规定，幼儿园不得违反有关规定收取费用，不得向学前儿童及其家长组织征订教学材料，推销或者变相推销商品、服务等。九是克扣、挪用学前儿童伙食费。本法第六十九条第一款规定，幼儿园收取的费用应当主要用于保育和教育活动、保障教职工待遇、促进教职工发展和改善办园条件。学前儿童伙食费应当专款专用。出现克扣、挪用学前儿童伙食费的情况，客观反映出幼儿园存在管理疏漏或失职，应当承担本条规定的法律责任。

【适用指南】

除本法外，《幼儿园工作规程》第十二条、第十五条、第十七条、第三十三条、第三十八条、第四十七条、第四十八条对幼儿园安全管理、安全教育、卫生保健、人员配备、课程内容、费用收取等方面均进行了规范。《幼儿园教师违反职业道德行为处理办法》第四条对教师违反职业道德行为进行了列举，其中与本条内容相关的有：在保教活动中遇突发事件、面临危险时，不顾幼儿安危，擅离职守，自行逃离；体罚和变相体罚幼儿，歧视、侮辱幼儿，猥亵、虐待、伤害幼儿；采用学校教育方式提前教授小学内容，组织有碍幼儿身心健康的活动；索要、收受幼儿家长财物或参加由家长付费的宴请、旅游、娱乐休闲等活动，推销幼儿读物、社会保险或利用家长资源谋取私利；组织幼儿参加以营利为目的的表演、竞赛活动，或泄露幼儿与家长的信息。适用本条时可参考上述规定。

同时，教育法第七十八条也对违规收费作出了规定，学校及其他教育机构违反国家有关规定向受教育者收取费用的，由教育行政部门或者其他有关行政部门责令退还所收费用；对直接负责的主管人员和其他直接责任人员，依法给予处分。《幼儿园管理条例》第二十七条规定："违反本条例，具有下列情形之一的幼儿园，由教育行政部门视情节轻重，给予限期整顿、停止招生、停止办园的行政处罚：……（二）园舍、设施不符合国家卫生标准、安全标准，妨害幼儿身体健康或者威胁幼儿生命安全的；（三）教育内容和方法违背幼儿教育规律，损害幼儿身心健康的。"在法律适用方面，本法是规范学前教育领域的特别法，教育法是一般法，《幼儿园管理条例》为行政法规，《幼儿园工作规程》为部门规章，《幼儿园教师违反职业道德行为处理办法》为部门规范性文件，故应优先适用本法规定。

【相关规定】

《幼儿园管理条例》第二十七条；《幼儿园工作规程》第十二条、第十五条、第十七条、第三十三条、第三十八条、第四十七条、第四十八条；《幼儿园教师违反职业道德行为处理办法》第四条。

> **第八十条　【人员责任】**幼儿园教师或者其他工作人员有下列情形之一的，由所在幼儿园或者县级人民政府教育等有关部门根据情节轻重，依法给予当事人、幼儿园负责人处分，解除聘用合同或者劳动合同；由县级人民政府教育行政部门禁止其一定期限内直至终身从事学前教育工作或者举办幼儿园；情节严重的，吊销其资格证书：
> （一）体罚或者变相体罚儿童；
> （二）歧视、侮辱、虐待、性侵害儿童；
> （三）违反职业道德规范或者危害儿童身心安全，造成不良后果。

【条文主旨】

本条是关于幼儿园教师或者其他工作人员违法行为法律责任的规定。

【条文解读】

本条规定，执法主体是所在幼儿园或者县级人民政府教育等有关部门，执法对象是幼儿园教师或者其他工作人员。根据违法行为性质和严重程度，可运用不同的处理方式，主要分为以下两种情形：一是一般违法情形，处理方式为处分，解除聘用合同或劳动合同，禁止其一定期限内直至终身从事学前教育工作或者举办幼儿园。本法第四十三条规定，幼儿园应当与教职工依法签订聘用合同或者劳动合同，并将合同信息报县级人民政府教育行政部门备案。第四十四条规定，幼儿园聘任（聘用）园长、教师、保育员、卫生保健人员、安全保卫人员和其他工作人员时，应当向教育、公安等有关部门查询应聘者是否具有虐待、性侵害、性骚扰、拐卖、暴力伤害、吸毒、赌博等违法犯罪记录；发现其前述行为记录，或者有酗酒、严重违反师德师风行为等其他可能危害儿童身心安全情形的，不得聘任（聘用）。幼儿园发现在岗人员有前款规定可能危害儿童身心安全情形的，应当立即停止其工作，依法与其解除聘用合同或者劳动合同，并向县级人民政府教育行政部门进行报告；县级人民政府教育行政部门可以将其纳入从业禁止人员名单。有本条第一款规定可能危害儿童身心安全情形的个人不得举办幼儿园；已经举办的，应当依法变更举办者。教职工违法行为情节一般的，所在幼儿园或者县级人民政府教育等有关部门按照行政隶属关系给予当事人、幼儿园负责人处分。教职工出现不适合继续在本幼儿园工作情形的，可以解除聘用合同或者劳动合同；出现不适合从事学前教育或者举办幼儿园情形的，同时由县级人民政府教育行政部门处以限制从业的行政处罚，禁止其一定期限内直至终身从事学前教育工作或者举办幼儿园。处分的类型和幅度、是否解除合同、限制从业的期限等，均应与违法行为情节轻重相适应。二是情节严重的，由县级人民政府教育等有关部门吊销资格证书。确定情节轻重时，可以从违法行为的方式、手段、后果、影响等方面进行综合判断。

本条第一项、第二项列举了体罚或者变相体罚，歧视、侮辱、虐待、性侵害等常见且危害性较强的违法行为，教职工实施了此类行为，即应承担本条规定的法律责任，不以行为造成损害为要件；第三项对第一项、第二项列举以外的违法行为进行了总体描述，强调违法行为具有违反职业道德规范或者危害儿童身心安全的特点，并且以造成不良后果为要件。本法第十三条第一款规定，学前儿童享有生命安全和身心健康、得到尊重和保护照料、依法平等接受学前教育等权利。第十四条规定，实施学前教育应当从学前儿童身心发展特点和利益出发，尊重学前儿童人格尊严，倾听、了解学前儿童的意见，平等对待每一个学前儿童，鼓励、引导学前儿童参与家庭、社会和文化生活，促进学前儿童获得全面发展。第四十二条规定，幼儿园园长、教师、保育员、卫生保健人员、安全保卫人员和其他工作人员应当遵守法律法规和职业道德规范，尊重、爱护和平等对待学前儿童，不断提高专业素养。这些条款从正向规定了幼儿园教职工应具备的职业素养和行为规范。此外，未成年人保护法第二十七条规定，学校、幼儿园的教职员工应当尊重未成年人人格尊严，不得对未成年人实施体罚、变相体罚或者其他侮辱人格尊严的行为。第二十九条第一款中规定，学校应当关心、爱护未成年学生，不得因家庭、身体、心理、学习能力等情况歧视学生。第五十四条第一款规定，禁止拐卖、绑架、虐待、非法收养未成年人，禁止对未成年人实施性侵害、性骚扰。《幼儿园工作规程》第六条规定，幼儿园教职工应当尊重、爱护幼儿，严禁虐待、歧视、体罚和变相体罚、侮辱幼儿人格等损害幼儿身心健康的行为。根据《幼儿园教师违反职业道德行为处理办法》第四条第六项规定，应予处理的教师违反职业道德行为包括体罚和变相体罚幼儿，歧视、侮辱幼儿，猥亵、虐待、伤害幼儿。综上，本条所列举的体罚或者变相体罚儿童，歧视、侮辱、虐待、性侵害儿童，以及违反职业道德规范或者损害儿童身心安全并造成不良后果的情形，均属于侵害学前儿童合法权益的违法行为，违反多部法律、法规、规章的规定，应对违法人员予以惩处。

【适用指南】

除本条外，未成年人保护法、教师法、《幼儿园管理条例》等法律、法规也有类似的处罚条款。未成年人保护法第一百一十九条规定，学校、幼儿园、婴幼儿照护服务等机构及其教职员工违反本法第二十七条、第二十八条、第三十九条规定的，由公安、教育、卫生健康、市场监督管理等部门按照职责分工责令改正；拒不改正或者情节严重的，对直接负责的主管人员和其他直接责任人员依法给予处分。教师法第三十七条规定："教师有下列情形之一的，由所在学校、其他教育机构或者教育行政部门给予行政处分或者解聘：（一）故意不完成教育教学任务给教育教学工作造成损失的；（二）体罚学生，经教育不改的；（三）品行不良、侮辱学生，影响恶劣的。教师有前款第（二）项、第（三）项所列情形之一，情节严重，构成犯罪的，依法追究刑事责任。"《幼儿园管理条例》第二十八条第一款第一项规定："违反本条例，具有下列情形之一的单位或者个人，由教育行政部门对直接责任人员给予警告、罚款的行政处罚，或者由教育行政部门建议有关部门对责任人员给予行政处分：（一）体罚或变相体罚幼儿的……前款所列情形，情节严重，构成犯罪的，由司法机关依法追究刑事责任。"法律适用方面，本法为法律，《幼儿园管理条例》为行政法规，且本法为规范学前教育领域的特别法，较未成年人保护法、教育法更有针对性，故本法施行后，幼儿园教职工发生本法列举的三种行为的，应优先适用本法规定。

【相关规定】

《中华人民共和国未成年人保护法》第二十七条、第二十九条、第五十四条、第一百一十九条；《中华人民共和国教师法》第三十七条；《幼儿园管理条例》第二十八条；《幼儿园工作规程》第六条；《幼儿园教师违反职业道德行为处理办法》第四条。

第八章　法律责任 / 213

> **第八十一条　【违法责任】** 在学前教育活动中违反本法规定的行为，本法未规定法律责任，《中华人民共和国教育法》、《中华人民共和国未成年人保护法》、《中华人民共和国劳动法》等法律、行政法规有规定的，依照其规定。

【条文主旨】

本条是关于在学前教育活动中其他违法行为法律责任的规定。

【条文解读】

本条是对学前教育活动中本法未规定的其他违法行为法律责任的补充规定。尽管本法已对大部分学前教育活动中的违法行为进行了列举，规定了相应的法律责任，但为避免遗漏，也为法律施行后应对社会情势变迁留下一定空间，设置本条规定是十分必要的。

【适用指南】

适用本条需满足三个要件，一是属于在学前教育活动中违反本法规定的行为，二是本法未规定法律责任，三是其他法律、行政法规有规定。作为一部全面总结学前教育改革发展成果和经验、系统构建中国特色学前教育法律制度体系的法律，本法对学前教育的各个环节进行了全面、系统的规范，为行政机关、建设单位、幼儿园等主体设置了多项权利义务，相应的法律责任难以在本章中逐一列举，以适用其他法律、行政法规的方式来补充具有较强的实践意义。举例而言，教育法第七十二条规定，结伙斗殴、寻衅滋事，扰乱学校及其他教育机构教育教学秩序或者破坏校舍、场地及其他财产的，由公安机关给予治安管理处罚；构成犯罪的，依法追究刑事责任。侵占学校及其他教育机构的校舍、场地及其他财产的，依法承担民事责任。第七十三条规定，明知校舍或者教育教学设施有危险，而不采取措施，造成人员伤亡或者重大财产损失的，对直接负责的主管人员和其他直接责任人员，依法追究刑事责任。又如教师法第三十五条规定，侮辱、殴打教师的，根据不同情况，分别给予行政处分或者行政处罚；造成损害的，责令赔偿损失；情节严重，构成犯罪的，依法追究刑事责任。第三十六条规定，对依法提出申诉、控告、检举的教师进行打击报复的，由其所在单位或者上级机关责令改正；情节严重的，可以根据具体情况给予行政处分。国家工作人员对教师打击报复构成犯罪的，依照刑法有关规定追究刑事责任。第三十八条规定，地方人民政府对违反本法规定，拖欠教师工资或者侵犯教师其他合法权益的，应当责令其限期改正。违反国家财政制度、财务制度，挪用国家财政用于教育的经费，严重妨碍教育教学工作，拖欠教师工资，损害教师合法权益的，由上级机关责令限期归还被挪用的经费，并对直接责任人员给予行政处分；情节严重，构成犯罪的，依法追究刑事责任。根据本条规定，在学前教育领域出现此类违法情形，可直接适用上述法律、行政法规的规定，这就对幼儿园、教职工合法权益的保护形成了有益补充。

【相关规定】

《中华人民共和国教师法》第三十五条、第三十六条、第三十八条。

> 第八十二条 【侵权责任】违反本法规定，侵害学前儿童、幼儿园、教职工合法权益，造成人身损害或者财产损失的，依法承担民事责任；构成违反治安管理行为的，依法给予治安管理处罚；构成犯罪的，依法追究刑事责任。

【条文主旨】

本条是关于对学前儿童、幼儿园、教职工的侵权行为法律责任的规定。

【条文解读】

本条是对学前教育活动中侵权责任的一般规定。侵权行为人是不特定的个人或单位，侵权对象是学前儿童、幼儿园、教职工。本法赋予了学前儿童、幼儿园、教职工在学前教育活动中享有的多项权利，其合法权益受到侵害的，根据违法行为的方式、手段、后果、影响，按照以下三种情形分别处理：一是民事侵权。侵权行为造成人身损害或者财产损失的，可依据民法典等民事法律规范追究侵权民事责任。二是行政违法。侵权行为造成扰乱公共秩序，妨害公共安全，侵犯人身权利、财产权利，妨害社会管理等危害后果，具有社会危害性但尚不够刑事处罚条件的案件，可依据治安管理处罚法等行政法律法规给予治安管理处罚。三是构成犯罪。侵权行为情节严重，社会危害性强，构成犯罪的，根据刑法、刑事诉讼法的规定依法追究刑事责任。常见的侵权行为包括但不限于：侵犯幼儿园教职工、学前儿童合法权益的；侵占或者破坏幼儿园的校舍、场地、教学设备等财产的；在幼儿园周边区域设置有危险、有污染、影响幼儿园采光的建筑和设施的；影响幼儿园正常保教秩序的；其他侵害幼儿园及其教职工、学前儿童合法权益的行为。

【适用指南】

确定侵权民事责任时，应注意民法典中对侵权人及教育机构的责任划分。根据民法典第一千一百九十九条至第一千二百零一条的规定，无民事行为能力人在幼儿园、学校或者其他教育机构学习、生活期间受到人身损害，原则上由幼儿园、学校或者其他教育机构承担侵权责任，除非其能够证明已尽到教育、管理职责。无民事行为能力人或者限制民事行为能力人受到幼儿园、学校或者其他教育机构以外的第三人人身损害的，由第三人承担侵权责任，但幼儿园、学校或者其他教育机构未尽到管理职责的，同时应承担相应的补充责任，并可以在承担补充责任后，向第三人追偿。给予治安管理处罚时，由于治安管理处罚法中涉及侵犯人身、财产权利的条款较多，对幼儿园的侵权中也可能涉及扰乱公共秩序的行为，故应充分注意各条款的区别，结合具体情况准确适用。同时还应注意，民事、行政、刑事三种责任的承担并不是相互排斥的，应根据违法行为的具体情况予以判断。同一个违法行为既造成人身损害、财产损失，又触犯行政、刑事法律规定应承担相应责任的，可以同时要求违法行为实施人承担民事赔偿责任、接受行政处罚、承担刑事责任。

【相关规定】

《中华人民共和国教育法》第八十三条；《中华人民共和国民法典》第一千一百九十九条至第一千二百零一条；《中华人民共和国治安管理处罚法》第二条；《中华人民共和国刑法》第一百三十八条、第二百六十条。

案例评析

幼儿园教师虐待被看护幼儿，情节恶劣的，构成虐待罪
——王某、孙某虐待案[1]

【案情简介】

被告人王某、孙某系J省S市T区某幼儿园教师。2015年11月至12月间，二人在幼儿园教室内、卫生间等地点，因幼儿穿衣慢、不听话等原因，多次对幼儿进行恐吓，并使用针状物等尖锐工具将肖某某等多名幼儿的头部、面部、四肢、臀部、背部等处扎伤。

J省S市T区人民法院经审理认为，被告人王某、孙某身为幼儿教师，多次采用针刺、恐吓等手段虐待被看护幼儿，情节恶劣，其行为均已构成虐待罪。依照刑法有关规定，以虐待罪分别判处被告人王某、孙某有期徒刑二年零六个月。宣判后，王某、孙某提出上诉。J省S市中级人民法院二审裁定驳回上诉，维持原判，该判决已发生法律效力。

【案例解读】

本案是一起幼儿园教师虐待被看护幼儿的典型案例。学前教育法第八十二条规定，违反本法规定，侵害学前儿童、幼儿园、教职工合法权益，造成人身损害或者财产损失的，依法承担民事责任；构成违反治安管理行为的，依法给予治安管理处罚；构成犯罪的，依法追究刑事责任。刑法第二百六十条之一第一款规定了虐待被监护、看护人罪，对未成年人、老年人、患病的人、残疾人等负有监护、看护职责的人虐待被监护、看护的人，情节恶劣的，处三年以下有期徒刑或者拘役。本案中，被告人王某、孙某身为幼儿教师，本应遵守法律法规和职业道德规范，尊重、爱护和平等对待学前儿童，但却因穿衣慢、不听话等琐事即多次采用针刺、恐吓等手段虐待被看护幼儿，构成虐待被看护人罪，受到了法律的严惩。

---

[1] 吉林省四平市中级人民法院（2016）吉03刑终369号，载中国裁判文书网，https://wenshu.court.gov.cn/website/wenshu/181107ANFZ0BXSK4/index.html? docId = Np7NlKPz4l3f49x/jD+ 7GRU8UF9CScBhf9X + Qo9AkcwF7GCzHhf + kfUKq3u + IEo4V5aeVBAdDkGvDSxZO27umZJaBzJX1e7tpCCdV0XpcNBkInxGP92D7efBjo8511gs，最后访问时间：2024年11月21日。

第九章 附 则

※ **本章导读** ※

本章是对学前教育法其他领域的有关规定，具体规定了学前教育法特殊适用对象范围、托幼衔接以及施行时间。

> **第八十三条** 【其他适用范围】小学、特殊教育学校、儿童福利机构、残疾儿童康复机构等附设的幼儿班等学前教育机构适用本法有关规定。
>
> 军队幼儿园的管理，依照本法和军队有关规定执行。

【条文主旨】

本条是关于学前教育法特殊适用对象范围的规定。

【条文解读】

本条第一款规定了部分附设有幼儿班的学前教育机构同样适用学前教育法。国务院办公厅转发了教育部、国家发展改革委、民政部、财政部等共同制定的《"十四五"特殊教育发展提升行动计划》，其中明确提出要积极发展学前特殊教育，在"十四五"期间要推动特殊教育学校、有条件的儿童福利机构、残疾儿童康复机构普遍增设学前部或附设幼儿园，同时鼓励设置专门招收残疾儿童的特殊教育幼儿园（班）。由于一般幼儿园招收残疾或有特殊需求的学前适龄儿童能力较弱，因此长期以来我国残疾学前适龄儿童接受教育存在较大障碍，但特殊教育学校等由于不属于幼儿园，因此在享受各级财政补贴、相关法律规范等方面面临供给不足的困境。本条第一款在立法层面将小学、特殊教育学校、儿童福利机构、残疾儿童康复机构等附设的幼儿班等纳入学前教育法的适用范围，对于进一步推动我国残疾学前适龄儿童平等接受学前教育意义重大。

本条第二款是关于军队幼儿园的特殊规定。根据《关于军队子女学校和幼儿园改革发展的若干意见》，军队子女学校原则上移交地方人民政府举办或撤销停办。

【适用指南】

各级人民政府应及时将小学、特殊教育学校、儿童福利机构、残疾儿童康复机构等附设的幼儿班纳入学前教育体系。各级人民政府应落实上述附设幼儿班在财政补贴、支持措施等方面的支持政策。上述附设幼儿班也应遵守学前教育法在师资配置、教学安排等方面的规定。

【相关规定】

《"十四五"特殊教育发展提升行动计划》。

> 第八十四条 【托幼衔接】鼓励有条件的幼儿园开设托班，提供托育服务。
> 幼儿园提供托育服务的，依照有关法律法规和国家有关规定执行。

【条文主旨】

本条是关于幼儿园开展托育服务的规定。

【条文解读】

托育是学前教育前置的重要环节，是"十四五"养老托育服务体系的组成部分。2019年国务院办公厅就下发了《国务院办公厅关于促进3岁以下婴幼儿照护服务发展的指导意见》，明确提出"家庭为主，托育补充"的婴幼儿照护原则，并要求优先支持普惠性婴幼儿照护服务机构，并鼓励支持有条件的幼儿园开设托班，招收2岁至3岁幼儿；2020年12月国务院办公厅印发了《国务院办公厅关于促进养老托育服务健康发展的意见》，其中明确提出要积极支持普惠性托育服务，同时要加强存量资源利用。普惠性幼儿园可以利用现有资源开展普惠性托育服务，并享受相应的财税、金融等政策。考虑到幼儿园的职能仍以适龄儿童的学前教育为主，因此对幼儿园开展托育服务进行了适当限制，将幼儿园开展托育服务的对象限定为两周岁以上三周岁以下的儿童。学前教育法规定的学前教育对象为三周岁以上到入小学前的儿童，因此将幼儿园开展托育服务限定为开展学前教育之前一年，也有利于实现托育和学前教育相衔接。

托育的服务对象为年龄更小的幼儿，国家围绕托育服务制定了一系列不同于学前教育的法律规范，幼儿园开展托育服务应同时遵守关于托育服务的特殊规定。例如，针对托育服务从业人员，国家卫生健康委员会在2021年制定了《托育机构婴幼儿伤害预防指南（试行）》，对托育机构预防婴幼儿窒息、跌倒、烧烫伤、溺水、中毒、异物伤害等意外伤害提出了具体要求；2021年制定了《托育机构保育指导大纲（试行）》，对托育机构喂养、保育、生活习惯等进行了科学指导；2022年专门制定了《托育从业人员职业行为准则（试行）》，对托育从业人员提出了科学照护、家托共育等具有针对性的行为准则等。在托育机构建设方面，2022年国家卫生健康委办公厅和应急管理部办公厅联合下发了《托育机构消防安全指南（试行）》，国家卫生健康委2019年下发了《托育机构设置标准（试行）》和《托育机构管理规范（试行）》，其中《托育机构设置标准（试行）》对托育机构场地设施、人员规模等提出了不同要求，《托育机构管理规范（试行）》对托育机构的备案管理、托收管理、保育管理、健康管理、安全管理、人员管理和监督管理等提出了明确要求。

【适用指南】

幼儿园开设托班服务，应严格对照《托育机构管理规范（试行）》等特殊法律规范的要求，在确保符合特殊法律规范的情况下再开展托育（班）服务。此外，幼儿园开展托育（班）服务应严格遵守关于招收托育幼儿年龄的限制性规定，不得招收两周岁以下的婴幼儿。

【相关规定】

《托育机构婴幼儿伤害预防指南（试行）》；《托育机构保育指导大纲（试行）》；《托育从业人员职业行为准则（试行）》；《托育机构消防安全指南（试行）》；《托育机构设置标准（试行）》；《托育机构管理规范

（试行）》；《国务院办公厅关于促进 3 岁以下婴幼儿照护服务发展的指导意见》；《国务院办公厅关于促进养老托育服务健康发展的意见》。

> **第八十五条** 【施行时间】本法自 2025 年 6 月 1 日起施行。

【条文主旨】

本条是关于学前教育法施行时间的规定。

【条文解读】

根据本条规定，学前教育法的施行时间为 2025 年 6 月 1 日。

【适用指南】

根据本条规定，学前教育法自 2025 年 6 月 1 日起正式实施。作为学前教育领域的基本法，与本法相冲突的行政法规、部门规章和规范性文件，应当以本法有关规定为准。

附　录

中华人民共和国学前教育法

（2024年11月8日第十四届全国人民代表大会常务委员会第十二次会议通过　2024年11月8日中华人民共和国主席令第34号公布　自2025年6月1日起施行）

第一章　总　则

第一条　为了保障适龄儿童接受学前教育，规范学前教育实施，促进学前教育普及普惠安全优质发展，提高全民族素质，根据宪法，制定本法。

第二条　在中华人民共和国境内实施学前教育，适用本法。

本法所称学前教育，是指由幼儿园等学前教育机构对三周岁到入小学前的儿童（以下称学前儿童）实施的保育和教育。

第三条　国家实行学前教育制度。

学前教育是国民教育体系的组成部分，是重要的社会公益事业。

第四条　学前教育应当坚持中国共产党的领导，坚持社会主义办学方向，贯彻国家的教育方针。

学前教育应当落实立德树人根本任务，培育社会主义核心价值观，继承和弘扬中华优秀传统文化、革命文化、社会主义先进文化，培育中华民族共同体意识，为培养德智体美劳全面发展的社会主义建设者和接班人奠定基础。

第五条　国家建立健全学前教育保障机制。

发展学前教育坚持政府主导，以政府举办为主，大力发展普惠性学前教育，鼓励、引导和规范社会力量参与。

第六条　国家推进普及学前教育，构建覆盖城乡、布局合理、公益普惠、安全优质的学前教育公共服务体系。

各级人民政府应当依法履行职责，合理配置资源，缩小城乡之间、区域之间学前教育发展差距，为适龄儿童接受学前教育提供条件和支持。

国家采取措施，倾斜支持农村地区、革命老区、民族地区、边疆地区和欠发达地区发展学前教育事业；保障适龄的家庭经济困难儿童、孤儿、残疾儿童和农村留守儿童等接受普惠性学前教育。

第七条 全社会应当为适龄儿童接受学前教育、健康快乐成长创造良好环境。

第八条 国务院领导全国学前教育工作。

省级人民政府和设区的市级人民政府统筹本行政区域内学前教育工作，健全投入机制，明确分担责任，制定政策并组织实施。

县级人民政府对本行政区域内学前教育发展负主体责任，负责制定本地学前教育发展规划，统筹幼儿园建设、运行，加强公办幼儿园教师配备补充和工资待遇保障，对幼儿园进行监督管理。

乡镇人民政府、街道办事处应当支持本辖区内学前教育发展。

第九条 县级以上人民政府教育行政部门负责学前教育管理和业务指导工作，配备相应的管理和教研人员。县级以上人民政府卫生健康行政部门、疾病预防控制部门按照职责分工负责监督指导幼儿园卫生保健工作。

县级以上人民政府其他有关部门在各自职责范围内负责学前教育管理工作，履行规划制定、资源配置、经费投入、人员配备、待遇保障、幼儿园登记等方面的责任，依法加强对幼儿园举办、教职工配备、收费行为、经费使用、财务管理、安全保卫、食品安全等方面的监管。

第十条 国家鼓励和支持学前教育、儿童发展、特殊教育方面的科学研究，推广研究成果，宣传、普及科学的教育理念和方法。

第十一条 国家鼓励创作、出版、制作和传播有利于学前儿童健康成长的图书、玩具、音乐作品、音像制品等。

第十二条 对在学前教育工作中做出突出贡献的单位和个人，按照国家有关规定给予表彰、奖励。

第二章　学前儿童

第十三条 学前儿童享有生命安全和身心健康、得到尊重和保护照料、依法平等接受学前教育等权利。

学前教育应当坚持最有利于学前儿童的原则，给予学前儿童特殊、优先保护。

第十四条 实施学前教育应当从学前儿童身心发展特点和利益出发，尊重学前儿童人格尊严，倾听、了解学前儿童的意见，平等对待每一个学前儿童，鼓励、引导学前儿童参与家庭、社会和文化生活，促进学前儿童获得全面发展。

第十五条 地方各级人民政府应当采取措施,推动适龄儿童在其父母或者其他监护人的工作或者居住的地区方便就近接受学前教育。

学前儿童入幼儿园接受学前教育,除必要的身体健康检查外,幼儿园不得对其组织任何形式的考试或者测试。

学前儿童因特异体质、特定疾病等有特殊需求的,父母或者其他监护人应当及时告知幼儿园,幼儿园应当予以特殊照顾。

第十六条 父母或者其他监护人应当依法履行抚养与教育儿童的义务,为适龄儿童接受学前教育提供必要条件。

父母或者其他监护人应当尊重学前儿童身心发展规律和年龄特点,创造良好家庭环境,促进学前儿童健康成长。

第十七条 普惠性幼儿园应当接收能够适应幼儿园生活的残疾儿童入园,并为其提供帮助和便利。

父母或者其他监护人与幼儿园就残疾儿童入园发生争议的,县级人民政府教育行政部门应当会同卫生健康行政部门等单位组织对残疾儿童的身体状况、接受教育和适应幼儿园生活能力等进行全面评估,并妥善解决。

第十八条 青少年宫、儿童活动中心、图书馆、博物馆、文化馆、美术馆、科技馆、纪念馆、体育场馆等公共文化服务机构和爱国主义教育基地应当提供适合学前儿童身心发展的公益性教育服务,并按照有关规定对学前儿童免费开放。

第十九条 任何单位和个人不得组织学前儿童参与违背学前儿童身心发展规律或者与年龄特点不符的商业性活动、竞赛类活动和其他活动。

第二十条 面向学前儿童的图书、玩具、音像制品、电子产品、网络教育产品和服务等,应当符合学前儿童身心发展规律和年龄特点。

家庭和幼儿园应当教育学前儿童正确合理使用网络和电子产品,控制其使用时间。

第二十一条 学前儿童的名誉、隐私和其他合法权益受法律保护,任何单位和个人不得侵犯。

幼儿园及其教职工等单位和个人收集、使用、提供、公开或者以其他方式处理学前儿童个人信息,应当取得其父母或者其他监护人的同意,遵守有关法律法规的规定。

涉及学前儿童的新闻报道应当客观、审慎和适度。

第三章 幼 儿 园

第二十二条 县级以上地方人民政府应当统筹当前和长远,根据人口变化和城镇化发展趋势，科学规划和配置学前教育资源，有效满足需求，避免浪费资源。

第二十三条 各级人民政府应当采取措施，扩大普惠性学前教育资源供给，提高学前教育质量。

公办幼儿园和普惠性民办幼儿园为普惠性幼儿园，应当按照有关规定提供普惠性学前教育服务。

第二十四条 各级人民政府应当利用财政性经费或者国有资产等举办或者支持举办公办幼儿园。

各级人民政府依法积极扶持和规范社会力量举办普惠性民办幼儿园。

普惠性民办幼儿园接受政府扶持，收费实行政府指导价管理。非营利性民办幼儿园可以向县级人民政府教育行政部门申请认定为普惠性民办幼儿园，认定标准由省级人民政府或者其授权的设区的市级人民政府制定。

第二十五条 县级以上地方人民政府应当以县级行政区划为单位制定幼儿园布局规划，将普惠性幼儿园建设纳入城乡公共管理和公共服务设施统一规划，并按照非营利性教育用地性质依法以划拨等方式供地，不得擅自改变用途。

县级以上地方人民政府应当按照国家有关规定，结合本地实际，在幼儿园布局规划中合理确定普惠性幼儿园覆盖率。

第二十六条 新建居住区等应当按照幼儿园布局规划等相关规划和标准配套建设幼儿园。配套幼儿园应当与首期建设的居住区同步规划、同步设计、同步建设、同步验收、同步交付使用。建设单位应当按照有关规定将配套幼儿园作为公共服务设施移交地方人民政府，用于举办普惠性幼儿园。

现有普惠性幼儿园不能满足本区域适龄儿童入园需求的，县级人民政府应当通过新建、扩建以及利用公共设施改建等方式统筹解决。

第二十七条 地方各级人民政府应当构建以公办幼儿园为主的农村学前教育公共服务体系，保障农村适龄儿童接受普惠性学前教育。

县级人民政府教育行政部门可以委托乡镇中心幼儿园对本乡镇其他幼儿园开展业务指导等工作。

第二十八条 县级以上地方人民政府应当根据本区域内残疾儿童的数量、分布状况和残疾类别，统筹实施多种形式的学前特殊教育，推进融合教育，推动特殊教育学校和有条件的儿童福利机构、残疾儿童康复机构增设学前部或者附设幼儿园。

第二十九条 设立幼儿园，应当具备下列基本条件：

（一）有组织机构和章程；

（二）有符合规定的幼儿园园长、教师、保育员、卫生保健人员、安全保卫人员和其他工作人员；

（三）符合规定的选址要求，设置在安全区域内；

（四）符合规定的规模和班额标准；

（五）有符合规定的园舍、卫生室或者保健室、安全设施设备及户外场地；

（六）有必备的办学资金和稳定的经费来源；

（七）卫生评价合格；

（八）法律法规规定的其他条件。

第三十条 设立幼儿园经县级人民政府教育行政部门依法审批、取得办学许可证后，依照有关法律、行政法规的规定进行相应法人登记。

第三十一条 幼儿园变更、终止的，应当按照有关规定提前向县级人民政府教育行政部门报告并向社会公告，依法办理相关手续，妥善安置在园儿童。

第三十二条 学前教育机构中的中国共产党基层组织，按照中国共产党章程开展党的活动，加强党的建设。

公办幼儿园的基层党组织统一领导幼儿园工作，支持园长依法行使职权。民办幼儿园的内部管理体制按照国家有关民办教育的规定确定。

第三十三条 幼儿园应当保障教职工依法参与民主管理和监督。

幼儿园应当设立家长委员会，家长委员会可以对幼儿园重大事项决策和关系学前儿童切身利益的事项提出意见和建议，对幼儿园保育教育工作和日常管理进行监督。

第三十四条 任何单位和个人不得利用财政性经费、国有资产、集体资产或者捐赠资产举办或者参与举办营利性民办幼儿园。

公办幼儿园不得转制为民办幼儿园。公办幼儿园不得举办或者参与举办营利性民办幼儿园和其他教育机构。

以中外合作方式设立幼儿园，应当符合外商投资和中外合作办学有关法律法规的规定。

第三十五条 社会资本不得通过兼并收购等方式控制公办幼儿园、非营利性民办幼儿园。

幼儿园不得直接或者间接作为企业资产在境内外上市。上市公司不得通过股票市场融资投资营利性民办幼儿园，不得通过发行股份或者支付现金等方式购买营利性民办幼儿园资产。

第四章　教职工

第三十六条　幼儿园教师应当爱护儿童，具备优良品德和专业能力，为人师表，忠诚于人民的教育事业。

全社会应当尊重幼儿园教师。

第三十七条　担任幼儿园教师应当取得幼儿园教师资格；已取得其他教师资格并经县级以上地方人民政府教育行政部门组织的学前教育专业培训合格的，可以在幼儿园任教。

第三十八条　幼儿园园长由其举办者或者决策机构依法任命或者聘任，并报县级人民政府教育行政部门备案。

幼儿园园长应当具有本法第三十七条规定的教师资格、大学专科以上学历、五年以上幼儿园教师或者幼儿园管理工作经历。

国家推行幼儿园园长职级制。幼儿园园长应当参加县级以上地方人民政府教育行政部门组织的园长岗位培训。

第三十九条　保育员应当具有国家规定的学历，并经过幼儿保育职业培训。

卫生保健人员包括医师、护士和保健员，医师、护士应当取得相应执业资格，保健员应当具有国家规定的学历，并经过卫生保健专业知识培训。

幼儿园其他工作人员的任职资格条件，按照有关规定执行。

第四十条　幼儿园教师职务（职称）分为初级、中级和高级。

幼儿园教师职务（职称）评审标准应当符合学前教育的专业特点和要求。

幼儿园卫生保健人员中的医师、护士纳入卫生专业技术人员职称系列，由人力资源社会保障、卫生健康行政部门组织评审。

第四十一条　国务院教育行政部门会同有关部门制定幼儿园教职工配备标准。地方各级人民政府及有关部门按照相关标准保障公办幼儿园及时补充教师，并应当优先满足农村地区、革命老区、民族地区、边疆地区和欠发达地区公办幼儿园的需要。幼儿园及其举办者应当按照相关标准配足配齐教师和其他工作人员。

第四十二条　幼儿园园长、教师、保育员、卫生保健人员、安全保卫人员和其他工作人员应当遵守法律法规和职业道德规范，尊重、爱护和平等对待学前儿童，不断提高专业素养。

第四十三条 幼儿园应当与教职工依法签订聘用合同或者劳动合同,并将合同信息报县级人民政府教育行政部门备案。

第四十四条 幼儿园聘任（聘用）园长、教师、保育员、卫生保健人员、安全保卫人员和其他工作人员时,应当向教育、公安等有关部门查询应聘者是否具有虐待、性侵害、性骚扰、拐卖、暴力伤害、吸毒、赌博等违法犯罪记录;发现其有前述行为记录,或者有酗酒、严重违反师德师风行为等其他可能危害儿童身心安全情形的,不得聘任（聘用）。

幼儿园发现在岗人员有前款规定可能危害儿童身心安全情形的,应当立即停止其工作,依法与其解除聘用合同或者劳动合同,并向县级人民政府教育行政部门进行报告;县级人民政府教育行政部门可以将其纳入从业禁止人员名单。

有本条第一款规定可能危害儿童身心安全情形的个人不得举办幼儿园;已经举办的,应当依法变更举办者。

第四十五条 幼儿园应当关注教职工的身体、心理状况。幼儿园园长、教师、保育员、卫生保健人员、安全保卫人员和其他工作人员,应当在入职前和入职后每年进行健康检查。

第四十六条 幼儿园及其举办者应当按照国家规定保障教师和其他工作人员的工资福利,依法缴纳社会保险费,改善工作和生活条件,实行同工同酬。

县级以上地方人民政府应当将公办幼儿园教师工资纳入财政保障范围,统筹工资收入政策和经费支出渠道,确保教师工资及时足额发放。民办幼儿园可以参考当地公办幼儿园同类教师工资收入水平合理确定教师薪酬标准,依法保障教师工资待遇。

第四十七条 幼儿园教师在职称评定、岗位聘任（聘用）等方面享有与中小学教师同等的待遇。

符合条件的幼儿园教师按照有关规定享受艰苦边远地区津贴、乡镇工作补贴等津贴、补贴。

承担特殊教育任务的幼儿园教师按照有关规定享受特殊教育津贴。

第四十八条 国务院教育行政部门应当制定高等学校学前教育专业设置标准、质量保证标准和课程教学标准体系,组织实施学前教育专业质量认证,建立培养质量保障机制。

省级人民政府应当根据普及学前教育的需要,制定学前教育师资培养规划,支持高等学校设立学前教育专业,合理确定培养规模,提高培养层次和培养质量。

制定公费师范生培养计划，应当根据学前教育发展需要专项安排学前教育专业培养计划。

第四十九条 县级以上人民政府教育、卫生健康等有关部门应当按照职责分工制定幼儿园园长、教师、保育员、卫生保健人员等工作人员培训规划，建立培训支持服务体系，开展多种形式的专业培训。

第五章 保育教育

第五十条 幼儿园应当坚持保育和教育相结合的原则，面向全体学前儿童，关注个体差异，注重良好习惯养成，创造适宜的生活和活动环境，有益于学前儿童身心健康发展。

第五十一条 幼儿园应当把保护学前儿童安全放在首位，对学前儿童在园期间的人身安全负有保护责任。

幼儿园应当落实安全责任制相关规定，建立健全安全管理制度和安全责任制度，完善安全措施和应急反应机制，按照标准配备安全保卫人员，及时排查和消除火灾等各类安全隐患。幼儿园使用校车的，应当符合校车安全管理相关规定，保护学前儿童安全。

幼儿园应当按照国家有关规定投保校方责任保险。

第五十二条 幼儿园发现学前儿童受到侵害、疑似受到侵害或者面临其他危险情形的，应当立即采取保护措施，并向公安、教育等有关部门报告。

幼儿园发生突发事件等紧急情况，应当优先保护学前儿童人身安全，立即采取紧急救助和避险措施，并及时向有关部门报告。

发生前两款情形的，幼儿园应当及时通知学前儿童父母或者其他监护人。

第五十三条 幼儿园应当建立科学合理的一日生活制度，保证户外活动时间，做好儿童营养膳食、体格锻炼、全日健康观察、食品安全、卫生与消毒、传染病预防与控制、常见病预防等卫生保健管理工作，加强健康教育。

第五十四条 招收残疾儿童的幼儿园应当配备必要的康复设施、设备和专业康复人员，或者与其他具有康复设施、设备和专业康复人员的特殊教育机构、康复机构合作，根据残疾儿童实际情况开展保育教育。

第五十五条 国务院教育行政部门制定幼儿园教育指导纲要和学前儿童学习与发展指南，地方各级人民政府教育行政部门依据职责组织实施，加强学前教育教学研究和业务指导。

幼儿园应当按照国家有关规定，科学实施符合学前儿童身心发展规律和年龄特点的保育和教育活动，不得组织学前儿童参与商业性活动。

第五十六条 幼儿园应当以学前儿童的生活为基础，以游戏为基本活动，发展素质教育，最大限度支持学前儿童通过亲近自然、实际操作、亲身体验等方式探索学习，促进学前儿童养成良好的品德、行为习惯、安全和劳动意识，健全人格、强健体魄，在健康、语言、社会、科学、艺术等各方面协调发展。

幼儿园应当以国家通用语言文字为基本保育教育语言文字，加强学前儿童普通话教育，提高学前儿童说普通话的能力。

第五十七条 幼儿园应当配备符合相关标准的玩教具和幼儿图书。

在幼儿园推行使用的课程教学类资源应当经依法审定，具体办法由国务院教育行政部门制定。

幼儿园应当充分利用家庭、社区的教育资源，拓展学前儿童生活和学习空间。

第五十八条 幼儿园应当主动与父母或者其他监护人交流学前儿童身心发展状况，指导家庭科学育儿。

父母或者其他监护人应当积极配合、支持幼儿园开展保育和教育活动。

第五十九条 幼儿园与小学应当互相衔接配合，共同帮助儿童做好入学准备和入学适应。

幼儿园不得采用小学化的教育方式，不得教授小学阶段的课程，防止保育和教育活动小学化。小学坚持按照课程标准零起点教学。

校外培训机构等其他任何机构不得对学前儿童开展半日制或者全日制培训，不得教授学前儿童小学阶段的课程。

第六章　投入保障

第六十条 学前教育实行政府投入为主、家庭合理负担保育教育成本、多渠道筹措经费的投入机制。

各级人民政府应当优化教育财政投入支出结构，加大学前教育财政投入，确保财政性学前教育经费在同级财政性教育经费中占合理比例，保障学前教育事业发展。

第六十一条 学前教育财政补助经费按照中央与地方财政事权和支出

责任划分原则，分别列入中央和地方各级预算。中央财政通过转移支付对地方统筹给予支持。省级人民政府应当建立本行政区域内各级人民政府财政补助经费分担机制。

第六十二条 国务院和省级人民政府统筹安排学前教育资金，重点扶持农村地区、革命老区、民族地区、边疆地区和欠发达地区发展学前教育。

第六十三条 地方各级人民政府应当科学核定普惠性幼儿园办园成本，以提供普惠性学前教育服务为衡量标准，统筹制定财政补助和收费政策，合理确定分担比例。

省级人民政府制定并落实公办幼儿园生均财政拨款标准或者生均公用经费标准，以及普惠性民办幼儿园生均财政补助标准。其中，残疾学前儿童的相关标准应当考虑保育教育和康复需要适当提高。

有条件的地方逐步推进实施免费学前教育，降低家庭保育教育成本。

第六十四条 地方各级人民政府应当通过财政补助、购买服务、减免租金、培训教师、教研指导等多种方式，支持普惠性民办幼儿园发展。

第六十五条 国家建立学前教育资助制度，为家庭经济困难的适龄儿童等接受普惠性学前教育提供资助。

第六十六条 国家鼓励自然人、法人和非法人组织通过捐赠、志愿服务等方式支持学前教育事业。

第七章 监督管理

第六十七条 县级以上人民政府及其有关部门应当建立健全幼儿园安全风险防控体系，强化幼儿园周边治安管理和巡逻防控工作，加强对幼儿园安全保卫的监督指导，督促幼儿园加强安全防范建设，及时排查和消除安全隐患，依法保障学前儿童与幼儿园安全。

禁止在幼儿园内及周边区域建设或者设置有危险、有污染的建筑物和设施设备。

第六十八条 省级人民政府或者其授权的设区的市级人民政府根据办园成本、经济发展水平和群众承受能力等因素，合理确定公办幼儿园和非营利性民办幼儿园的收费标准，并建立定期调整机制。

县级以上地方人民政府及有关部门应当加强对幼儿园收费的监管，必要时可以对收费实行市场调节价的营利性民办幼儿园开展成本调查，引导合理收费，遏制过高收费。

第六十九条 幼儿园收取的费用应当主要用于保育和教育活动、保障教职工待遇、促进教职工发展和改善办园条件。学前儿童伙食费应当专款专用。

幼儿园应当执行收费公示制度，收费项目和标准、服务内容、退费规则等应当向家长公示，接受社会监督。

幼儿园不得违反有关规定收取费用，不得向学前儿童及其家长组织征订教学材料，推销或者变相推销商品、服务等。

第七十条 幼儿园应当依法建立健全财务、会计及资产管理制度，严格经费管理，合理使用经费，提高经费使用效益。

幼儿园应当按照有关规定实行财务公开，接受社会监督。县级以上人民政府教育等有关部门应当加强对公办幼儿园的审计。民办幼儿园每年应当依法进行审计，并向县级人民政府教育行政部门提交经审计的财务会计报告。

第七十一条 县级以上人民政府及其有关部门应当建立健全学前教育经费预算管理和审计监督制度。

任何单位和个人不得侵占、挪用学前教育经费，不得向幼儿园非法收取或者摊派费用。

第七十二条 县级人民政府教育行政部门应当建立健全各类幼儿园基本信息备案及公示制度，利用互联网等方式定期向社会公布并更新政府学前教育财政投入、幼儿园规划举办等方面信息，以及各类幼儿园的教师和其他工作人员的资质和配备、招生、经费收支、收费标准、保育教育质量等方面信息。

第七十三条 县级以上人民政府教育督导机构对学前教育工作执行法律法规情况、保育教育工作等进行督导。督导报告应当定期向社会公开。

第七十四条 国务院教育行政部门制定幼儿园保育教育质量评估指南。省级人民政府教育行政部门应当完善幼儿园质量评估标准，健全幼儿园质量评估监测体系，将各类幼儿园纳入质量评估范畴，并向社会公布评估结果。

第八章　法律责任

第七十五条 地方各级人民政府及有关部门有下列情形之一的，由上级机关或者有关部门按照职责分工责令限期改正；情节严重的，对负有责任的领导人员和直接责任人员依法给予处分：

（一）未按照规定制定、调整幼儿园布局规划，或者未按照规定提供普惠性幼儿园建设用地；

（二）未按照规定规划居住区配套幼儿园，或者未将新建居住区配套幼儿园举办为普惠性幼儿园；

（三）利用财政性经费、国有资产、集体资产或者捐赠资产举办或者参与举办营利性民办幼儿园，或者改变、变相改变公办幼儿园性质；

（四）未按照规定制定并落实公办幼儿园生均财政拨款标准或者生均公用经费标准、普惠性民办幼儿园生均财政补助标准；

（五）其他未依法履行学前教育管理和保障职责的情形。

第七十六条　地方各级人民政府及教育等有关部门的工作人员违反本法规定，滥用职权、玩忽职守、徇私舞弊的，依法给予处分。

第七十七条　居住区建设单位未按照规定建设、移交配套幼儿园，或者改变配套幼儿园土地用途的，由县级以上地方人民政府自然资源、住房和城乡建设、教育等有关部门按照职责分工责令限期改正，依法给予处罚。

第七十八条　擅自举办幼儿园或者招收学前儿童实施半日制、全日制培训的，由县级人民政府教育等有关部门依照《中华人民共和国教育法》、《中华人民共和国民办教育促进法》的规定予以处理；对非法举办幼儿园的单位和个人，根据情节轻重，五至十年内不受理其举办幼儿园或者其他教育机构的申请。

第七十九条　幼儿园有下列情形之一的，由县级以上地方人民政府教育等有关部门按照职责分工责令限期改正，并予以警告；有违法所得的，退还所收费用后没收违法所得；情节严重的，责令停止招生、吊销办学许可证：

（一）组织入园考试或者测试；

（二）因管理疏忽或者放任发生体罚或者变相体罚、歧视、侮辱、虐待、性侵害等危害学前儿童身心安全的行为；

（三）未依法加强安全防范建设、履行安全保障责任，或者未依法履行卫生保健责任；

（四）使用未经审定的课程教学类资源；

（五）采用小学化的教育方式或者教授小学阶段的课程；

（六）开展与学前儿童身心发展规律、年龄特点不符的活动，或者组织学前儿童参与商业性活动；

（七）未按照规定配备幼儿园教师或者其他工作人员；

（八）违反规定收取费用；

（九）克扣、挪用学前儿童伙食费。

依照前款规定被吊销办学许可证的幼儿园，应当妥善安置在园儿童。

第八十条 幼儿园教师或者其他工作人员有下列情形之一的，由所在幼儿园或者县级人民政府教育等有关部门根据情节轻重，依法给予当事人、幼儿园负责人处分，解除聘用合同或者劳动合同；由县级人民政府教育行政部门禁止其一定期限内直至终身从事学前教育工作或者举办幼儿园；情节严重的，吊销其资格证书：

（一）体罚或者变相体罚儿童；

（二）歧视、侮辱、虐待、性侵害儿童；

（三）违反职业道德规范或者危害儿童身心安全，造成不良后果。

第八十一条 在学前教育活动中违反本法规定的行为，本法未规定法律责任，《中华人民共和国教育法》、《中华人民共和国未成年人保护法》、《中华人民共和国劳动法》等法律、行政法规有规定的，依照其规定。

第八十二条 违反本法规定，侵害学前儿童、幼儿园、教职工合法权益，造成人身损害或者财产损失的，依法承担民事责任；构成违反治安管理行为的，依法给予治安管理处罚；构成犯罪的，依法追究刑事责任。

第九章 附 则

第八十三条 小学、特殊教育学校、儿童福利机构、残疾儿童康复机构等附设的幼儿班等学前教育机构适用本法有关规定。

军队幼儿园的管理，依照本法和军队有关规定执行。

第八十四条 鼓励有条件的幼儿园开设托班，提供托育服务。

幼儿园提供托育服务的，依照有关法律法规和国家有关规定执行。

第八十五条 本法自 2025 年 6 月 1 日起施行。

图书在版编目（CIP）数据

中华人民共和国学前教育法理解与适用／沈开举，邢昕主编． -- 北京：中国法治出版社，2025.6.
ISBN 978-7-5216-5126-3

Ⅰ．D922.165

中国国家版本馆 CIP 数据核字第 20259SP082 号

策划编辑：王熹　　　　　责任编辑：李若瑶　　　　　封面设计：李宁

中华人民共和国学前教育法理解与适用
ZHONGHUA RENMIN GONGHEGUO XUEQIAN JIAOYUFA LIJIE YU SHIYONG

主编/沈开举，邢昕
经销/新华书店
印刷/三河市国英印务有限公司
开本/730 毫米×1030 毫米　16 开　　　　　印张／15.25　字数／209 千
版次/2025 年 6 月第 1 版　　　　　　　　　2025 年 6 月第 1 次印刷

中国法治出版社出版

书号 ISBN 978-7-5216-5126-3　　　　　　　　　　　　　定价：68.00 元

北京市西城区西便门西里甲 16 号西便门办公区
邮政编码：100053　　　　　　　　　　　　传真：010-63141600
网址：http://www.zgfzs.com　　　　　　　编辑部电话：010-63141833
市场营销部电话：010-63141612　　　　　　印务部电话：010-63141606

（如有印装质量问题，请与本社印务部联系。）